日本的経済システムの
課題と展望

―カイシャ資本主義のゆくえ―

茨木秀行［著］

創 成 社

はじめに

　1990年代のバブル崩壊以降，経済政策の最重要課題の一つとされてきたデフレ経済からの脱却が視野に入りつつあるが，そのトンネルの先には，より困難な構造的な課題が山積していることを認識せざるを得ない。急速に進む少子高齢化，グローバル化の進展と変質，デジタル化や脱炭素化への対応などの課題に適切に対応し，包摂的で持続可能な経済成長を実現していかなければ，長期的には，日本経済はさまざまな経済・社会サービスの水準を維持することすら難しくなる。かつて，日本の経済システムは，終身雇用による「人」を中心にした経営で，高い経済成長と格差の少ない社会を実現し，世界から賞賛された時期があったが，現在では，企業のパフォーマンス，雇用の質，所得再分配，イノベーション力などさまざまな面で綻びが目立つようになってしまった。

　「人」を大切にしているはずの日本企業において，働く人のエンゲージメント（仕事への熱意）は世界最低水準となっている。非正規雇用も全就業者の3割を超えている。人口減少でますます希少になっている労働力が本来の能力を発揮できるような用いられ方がされていない。もともと苦手だった資本を利益につなげる力については，さまざまな企業統治改革が行われて若干改善はしたものの，資本効率は国際的にみれば低い水準にとどまっている。むしろ，企業経営がリスクに対して慎重化し，成長のダイナミクスが失われ，そのしわ寄せが労働への分配の低下として現れている。日本は，資源がなくとも，これまでイノベーションの力で経済成長を実現し，70年代の石油危機のような社会的課題も省エネ技術の普及で乗り越えてきた。しかし，現在では，デジタル化や脱炭素化に向けた技術革新が行われているものの，それを社会の中に取り込み，新たな付加価値を生み出すプロセスを構築できずにいる。日本の企業は，終身雇用や年功賃金によって労働者の生活を保障し，それによって格差の少ない社会を構築してきたが，現在では雇用保障のない非正規雇用が大きな割合を

占めるようになり，そうした労働者は社会保障のセーフティネットでも十分カバーされず，相対的貧困率も先進国の中で高い水準になっている。

　こうした構造的な問題については，経済の一部分だけに焦点を当てて議論しても，真の問題解決にはつながらない。そこで，本書では，さまざまな経済取引の中心にある「企業」に焦点を当て，資金調達，雇用，社会保障，イノベーションなど広範な分野における企業の役割を分析することで，どこに本源的な問題が生じているのかを確認し，その解決の方向性を考察することを意図している。企業は，株主から資本を調達し，賃金を払って労働者を雇い，アウトプットとして製品・サービスを生み出すが，単純に再生産を繰り返すのではなく，絶えざるイノベーションによって付加価値を生み出し，生産性を向上させる努力をしている。それが経済成長の源泉となり，その果実が配当や賃金として株主・労働者に還元され，それが新たな購買力を生み出し，もう一つの経済成長の支えとなる。こうした一連のプロセスの様式を一言で表すと，「資本主義」ということになる。「資本主義」という言葉は，やや大仰で，イデオロギー的なニュアンスも持つが，本書では，単純に，企業，投資家，労働者といった経済活動の担い手を結びつける枠組みとして，この言葉を用いている。

　世界各国における資本主義は，資金調達・雇用・社会保障・イノベーションなどのあり方において，大きく異なる特徴を持っている。本書では，他国と比較した日本の資本主義の特徴とその変化について，ホール＝ソスキスによる多様な資本主義（Varieties of Capitalism）の政治経済学的なアプローチに沿って，最近時点までのデータを用いて分析する。日本は，他国と比べても，企業が中心になって雇用や社会保障を支え，イノベーションをけん引し，労働者も仕事を中心にした生活スタイルが基本となるなど，「カイシャ資本主義」とも呼べる独特な経済システムを持っている。しかし，急速に進む少子高齢化，グローバル経済の変化，デジタル化や脱炭素化に伴う技術革新等に対して，「カイシャ資本主義」では十分に対応できず，さまざまな課題が発生している。本書では，そうした課題を抽出するとともに，その解決の方向性について，伝統的な経済学の実証分析も活用して考察する。

　本書の分析のポイントをあらかじめ述べると，以下のようになる。

はじめに | v

　1990年代頃のデータを基に分析された多様な資本主義（VOC）による国別類型では，日本は「アジア型」あるいは「企業主導型」と分類されてきた。つまり，日本の企業は，株式持ち合いや銀行との長期的な資本関係を基盤に，短期的な資本の制約を気にせずに長期的な戦略をとり，長期雇用の下で労働者は企業特殊の技能を備え，漸進的なイノベーションを得意としてきた。さらに，社会保障においても，企業を単位とした社会保険制度が基盤となり，自営業者等の保険制度とは分離されて運営されるなど，職業と密接に結び付いた仕組みとなっている。こうした従来の日本経済の特徴を，本書では「カイシャ資本主義」と呼ぶことにする。

　しかし，筆者が，OECD加盟35カ国の最新時点のデータを用いて，クラスター分析による資本主義の類型化を行ったところでは，日本の資本主義の類型は，市場メカニズムによる調整を特徴とするアングロ・サクソン系と同じグループに分類された。このことは，少なくとも表面的には，日本においても「新自由主義的」な方向の構造変化が過去30年間に生じ，特に金融市場やコーポレート・ガバナンスなど企業を取り巻く関係性が変化するとともに，非正規化の進展により雇用関係も変質した可能性を示唆している。

　ただし，より詳細に日本における制度的な変化やそれに伴う企業動向などをみると，依然として「企業主導型」のコアになる部分は根強く残っており，変化する外部環境との間でさまざまな軋轢が生じている。株式持ち合いの解消などにより，企業の資本関係が大きく変化する中で，企業統治のあり方は，株主への説明責任が高まり，経営陣の執行と監督の分離が進むなど制度的には変化が進んだ。しかし，こうした企業制度の変化は，企業を監視する機関投資家や外部取締役の人材不足もあり，形式的なものにとどまっているとの指摘もあるほか，企業パフォーマンスへの影響についても，まだ評価が定まっていない。雇用関係については，正社員についての終身雇用の慣行は根強く残っているが，その枠外にある女性，高齢者，非正規社員などの就労が大幅に増えており，労働市場が分断された形になっている。さらに，雇用が保護されている正社員の中でも，エンゲージメントが大きく低下するなど，かつての日本企業の強みが失われている。社会保障については，企業単位の制度と自営業者等を対象と

した制度に分立して構成されているため，その枠外にある非正規社員の増加によって，セーフティネットが十分に機能していない部分がみられる。加えて，現役世代が減少し，高齢者が増加する中では，必要とされる水準を維持する形で社会保障制度を維持していくことは難しい課題となっている。日本のイノベーション・システムについても，研究人材の多くが企業に所属し，長期雇用の下にあるという特徴は変わらないが，こうした研究資源の流動性の低さは，デジタル化といった大きな技術革新の波への対応を遅らせ，ベンチャー企業の活躍の足かせにもなっている。

　こうした日本経済の抱える課題の解決の一つの方向性として，日本企業がこれまで担ってきた社会的なさまざまな面での役割を，公的部門や社会全体で分担するような形に転換するとともに，労働の流動性を若干高めることで，働く意欲を持った人が全員参加できる「全員参加の資本主義」を目指していくことを本書は提案する。日本的な経済システムの見直しを行う際，その最も大きな特徴となっている長期雇用をどう考えるかが大きなポイントになる。多くの既存研究や筆者自身の分析によれば，労働移動を妨げている諸要因を見直し，日本の雇用の流動性を若干高めることにより，企業収益は拡大し，女性，高齢者，外国人労働者の活躍が促され，労働者のエンゲージメントの改善が期待されるほか，サービス産業を中心に生産性の向上が期待できる。

　こうした考察を踏まえて，「全員参加の資本主義」実現のための具体的な見直しの方向性として，4つの改革を提案する。

　第一は，包括的な雇用システムの見直しであり，「定年制の撤廃」などにより，健康状態が許せば70歳超まで働くことを基本とした社会を構築する。それと同時に，労働市場の流動性を高めつつ，教育訓練を強化し，デジタル社会にも対応することを目指す。

　第二は，ユニバーサルな社会保障の構築である。具体的には，給付付き税額控除を導入し，既存の社会保障制度とうまく連携させることにより，非正規労働者やフリーランスなどを社会保障のセーフティネットの中に取り込む。低所得者層の生活の安定を確保することで，貧困問題を緩和するとともに，将来的には，消費税率引上げへの抵抗感を減らし，社会保障の財源も充実させる。

第三は，イノベーション・システムの多様化である。これまでの個社の企業努力に頼った企業主導型のイノベーションの仕組みを変革し，研究の連携強化やベンチャー企業の創出を促す一方で，公的部門が主導する形で，将来の基幹技術を担うような幹の太い研究も強化していく。

　そして，最後に，資本主義の結節点となる「カイシャ」のあり方については，これまで日本企業が負担してきた社会的な役割を，政府やコミュニティなど多様な主体で分担するとともに，企業の責任として，多様なステークホルダーに奉仕するものであることを社会に対して約束する。日本の「カイシャ資本主義」は，1980年代に世界中で賞賛を集めたが，以上のような見直しが実現すれば，少子高齢化が進む中での一つの経済モデルとなり得ると考えている。

　本書は，経済専門書ではあるが，幅広い層に読んでもらうことを念頭において，数学や統計的な説明などは最小限にとどめ，専門知識がなくとも直感的に理解できるような解説を心掛けた。また，本書は，「資本主義」の様式の違いを扱ったものであり，「資本主義」自体を論じたり，それに代わるスキームを提案したりするものではない点は，あらかじめご承知おき頂きたい。本書が，日本経済システムに関する読者の理解を深めることに役立つことを願う。

　2025年1月

茨木秀行

目　次

はじめに

第1章　日本の「カイシャ資本主義」の特徴 ——————————— 1

1. 日本経済のシステム的な問題……………………………………… 2
2. 国によって特徴が異なる資本主義の多様性……………………… 9
3. 日本の資本主義の特徴…………………………………………… 24
4. 各国の資本主義の現在地点の検証……………………………… 27
5. まとめ……………………………………………………………… 34

第2章　日本の「カイシャ資本主義」形成の経緯 ——————— 37

1. 従業員の共同体としての「カイシャ」の形成…………………… 37
2. 分立型の社会保障制度の形成…………………………………… 49
3. 日本型イノベーション・システムの発展………………………… 56
4. 金融自由化により修正が迫られた「カイシャ資本主義」……… 64
5. まとめ……………………………………………………………… 72

第3章　日本の「カイシャ資本主義」の現在地点 ——————— 75

1. 1990年代以降の企業に関する制度の変化……………………… 76
2. 日本的雇用システムの変貌……………………………………… 89
3. 企業主導型社会保障システムの変化…………………………… 96
4. イノベーション・システムの適応不全…………………………… 103
5. まとめ……………………………………………………………… 109

第4章　「カイシャ資本主義」の環境不適合が生む軋轢 ——— 113

1. 萎縮した経営がもたらす企業の低パフォーマンス……………… 114
2. 日本的雇用の呪縛がもたらす雇用の劣化……………………… 121
3. 支えきれなくなった企業依存型の社会保障…………………… 132
4. 先端技術で遅れをとるイノベーション力………………………… 140

5. まとめ……………………………………………………………146

第5章 「カイシャ資本主義」から「全員参加の資本主義」へ —150

1. 日本の資本主義の変革の方向性：「全員参加の資本主義」………150
2. 日本的な雇用システムの再考…………………………………157
3. 「全員参加の資本主義」実現への具体的な方策 ………………180
4. まとめ……………………………………………………………193

あとがき　197
付　　録　199
参考文献　207
索　　引　211

第1章
日本の「カイシャ資本主義」の特徴

　1990年代のバブル崩壊以降，経済政策の最優先課題とされてきたデフレ脱却が視野に入りつつある現在，その先を見渡すと，さらに難しい課題が山積していることに気づく。なかでも，急速に進む少子高齢化は，人手不足の深刻化を招くとともに，社会保障や財政の持続可能性に影響を及ぼしており，それへの対応は喫緊の課題だ。また，デジタル化や脱炭素化への対応も長年の課題ではあるものの，未だに，日本ではトランスフォーメーションと呼ぶほどの産業・社会構造の大きな変化につながっていない。また，他国に比べれば，日本の失業率は低く，治安は保たれ，社会的にも極めて安定しているにも関わらず，日本人のWell-being（生活満足度・幸福度）や働く人のエンゲージメント（仕事への熱意）は国際的に低い水準にとどまっている。こうした状況に対して，日本経済の何かがおかしくなっていると感じている人は多いのではないだろうか。しかし，何がおかしくなっているのかについては，経済の一部分だけを見て議論しても，根源的な問題の発見にはつながらない可能性が高い。このため，本書では，我々が経済活動を営んでいる基本的な仕組みである「資本主義」のあり方に立ち返って課題を点検することで，根源的な問題の所在を確認し，それらへの対応策を検討する。資本主義経済において中心的な役割を果たすのは，言うまでもなく企業である。資本主義とは，企業が資本と労働を活用し，イノベーションを生み出していくダイナミックなプロセスとして捉えることができる。また，そうした資本主義の様式は，国や地域によって異なる特徴を持

2 |

っていることが知られている。そこで，まず，本章では，政治経済学的な国際比較のアプローチも参考にしながら，「日本的」な資本主義の特徴と変化を分析するとともに，そうした変化がもたらし得る日本経済への影響を検討する。

1. 日本経済のシステム的な問題

▌デフレ脱却問題の陰に隠されてきた日本経済の課題

2024 年は，日本経済にとって大きな転換点となるような出来事が相次いだ。3 月以降の春闘における労使交渉では，定期昇給込みの賃上げ率は 1991 年以来 33 年ぶりに 5 ％を超える伸び率で妥結し，定期昇給を除いたベースアップ分でみても 3 ％台後半の伸び率となり，消費者物価上昇率を上回る賃上げが実現した。こうした賃金・物価動向を踏まえて，日本銀行は 3 月 19 日の金融政策決定会合で，「2 ％の物価安定の目標が持続的・安定的に実現していくことが見通せる状況に至った」との判断を示したうえで，マイナス金利政策を含む異例の金融緩和の修正を決定した。こうした一連の経済物価の動向は，1990 年代のバブル崩壊以降，経済政策の最重要課題の一つとされてきたデフレ経済からの脱却が実現しつつあることを示唆しているように見える。

デフレは，さまざまな意味で，日本経済にとって大きな足かせであったことは間違いない。マクロ経済的にみれば，デフレが続くことで消費や投資の決定が先送りされたり，名目で決められた債務の負担が物価低下によって実質的に重くなるなど，需要を弱くする影響があった。また，税率は名目の所得に対して決まっているので，デフレによって家計や企業の名目所得が増えなければ税収はあがらず，GDP の 2 倍に上る政府の債務残高はデフレによって実質的な価値が増えるため，財政再建が進みにくい状況であった。そして何よりも，デフレであることや物価が上昇しないことが当たり前になり，それが人々の「ノルム（習慣・規範）」となることで，値上げや賃上げができず，企業も家計も我慢比べの状況に置かれてしまった。そうした状況が解消に向かうことは，それ自体望ましいことだ。

他方で，デフレ脱却さえ達成できれば，それで日本経済が万事うまくいくと

第1章　日本の「カイシャ資本主義」の特徴 | 3

いう訳ではない。名目ではなく実質でみれば，GDPの水準は2023暦年によう
やくコロナ前の2019暦年の水準に戻ったに過ぎない。確かにデフレ体質を脱
却できれば，家計や企業の消費・投資行動が積極化し，日本経済にとってプラ
スになることは間違いない。しかし，日本経済を取り巻く環境をみれば，急速
に進む少子高齢化，デジタル化や脱炭素化への対応など，難しい課題が山積し
ている。長期的には，こうした課題に対応するために，柔軟に産業構造や働き
方を変化させていかなければ，日本経済の基礎的な成長力が衰え，さまざまな
経済・社会サービスの水準を維持することが難しくなる。日本経済の実力を示
すものに「潜在成長率」があるが，内閣府の推計では，1990年代初めの4％
台から2023年には0.5％程度に低下している。潜在成長率とは，現時点におけ
る労働力や資本を平均的な稼働率で用い，現状の生産性の伸びを勘案した上で
実現可能なGDP成長率を示すものだ。1990年代以降の潜在成長率の低下は，
労働投入の低下による寄与は実は限定的であり，もっぱら企業の設備投資の抑
制やイノベーションの停滞による生産性の伸びの低下によるところが大きい。
したがって，こうした日本経済の基礎的な成長力の低下の原因を考えるには，
日本経済の担い手である企業に何が起きているのかについて，その背景を詳し
くみていく必要がある。

■「資本主義」という経済システム論で考える

　これから本書で扱うのは，「資本主義」の枠組みの中で，企業，家計，政府
がそれぞれ果たしている役割と，それらの主体間の補完性がどう変化し，それ
が日本経済のパフォーマンスにどのような影響を与えたかということである。
「資本主義」というと，やや大げさな印象があるが，本書では，単純に，企業，
投資家，労働者といった経済活動の担い手を結びつける枠組みとして，この言
葉を用いている。経済成長とその成果の分配プロセスの全体像を分析するにあ
たって，特に政治経済学の分野においては「資本主義」分析の枠組みがこれま
で構築されてきている。一般的な経済学の分析の枠組みでは，市場は普遍的な
ものと想定され，市場調整によって達成される資源配分の効率性が研究の主題
とされ，そこに情報の不完全性などさまざまな「市場の失敗」の概念を持ち込

むことで，それを是正する役割を果たすものとして国家の役割が論じられている。これに対し，政治経済学的な分析の枠組みでは，資本主義市場は必ずしも普遍的なものではなく，国や地域によって異なる調整様式を持ったものとして扱われ，市場の外にある存在として国家や社会との関係性が論じられている。よく知られているように，労働市場一つを取っても，米国では，景気後退によって企業業績が悪化した場合には，従業員が解雇されるなど迅速な雇用調整によって対応が図られる傾向があるのに対し，日本では，景気が悪化しても雇用維持が優先され，労働時間の削減やボーナスを含む給与の削減などで対応が図られる傾向がある。このように，国が違えば，各市場における調整様式も異なるため，課題が生じた時の解決策も異なり得る。また，米国のように労働市場の流動性が高い場合には，労働者はどの企業でも活用できる汎用性の高い技能を蓄積し，技術面でも汎用性の高い革新的イノベーションが行われる傾向がある。一方，日本のように労働市場の流動性が低い場合は，その企業に特殊な技能（現場でのノウハウなど）の蓄積が進み，漸進的な改善が行われる傾向がある。このように，労働市場と教育・訓練のあり方やイノベーションのあり方などは，互いに補完性を持っている。したがって，経済の一部分だけを見て議論しても，それは真の問題解決にはつながらない可能性が高い。その意味でも，資本主義市場を構成する資本・労働とそれを活かす経営のあり方，また，資本主義市場を支える社会保障などの政府の役割を含めて，経済システム全体を俯瞰することによって，問題の本源的な所在を確認することが重要になる。

▮多様な資本主義に基づく分析アプローチ

　本書においては，ホール＝ソスキスによる多様な資本主義（VOC: Varieties of Capitalism）など政治経済学的なアプローチの仕方を参考にしつつ，経済学の分析による実証的な根拠も活用しながら，日本的な資本主義のあり方とその変化を分析していく。VOCアプローチの分析の基本的な枠組みは，資本主義を動かす中心的な役割を担うものとして「企業」を位置づけた上で，資本主義に内在する問題を，企業と関係者との間の調整の問題として捉えている（Hall and Soskice [2001]）。具体的には，株主・債権者，従業員，顧客，取引先，政府と

いった関係者と企業の間では，情報の非対称性，プリンシパル・エージェント問題，不完備契約，取引コストなどに基づく多くの調整問題が生じている[1]。例えば，企業と株主・債権者との間では，株主から経営を依頼された経営陣は，経営状況の詳細までは株主は知り得ないという情報の非対称性があることによって，必ずしも株主利益に沿わず，自己の利益を追求するような行動を起こすリスクがあることが知られており，プリンシパル・エージェント問題と呼ばれている。こうした経営陣のモラルハザードを防ぐためにどのような制度を用いるかは国によって違いがあり，米国のような株主の権利が強い国では，経営の執行を厳しく監視する機能を持った取締役制度が導入され，ストックオプションを経営者に与えることで株主利益と経営者のインセンティブを同調させる措置などがとられている。他方で，バブル期頃までの日本企業では，関係企業や金融機関との間で株式を相互に持ち合うことで，安定的な株主との関係が築かれるとともに，メインバンクが企業の財務状況を監視する役割を果たしていた。VOC アプローチは，各国がこうしたさまざまな調整問題をどのような制度や契約によって解決し関係者間の協力を実現しているかについて，主な分析の対象としている。

　本書では，VOC アプローチに沿って，資本主義市場を構成する重要な要素として，①企業の経営者と株主・債権者など金融資本市場との関係，②企業と労働者との関係，③労働者を保護し再生させる社会保障制度，④経済成長を生み出すイノベーション・システム，の４つの観点に焦点を当てて分析する。ここで，①と②の企業と金融資本市場，労働市場の関係については，資本主義を形成するコアの要素になるが，③の社会保障，④のイノベーションについては，やや唐突な印象を受ける読者もいるかもしれないので，資本主義における調整メカニズムの全体像を単純化して説明しておこう。

　企業は，一般に，投資家や銀行から資金を調達するとともに，労働者から契約を通じて役務の提供を受けて，財やサービスの生産活動を行っている。これは現代では当たり前のことだが，中近世までは，資本を持つ名主や親方が，労働者と小作や徒弟といった身分関係を結んで生産活動をしていた。近代になると，大型の機械や設備が必要となったことから，資本を提供する人と，実際の

生産活動を担う生産者が分離し，さらに労働者と生産者の関係も，身分ではなく労働契約を通じて労働を提供するという関係に置き換えられた。ここに，先ほど述べた経営者と資本家の間のプリンシパル・エージェント問題が発生する。加えて，経営者は労働者の働きぶりを完全には把握できないという情報の不完全性も問題があるため，労働報酬など契約のあり方を工夫することで労働者の生産性をいかに高めるかという調整の問題が生じる。

　労働者は企業に契約を解除されたり，傷病で働けなくなるリスクがあるために，労働者の健康や生活を国家が保障する必要が生じ，医療や失業給付，年金などの社会保障が整備された。さらに，女性の労働参加率が上昇すると，子育てや高齢者の介護といった従来，家庭が担っていた機能についても社会保障の範囲が拡がっていった。このように，社会保障は資本主義的な生産活動を行うのに必要不可欠な機能を果たしている。

　また，中近世までの経済と近代の資本主義とを画する大きな違いは，企業は生産を行うために資本や労働を投入するだけでなく，生産方法や商品を改善するためにも資本や労働を投入し，イノベーションを起こすことで生産規模を拡大していくという点である。これこそが資本主義が経済成長をもたらす源泉となっている。このイノベーションのプロセスにも，資本調達の容易さや労働者の技能の蓄積の仕方が大きく影響することが知られており，そのことが各国の資本主義の様式の違いを生み出している。

　本書では，こうした VOC アプローチに沿って，日本経済のシステム的な課題について考察していく。第 1 章では，企業と株主・債権者との関係，企業と労働の関係の 2 つの分野における各国の調整様式の違いに焦点を当て，最近のデータを用いて，日本を含む OECD 諸国をクラスター分析によって 4 つのグループに分類し，それぞれの特徴や経済パフォーマンスへの影響を分析する。その上で，第 2 章では，長期雇用や年功的な賃金・昇進制度などを特徴とする，いわゆる「日本的な」経済システムがいかなる経緯で構築されてきたかを振り返る。そして，第 3 章では，1980 年代に世界的に賞賛された「日本的な」経済システムが，世界的に経済環境が変化する中で，いかに変容し，現在に至っているかを概観する。第 4 章では，「日本的な」経済システムのうち，変容が

進んだ分野と進んでいない分野が存在するために，システム的な歪みが起き，さまざまな課題が生じていることを指摘する。それを踏まえ，第5章では，各分野で生じたシステム間の乖離を解消しつつ，日本の経済システムが，今後さらに進展することが予見される少子高齢化やデジタル・グリーンといった技術革新に柔軟に対応し，持続可能なものとなるような方策について考察する。

▮日本経済のシステム的な課題

　日本経済の特徴として，長期的な雇用が重視され，賃金・昇進は年功序列型であること，経営者の多くが社内からの昇進者であること，企業間では長期的な取引関係が構築されていること，などが挙げられることが多い。これをVOCアプローチに沿って整理すると，労働，資本，企業間取引などさまざまな契約や取引に関する調整が，「市場」を通してではなく，企業内部や企業間における直接的な協力によって行われる傾向が強いことから，「企業主導型」の調整が特徴であるとされている。このため，日本では，企業は安定的な資本関係を基盤に，長期的な戦略をとることが可能であり，労働者は長期雇用を前提に企業特殊の技能を備え，現場での改善による漸進的なイノベーションを得意とし，社会保障も単一のユニバーサルなものではなく，企業の職域保険を基礎にして分立する形で構築されてきた。本書では，こうした日本の特徴を，「カイシャ資本主義」と呼ぶことにする。ちなみに，米国は「市場主導型」の資本主義の典型と言えよう。カイシャ資本主義は，1970年代後半から80年代にかけて，日本が他国に先駆けて二度のオイルショックを乗り越え，品質の高い日本製品が世界中に普及するにつれて，国際的にも称賛されるようになった。しかし，1990年代のバブル崩壊後は，カイシャ資本主義の特徴としてきた安定的な資本・雇用・企業間の関係が，不良債権処理やそれに伴う企業再編を遅らせるものとして，逆に否定的な評価をされるようになり，第3章で詳しく記述しているように，金融資本市場や企業のガバナンスなどさまざまな改革が行われてきた。最近では，株価がバブル期の水準を一時超えたこともあり，日本経済の復活が喧伝されるようになっているが，日本経済全体をシステムとしてみた時に，いくつか気になる点が存在している。

第一は，日本企業の収益性など基礎的な体力は本当に回復したのかという点だ。2023年は，企業収益は高い伸びをみせ，企業は賃上げや設備投資にもようやく前向きに取り組むようになってきた。ただし，これは円安の影響やコロナからの回復といった「追い風」があったことも大きく影響しており，今後も持続するかどうかはまだ予断を許さない。収益力の高まりが持続的なものかどうかを判断するには，企業の経営がリスクテイクに積極的になるような制度的な仕組みが機能しているかを見極めることが必要だ。

　第二は，これまでの日本的な雇用のあり方が，少子高齢化と人口減少，グローバル化，デジタル・グリーンなどの技術革新の進展といった経済社会情勢の変化と，さまざまな面で矛盾が生じていることだ。人口が減少する中で，外国人労働者の拡大に加え，働く意欲のある女性や高齢者の労働参加を促進することは，ますます重要になっているが，このことにより，従来の長期雇用・年功序列的な正社員中心の雇用システムとは大きな乖離が生じ，結果として非正規雇用が増えている。デジタル・グリーンといった技術革新を担う専門人材も，従来の長期雇用・年功序列的な人事制度の下では適切な処遇ができず，必要な人材が育っていない。そして，従業員を大事に育てるという日本企業の「良き伝統」が，人員不足や成果主義的な管理の下で廃れた結果，世界的にみても，日本の労働者のエンゲージメントは際立って低いことが知られるようになっている。もはや，正規社員にとっても，非正規社員にとっても，「カイシャ」はやりがいを持って働ける場ではなくなっている。また，近年，Well-being（生活満足度・幸福度）の研究が世界的に広がっているが[2)]，日本のWell-beingは各種の指標でみて国際的にランキングが非常に低い。これも「カイシャ」中心の生活の中で，知人や地域とのつながりが薄れていることが一つの背景になっている可能性がある。

　第三は，本来はすべての国民に対してセーフティネットの役割を果たすべき社会保障が十分に機能していないことだ。日本の「カイシャ」は，雇用維持を重視し，賃金や福利厚生を提供することで労働者の生活基盤を支えるとともに，医療・年金・雇用などの社会保険の単位としても組み込まれ，セーフティネット機能を果たしてきた。しかし，従来の日本的雇用システムの枠外にある

女性，高齢者を中心にした非正規雇用の割合が高まる中で，既存のセーフティネットの枠組みでは企業からも政府からも十分にカバーされていない層が出現している。この中には，所得制約から保険料が払えなかったり，受給要件を満たせずに，十分な給付が受けられない人も存在している。さらに，少子高齢化が進む中で，社会保障を支える現役層が減っているため，このままでは社会保障制度が十分に機能する形で存続することが難しくなっている。

　第四は，イノベーション活動のアウトプットが低迷していることだ。日本の研究開発投資は国際的にも高い水準を維持しているが，それが革新的な商品の提供などに反映されず，GDPの増加に寄与していないという問題点が指摘されている。特に，デジタル・トランスフォーメーション（DX）においては，国際的に遅れをとっている。日本のシステムは，研究者がチームワークで企業の漸進的なイノベーションに貢献するという強みがある一方で，デメリットとして技術戦略の閉鎖性があり，外部の先端的な知識の吸収力を低め，日本企業のオープン・イノベーションへの取組を限定的なものにしている。また，資本市場が大きく拡大しているにもかかわらず，ベンチャーなどリスクマネーの供給は十分でなく，ベンチャー企業がイノベーション・システムに果たす役割は依然として小さい。

　本書では，以上のような課題が，「カイシャ資本主義」が変わったから生じている問題なのか，変わらないから起きている問題なのかについて，さまざまな角度から分析を行う。その上で，日本経済が，内外の環境変化に対応して，システム的に機能するためには何が必要なのかについて，具体的な対応を検討する。

２．国によって特徴が異なる資本主義の多様性

▌資本主義の成り立ち

　各国・地域の資本主義の類型の違いについて話をする前に，まず，そもそも資本主義とはどういうものなのか，その成り立ちに遡って確認することから始めたい。実は，あらためて資本主義の起源を見つめ直すことで，現代の経済に

も通じるさまざまなヒントを見つけることができる。

　世界の歴史において，経済成長が急加速した時期と，産業革命によって資本主義が形成された時期はほぼ一致している。資本主義がなぜ経済成長をもたらすのかについて，その鍵は，資本主義の成り立ちに遡ることで確認することができる。ドイツでベストセラーとなったヘルマンの『資本の世界史』によれば，産業革命は，羊が草をはむだけの田舎であったイギリス北西部の都市で，ふつうの職人の手によって，親戚や友人から調達したわずかな資本を元手にこっそりと始まったとされている（Herrmann [2013]）。なぜ，この時期のイギリスで発生したのか。古代ローマや中国でも資本と呼べる富の蓄積や大規模な市場経済は存在したものの，それは資本主義には発展しなかった。古代ローマでは，遠隔地貿易によって多大な富がもたらされたが，それは現地で安く仕入れたものを本土で高く売る価格差による利益であって，労働力の生産性が上がった訳ではなかった。ローマでは，安い賃金の労働者（奴隷を含む）が豊富に存在したため，生産技術の改良に関心が向かず，資本による設備改良への投資は行われることはなかった。中国では，官僚制による統治の下で，商業にはあまり関心が向けられず，外国の文化に対しても閉鎖的で，新たな技術や知識の吸収に熱心ではなかった。

　これに対し，18世紀のイギリスでは，生産拡大に向けたさまざまなインセンティブが揃っていた。16世紀のイギリス国教会設立以降，修道院の所有地は没収されて貴族や商人に売却され，全国的に囲い込みによる農地の個人所有が進んだ。同時に，土地所有者による小作契約の権限が制限され，小作人は固定率での長期契約によって権益が保護されたことから，農家には自分の土地から生まれる収益を最大化するインセンティブが生まれた。こうして，収穫量を増やすためのさまざまな取組を行う農業資本家ともいえる存在が誕生した。さらに，農家の所得水準が上昇すると，衣服など食料以外への支出も増え，それが紡績などの工業部門の発展につながった。他方で，賃金が上昇したことによって，イギリス製の繊維製品は，安いインド製品と比べて国際競争力が低下した。この状態を打破するため，18世紀から19世紀の紡績部門では，生産に必要な人手を節約するために自動織機の導入など機械化が進み，さらにはイギリ

第1章　日本の「カイシャ資本主義」の特徴　│　11

スに豊富に存在した石炭を活かした蒸気機関も動力として活用されるようになった。すると，石炭を運ぶために鉄道が発明され，その動力としても蒸気機関が用いられるようになり，鉄道や運河など輸送網が建設された。そうしたインフラ建設は莫大な資金を必要としたが，実業家や貴族が積極的に投資に参画し，全国でさまざまな建設プロジェクトが行われた。このように，イギリスにおける資本主義の成り立ちをみると，資本主義とは，単なるモノやサービスの売り買いを市場で行うというだけではなく，資本を投下して生産方法を絶えず改良し，より大きな収益をあげていくダイナミックなプロセスであることがわかる。

　また，資本主義の原動力とも言えるイノベーションが生まれるためには，企業家が克服すべき課題や制約条件が発明のニーズ（必要性）となり，それを実現するための科学的な知識や技術がシーズ（発明の種）として必要となる。この点に関して，コヤマ＝ルービンによる『経済成長の起源』では，イギリスにおける産業革命の誕生に決定的な役割を果たしたとされる事象が2つ指摘されている（Koyama and Rubin［2022］）。一つは，ロバート・アレンの説によるもので，イギリスの高い賃金と比較的安価な石炭価格が，労働を節約するイノベーションを誘発したというものだ。当時のイギリスでは，賃金が上昇して製品の競争力が失われたが，そのことによって，労働力を節約して人件費の抑制を促す技術を開発すれば利益が出るというインセンティブが働いた。イギリスでは，労働者の賃金と比べて，資本やエネルギーは安価に調達できたため，それが労働力を蒸気機関による機械化で代替する発明を生み出した。ただし，アレンの説だけでは，産業革命がイギリスで起きた理由をすべて説明できるわけではない。もう一つ重要なポイントは，ジョエル・モキイアの説によるもので，当時のイギリスにおける啓蒙主義が，最先端の科学的知見を奨励し，蒸気機関の発明などにつながったとしている。知識が，実験や観察によって生み出されるというのは現代では当たり前のことだが，18世紀に入るまでは，カトリック教会のような宗教組織が社会的に大きな影響を持っており，コペルニクスの地動説もローマ教皇の布告によって禁じられていた時期があった。イギリスを含む当時の欧州では，啓蒙主義を唱える知識人が科学的知見などを発信してお

り，加えて，イギリスは，他国に先駆けて 17 世紀には近代的な特許制度を導入していた。このことは，資本主義の持続的な成長にとって，イノベーションとそれを促すインセンティブの存在が不可欠であることを示唆している。

■資本主義を構成する 3 つの要素

18 世紀にイギリス北西部で発生し，その後，世界に広まった「資本主義」は，それを構成する 3 つの要素からなっている。引き続きヘルマンの著書から，関連するポイントを整理すると次のようになる。

一つめは，言うまでもなく資本である。古代ローマ帝国や中国の歴代王朝，そして中世におけるスペインなどの海洋覇権国家などでも莫大な資本が蓄積されたが，18 世紀末以降の資本は，これらとは性格を異にするものであった。古代から通貨や手形のような信用貸しは存在しており，さまざまな商業取引の決済に用いられるとともに，価値の保蔵手段ともなってきたが，お金を将来の生産を増やすための手段（機械などの設備や運搬手段等）に投資するという生産性的な形で用いるようになったのは，18 世紀末以降である。今日的な意味での「資本」という言葉は，1770 年代のフランスの経済学者チュルゴーらの著作にみられるとされている。生産手段の投資に必要とされる資本は，初めは農地改良や自動織機の導入などのために生産手段の所有者が自ら出資できるものであったが，やがて蒸気機関の導入，鉄道などのインフラの整備と巨額の資本が必要となると，銀行からの借り入れや株式などを通じた出資によって賄われるようになり，生産手段の所有者と資本の出資者や融資者とが分離した。このため，企業経営者と出資者である投資家の責任をどうするかという問題が生じた。株主を有限責任とすることについては，イギリスでは議会の承認が必要であったが，19 世紀半ばからイギリスでは有限責任が制度的に認められるようになった。また，経営者の責任については，19 世紀中頃までは，経営者に責任を負わせるため，債務不履行になった企業家は投獄されていたが，イギリスで 1869 年に債務者法が成立し，企業家が監獄に入れられることはなくなった。このようにして，リスクが分散されたことで，より多くの投資家や企業家が資本市場に参加できるようになった。

第 1 章　日本の「カイシャ資本主義」の特徴 ｜ 13

　二つめは，労働である。資本主義における労働は，中近世までの農奴や徒弟制度のような身分に基づくものではなく，あくまで労働契約に基づく役務の提供という形をとる。しかし，雇主と労働者の立場は，前者が圧倒的な優位にあるため，資本主義勃興期の 18 世紀から 19 世紀にかけては，労働者の賃金は低く抑えられ，労働環境も劣悪であった。当時の労働者は 1 日 16 時間から 17 時間働いたといわれ，食事をして寝る以外の時間はすべて労働に充てられ，少年や女性も同様に働かされた。こうした状況で，労働者の健康は害され，やがて労働者が枯渇する事態も懸念されるようになり，イギリスで 19 世紀半ばに工場法が制定され，年少者の労働時間制限などが導入された。雇い主と労働者が対等な立場で交渉できるようになったのは，19 世紀末に労働組合が認められてからであり，政府による労働条件に関する規制などの労働者保護政策も整備されてくる。さらに，19 世紀末には，労働運動の過激化を避けるためもあって，ドイツで宰相ビスマルクによって社会保障制度が導入され，疾病保険法（1883 年），労災保険法（1884 年），老齢・障害保険法（1889 年）などが制定された。このように，企業と労働の関係については，賃金や労働環境，社会保障などの広い範囲にわたって，企業，労働者・労働組合，政府の 3 者間の調整が必要となるため，国や地域によってさまざまな形の調整様式が形成されている。また，労働者は生産の担い手としてだけではなく，消費者としても資本主義の発展に大きな役割を果たしている。そもそも資本主義が始まった 18 世紀のイギリスでは，農業革命によって農民の所得が大幅に上昇し，それが衣服などへの需要を高めたことが繊維産業勃興の背景にあり，また，繊維産業で働く労働者の賃金上昇が産業革命をもたらした。また，20 世紀初頭の米国では，フォード社によって流れ作業による自動車の大量生産技術が導入されたが，フォードは生産性に見合った高い水準の賃金を労働者に支給することにより，自らの自動車に対する消費需要を作り出し，大衆消費社会を切り開いた。

　三つめは国家の役割である。18 世紀にイギリスで資本主義が発生した背景には，それに先立って農業革命が行われ，それまでの村落共同体が所有していた土地の私的所有を国家が認めるようになっていたことが挙げられる。そもそもイギリスでは，1688 年の名誉革命によって，王の力を制限する権利を議会

に確約する「権利憲章」が導入されたが，議会は地方貴族や商人などが制圧しており，経済的な利益が国家の政策に反映されやすい構造になっていた。また，イギリスに遅れて経済発展した19世紀のドイツでは，農奴の解放，内国関税の廃止，市場の統一，大学設立などの教育改革，鉄道など輸送網の整備といった改革を国家主導で進め，キャッチアップを図った。自由の国である米国でも，経済活動への国家の関与は大きい。特に1930年代の大恐慌以後は，ルーズベルト大統領によるニューディール政策をはじめ，国家が景気調整に積極的な役割を果たすケインジアン的な政策がとられるようになった。また，第二次大戦後は，多くの先進国で全国民をカバーするような年金や医療保険などの社会保障制度が整備され，資本主義国家は同時に福祉国家でもあるという状況が実現した。このように，資本主義の成立と国家の関係は切り離せない一体のものであり，国家による経済基盤整備，社会保障や教育の提供といった関与の仕方が，資本主義の調整様式に大きく影響を及ぼしている。

▌第二次大戦後の福祉国家の発展

20世紀に入ってから，資本主義の福祉国家化が徐々に進んではいたが，国家が景気変動に対する経済安定化や社会保障の整備に本格的な役割を果たすようになったのは，第二次大戦後であり，国や地域によって異なる福祉国家のシステムが形成されていった。エスピン - アンデルセンによる『福祉資本主義の3つの世界』では，そうした国・地域別の福祉国家のあり方の違いが詳細に論じられている（Esping-Andersen [1990]）。福祉国家の発展は，個人や家族が，労働による所得だけに依存せずに，社会的に認められた一定水準の生活を送ることを可能とするものであった。しかし，その程度については，米国のような自由主義的な国と大陸欧州の保守的な国や北欧の社会民主主義的な国では大きく違っていた。米国では，フォード式の大量生産方式がさまざまな業種で採用され，労働者は規格化された分業生産に携わる代わりに，生産性に見合った高い賃金を受け取り，それが自動車や家電などの消費需要を生み出し，大衆消費社会が発展していった。こうした中で，米国では，労働者の多くは，企業が職域で提供する年金などの社会保険や福利厚生の恩恵を受け，民間保険によって

補完的にさまざまなリスクがカバーされる一方，国家は，所得制限など厳格な給付資格で制限された最低限の社会保障を提供する役割に徹した。このように，米国では，市場における個人の自由な選択が優先され，結果として，国民は，国の保護を受ける低所得層とそれ以外の層の二重構造に分断された形となった。これに対し，フランス，ドイツ，イタリアなど大陸欧州諸国では，保守主義とも言える国家主義的な伝統が残っており，国家が国民の社会権を広く保障し，保険原理に基づく職域の社会保険制度が発達した。このため，福祉国家化が進んでも，国民の職業上の地位等に伴う階層は維持された。他方，欧州でも北欧諸国においては，社会民主主義の考え方の下で，国民の階層化を容認しない，普遍主義的な福祉政策がとられた。社会保障は，社会的な必要最低限の水準ではなく，中間階級に見合った水準が目指され，すべての階層が単一の普遍主義的な保険制度で包含されるとともに，子育てや介護など家族のコストを社会的に分担する制度が構築された。その一方で，福祉体制を維持するコストを抑制しつつ歳入を最大化するためにも，女性も含めて，ほとんどの人が働くことが前提とされた。

▍1970 年代における工業化社会からの転換

　世界経済は，第二次大戦後から 1970 年代初まで，「黄金の 30 年」と呼ばれる高成長を経験したが，1973 年のオイルショックを契機として，経済成長率の低下，インフレ率の高まりと失業の増大に悩まされることになった。また，この時期には，資本主義のあり方にとって重要な変化が 2 つ生じた。

　第一は，戦後の世界経済の安定的な発展を支えたブレトンウッズ体制が崩壊したことである。ブレトンウッズ体制とは，簡単に言えば，米国の圧倒的な経済力を背景に，米ドルを金と交換可能な兌換通貨（1 オンス = 35 ドル）とした上で，各国の通貨を米ドルに対して固定レートでリンクすることで，各国の通貨価値を安定させ，国際的な貿易を発展させる仕組みだ[3]。他方で，「為替レートの安定」，「自由な資本移動」，「金融政策の独立性」は同時には成立しないという「国際金融のトリレンマ」があるために，資本移動については一定の規制が行われていた[4]。しかし，ベトナム戦争や社会保障拡大に伴う財政赤字を反

映して，米国の国際収支が赤字化しドルの流出が本格化すると，米国は米ドルと金の交換停止に追い込まれ，ほどなく固定相場制も放棄され，1973 年以降，ほとんどの国が変動相場制に移行した。逆に，固定相場制度が放棄されたことによって，資本規制は「トリレンマ」から解放され，その自由化が進んだことで，国際的な資本移動が活発化し，情報通信技術の発展と相まって，企業活動のグローバル化が始まった。

第二は，大量生産―大量消費によって特徴づけられる「工業化社会」から，サービス業など第三次産業を中心にした「ポスト工業社会」へと産業構造の転換が進んだことである。自動車や家電といった耐久消費財の普及が一巡し，それまでのイノベーションの果実の回収が終わると，経済成長は低下し，高い賃金上昇率や手厚い社会保障はインフレを引き起こす原因の一つとされた。工業化に代わって登場したのが，金融資本主義である。1970 年代から 80 年代に各国で金融の自由化や資本規制の自由化が進んだことや，情報通信技術の発達により，金融商品の証券化やデリバティブ取引など新たな金融手法が開発され，国際的にも金融取引が拡張していった。

世界経済が「高インフレと高失業」に悩み，「グローバル化」や「金融化」の流れが進む中で，市場の自由を志向するか，あるいは国家による平等を志向するかで各国の対応には異なる動きがみられた（田中拓道 [2023]）。北欧諸国やオランダ，ベルギーなど左派が強かった国では，政府・労働者・使用者の協調により，労働者の賃金上昇が抑制されるなど，「コーポラティズム」を維持することで対応が図られた[5]。他方，イギリスや米国などでは，「新自由主義」の考え方に基づき，規制緩和や民営化等により，市場の自由を拡大することで経済的な効率性を高めようとする政策がとられた。新自由主義は，ケインズ主義的な福祉国家について，政府による裁量的な経済政策が高インフレを招くとともに，寛大な社会保障政策は，低所得者に依存心を植え付け，社会の活力を奪い，貧困層を減らすどころか，逆に福祉に依存する層を増やしたと批判した。実際に，米国やイギリスなどでは，政府の裁量によるケインズ主義的な経済安定化策から，ルールに基づく貨幣供給量の管理に重点を置くマネタリズムへの転換が行われるとともに，国営企業の民営化や金融規制・労働規制の緩和が行

第 1 章　日本の「カイシャ資本主義」の特徴　│　17

われ，失業給付や公的扶助などの社会保障が縮減された。こうした新自由主義的な政策の一つの帰結として，就労能力の乏しい人や就労が困難な人はリスクにさらされ，国民の二層化が進み，これらの国では相対的貧困率が高まった。

▍1990年代以降のグローバル化と資本主義の変容

　1990年代以降，国境を越えた企業活動や資本移動が大きく拡大し，グローバル化が進展した。この背景には，「ワシントン・コンセンサス」ともいわれる新自由主義的な構造改革や貿易・投資の自由化等の政策が，IMFや世界銀行などを通じて国際的に広く共有され，関税引下げや資本移動の自由化が進んだことがある。また，東西冷戦の終結により旧ソ連や東欧諸国の市場移行が始まり，中国や東南アジア諸国も経済改革により外資受け入れに積極的になったことも，先進国から新興国への直接投資の拡大につながった。加えて，情報通信技術が発展したことも，国境を越えた取引を活発化させる要因となった。グローバル化と情報化の進展は，先進国の製造拠点の国外移転をもたらす一方，国内の雇用のあり方を大きく変化させた。具体的には，多くの先進国では，安定した所得をもたらした製造業の雇用が減少し，知識集約的な仕事を行う高技能労働者と，高い技能を必要としないサービス産業で働く労働者が増加した。さらに，サービス産業の雇用の増加は，女性の労働参加率を高め，男性が働き女性が家事を行うという従来の家族分業のあり方を変化させた。

　以上のようなグローバル化や知識経済化に適応するために，新自由主義的な政策は軌道修正が行われ，よりよい職に就くための教育や職業訓練・就労支援が重視されるようになった。米国のクリントン政権，イギリスのブレア政権，ドイツのシュレーダー政権では，受動的な福祉から，教育・訓練などの「社会的投資」によって就労を支援する福祉への転換が目指され，そうした政策理念は「ワーク・フェア」と呼ばれた。典型的な社会的投資政策では，受動的な所得保障を縮減する一方で，雇用の流動性を高め，教育・職業訓練といった人への投資を行い，女性就労を促す育児支援が強化された。ただし，「社会的投資」を目指した国では，技能形成に主眼が置かれたことによって，就労に困難を抱える者や教育の乏しい者が十分に保護されていないという課題も指摘されている。

他方，グローバル化や知識集約経済化は，そこから外れた人々を，排外主義的なポピュリズムに走らせるという状況も生んでいる。2010年代以降の米国における排外主義的な動きや，欧州におけるイギリスのEU離脱，極右・極左政党の伸長などがみられている。この背景には，グローバル化や知識集約経済化から取り残された伝統的な産業の従事者や，教育や技能の蓄積が乏しい人達の存在がある。また，AIの急速な進化により，さらに中間的な技能の職が失われて，技能の二極化が加速することも懸念されている。その意味では，福祉国家から社会投資国家への転換によって，現代の資本主義は，労働所得のみに依存せずに社会的な権利を保障するという機能が弱まっている可能性がある。

■資本主義の多様性

以上でみてきたように，資本主義のあり方は，外部環境の変化にしたがって時代によって変容してきたし，国・地域によっても外部環境の変化に対して異なった対応が行われてきた。こうした国・地域の対応の違いは，資本主義を構成する資本，企業，労働，政府といった各主体間の調整の仕方の違いに根差している。この点に着目して，各国・地域の資本主義のあり方の違いを分析する「比較資本主義」の包括的な経済分析フレームワークを示したのが，先述したホール＝ソスキスによる多様な資本主義（VOC: Varieties of Capitalism）アプローチである（Hall and Soskice ［2001］）。VOCアプローチの分析の基本的な枠組みは，資本主義を動かす中心的な役割を担うものとして「企業」を位置づけた上で，株主，従業員，サプライヤーなどの関係者と企業との関係性に焦点を当て，企業がこうした諸関係者との「コーディネーション問題」をどう解決するかの様式の違いによって，各国の資本主義を類型化する。その際，労使関係，企業統治，教育・訓練システム，企業間の調整などに関するフォーマルな制度およびインフォーマルなルールの役割に注目するとともに，それぞれの制度が互いに補強し合うという制度の補完性にも着目して分析を行っている。

こうした分析の枠組みに基づき，ホール＝ソスキスは，主要先進国について，「自由な市場経済（LMEs: Liberal Market Economies）」と「コーディネートされた市場経済（CMEs: Coordinated Market Economies）」の2つに大きく分類してい

る。前者は，金融や労働について短期スポット的な市場契約を特徴とし，米国やイギリスなどアングロ・サクソン系の国がこれに属する。一方，後者は，金融や労働関係について，企業間・労使間の非市場的な長期的協力関係を特徴とし，ドイツや北欧諸国などが属するとされ，日本もどちらかというと後者寄りとされている。それぞれの類型においては，さまざまな制度が補完性を持って構築されており，前者の典型である米国では，株式市場中心の短期的視点で経営が行われ，より収益性の高い事業に転換が迅速に行われるため，労働市場も流動性が高く，技術開発も IT 産業やバイオなど急進的なイノベーションに比較優位を持つ。他方，後者の欧州諸国や日本では，銀行と企業が長期的な協力関係を持ち，長期的な雇用関係の下で，労働者は産業・企業特殊な技能を身に付け，自動車や機械産業など漸進的なイノベーションを得意とする。

　こうした２分法については，どちらにも該当しない国や，同じグループの中でも相違が大きい国もあるなど，単純化できない問題もあり，それに代わる類型化を行う研究もさまざまなものがある（詳しくは山田［2008］を参照）。なかでも，レギュラシオン学派を代表するアマーブルによる５つの資本主義の分類は広く支持されている（Amable［2003］）。アマーブルの分析の枠組みは，金融資本市場，労働市場，製品市場，社会保障，教育も含めた５つの制度分野を対象とした上で，とりわけ各国間の産業競争力の比較の観点から，イノベーション能力に焦点を当てているのが特徴となっている。狭義のイノベーション・システムである科学・技術・技能に加え，それを取り巻く労働・金融・教育といった諸制度も含めた社会的イノベーション・生産システム（SSIP）を核心に置いて，各国の資本主義を類型化している。こうした枠組みの下で，アマーブルは，先進国の資本主義を５つに分けて，米国などの「市場ベース型」，ドイツ・フランス等の「大陸欧州型」，北欧諸国が属する「社会民主主義型」，イタリア等の「地中海型」，そして日本・韓国が属する「アジア型」に類型化している。図表１−１は，アマーブルによる５つの資本主義分類の概要を示しているが，それぞれの特徴については，以下のように整理できる。ただし，これらは，主に 1990 年代時点の情報に基づいており，現在では必ずしも当てはまらないものもある点は，ご承知おき頂きたい。

図表1-1　アマーブルによる5つの資本主義の類型

類型	特徴
市場ベース型資本主義 （アングロサクソン諸国）	・製品市場の競争圧力強い ・労働市場は解雇が容易で柔軟性高い ・金融は即応性の高い株式が中心 ・福祉は最低限の保障のみ ・一般技能重視，バイオ，情報，航空宇宙に優位
社会民主主義型資本主義 （北欧諸国）	・労働市場の柔軟性高い，賃金は政労使の連帯 ・普遍性の高い手厚い社会保障や再教育・訓練等 ・公的な教育関与高い，イノベーション力高い
アジア型資本主義 （日本，韓国）	・製品市場・労働は，大企業，政府，銀行の協調により統御 ・雇用保障や企業内訓練による企業特殊能力の蓄積 ・社会保障や金融市場は発達遅れ
大陸欧州型資本主義 （ドイツ，フランス等）	・労働市場は高度の雇用保障，連帯的な賃金政策 ・株式の集中度や銀行への依存度が高い ・社会保障制度は職域単位
地中海型資本主義 （イタリア，スペイン等）	・製品市場の競争圧力低い ・雇用保障は大陸欧州型よりもさらに高い ・社会保障の水準や教育水準高くない

出所：Amable（2003）を参考に作成。

・「市場ベース型」（米国などアングロ・サクソン系の国）：製品市場の競争圧力が強く，企業は市場条件の変化に迅速に対応して事業再構築を行う必要があるため，労働市場は解雇が容易で柔軟性が高く，金融は即応性の高い株式が中心である。福祉は最低限の保障のみで，教育は名門大学入学への競争が激しく，どの企業でも役立つ一般技能が重視され，イノベーションの比較優位はバイオ，情報，航空宇宙などに強みを持つ。

・「社会民主主義型」（北欧諸国）：貿易に依存した小国が多く対外競争圧力にさらされているため，労働市場の柔軟性は高いが，普遍性の高い手厚い社会保障や再教育・訓練等へのアクセスが確保されている。賃金は政労使の連帯により生産性に見合って決められ，公的な教育への関与の高さと相まって，イノベーションや対外競争力を生み出している。

・「アジア型」（日本，韓国）：大企業が，政府および銀行を中心にした金融と協調して製品市場や労働市場を統御し，こうした協調が長期的な戦略を可

能にしている。法律上というよりも事実上の雇用保障や企業内訓練によって労働者は企業特殊の能力を蓄積するが，社会保障や金融市場が発達しておらず，リスク分散が難しいため，このモデルの安定性は，大企業が提供する堅固性に決定的に依存している。

・「大陸欧州型」（ドイツ，フランスなど）：労働市場は高度の雇用保障があるが，連帯的な賃金政策や職域をベースにした社会保障制度は，社会民主主義型の程度には達していない。株式の集中度や銀行への依存度が高く，企業は短期資金制約を気にせずに長期的な戦略をとることが可能だが，労働力の柔軟性の低さが事業再構築を制約している。

・「地中海型」（イタリア，スペインなど）：製品市場の競争圧力が低めであるため，雇用保障は大陸欧州型よりもさらに高いが，社会保障の水準がそれほど高くない。労働力の技能や教育水準が高くないので，高賃金・高技能の産業戦略を実行することは難しい。

■資本主義の類型と経済パフォーマンスの関係

　資本主義の類型によって，製品市場の競争度，社会保護の強さ，イノベーション・システム等の特徴が異なり，その結果，経済成長やイノベーションといった経済パフォーマンスに違いが生じることが知られている。まず，経済成長と資本主義の類型の相関については，従来の比較資本主義分析の研究では，特にどの資本主義の類型の経済成長率が高いといった一定の関係はないと考えられているものの，各種制度が同じ方向で揃っている方が，その制度的補完性によって経済成長が高くなる傾向がみられるとしている。例えば，アマーブルは，1990年代のデータを基に，先進21カ国の一人当たりGDP成長率と，製品市場，労働市場，金融市場，社会保障などとの相関を分析した上で，①自由な市場経済国（LMEs）の特徴であるコーディネートされない労働市場と規制緩和された製品市場の組合せは経済成長率と正の相関を持つとともに，②協調的市場経済（CMEs）の特徴であるコーディネートされた労働市場，規制された製品市場，集権化された金融市場の組合せも経済成長率と正の相関を持つことを示している（前掲 Amable [2003]）。同様に，ホール＝ギンガリッチの研究でも，

一人当たり経済成長率は，市場型と協調型の両極端の国では高く，中間の国では低いという凹型の関係がみられることが示されている（Hall and Gingerich [2009]）。こうした相関がみられる理由については，例えば，自由な市場経済国（LMEs）の場合には，株主の短期的な利益追求圧力が強く，製品市場も自由度が高ければ，労働市場も流動的な方が，より収益性の高い産業に資源が移りやすくなるという制度的補完性が生じ，結果として経済成長が高まるためである。逆に，協調的市場経済（CMEs）なら，より多くの制度が協調的な性格を持つ方が，経済成長が高くなると考えられる。

　イノベーションに関しても，一つのモデルが優越するというよりも，制度の組合せが補完的に働く場合に促進される。アマーブルによる分析では，①市場ベース型の特徴である規制緩和された製品市場と柔軟性の高い労働市場を持った国，②社会民主主義型の特徴である集権化された金融市場とコーディネートされた製品を持った国は，ともに人口当たりの特許件数が高いという結果になっている。

■資本主義の制度変化

　各国・地域の資本主義の特徴やそれを構成する諸制度は，時代を超えてずっと固定されたものではなく，技術革新やそれに伴う産業構造の変化といった外生的な要因によっても変化するし，内生的にも時代によって徐々に変化する。VOC アプローチは，こうした漸進的な制度変化を必ずしも明示的に説明していないため，制度変化を説明するための理論がその後提示された。そのうち，ストリーク＝セーレンの説では，社会的に期待される正当性に基づくルールを「レジームとしての制度」とし，制定されたルールと，人々による実際のルールの解釈や履行には乖離が生じることを想定する（Streeck and Thelen [2005]）。そして，ルール・メイカーの制度設計能力には限界があるために，その乖離は時間の経過とともに拡大し，それがルールの解釈・修正や履行を巡り，人々の戦略的行動を促すことで，制度変化が生まれるとしている。制度変化に見られるパターンとしては，以下の5つが挙げられている。

　①　古い制度が新しい制度に置き換わる「置換（displacement）」（例：企業と

第1章　日本の「カイシャ資本主義」の特徴　│　23

銀行の密接な協調によるシステムから米国型のアームレングスな関係に置き換えが進むこと）

② 新たな制度が付け加わることで既存の制度の機能や役割が変質する「重層化（layering）」（例：公的年金に私的年金が付加されたこと）

③ 環境変化に制度が対応せず，その機能が喪失していく「漂流（drift）」（例：米国の社会保障制度が多様なリスクをカバーするような形で発展しなかったこと）

④ 既存の制度が異なる目的へ利用される「転用（conversion）」（例：100年前に社会民主主義的動きをけん制するために導入されたドイツの職業訓練制度が現代ではドイツの組織労働や労使協調の重要な柱となっていること）

⑤ 時間とともに制度の前提条件が失われ，制度が機能しなくなる「消耗（exhaustion）」（例：ドイツの早期退職制度が大量失業時代には大きなコストとなったこと）

　こうした制度変化のメカニズムに関する分析フレームワークは，VOC に基づく資本主義の類型の変化を考える上でも，非常に有益なツールを提供している。実際に，グローバル化とサービス経済化が進展し，所得格差が拡大する中で，先進国の資本主義の様式の違いにどのような変化があるかについて，セーレンが関連する研究を総括しているので，以下ではその概要をみてみよう（Thelen［2012］）。

　まず，一つの重要な論点として，各資本主義の様式が，「自由な市場経済（LMEs）」に収れんしつつあるのか，依然として多様性を維持しているのかという点がある。収れんに向かっているとの立場からは，グローバルな金融自由化の進展により，企業と銀行との関係が希薄になり，特に「コーディネートされた市場経済（CMEs）」では，企業は即応的な対応を可能とするために，より柔軟な雇用関係を求めるようになっているとしている。他方，資本主義の多様性が維持されているとする立場からは，CMEs の国でも企業と労働者との雇用や賃金の調整様式には大きな変化がないことが主張されている。ただし，経済のサービス化により，長期雇用を特徴とする製造業の労働者割合が低下し，さらに正規労働者以外の非正規労働者が増加しているなど，CMEs の多くの国で

は，労働の二重化が進行している。

　二つ目の論点は，各国における資本主義の様式の違いが，所得格差の拡大や労働の二重化の進展に，どのように影響しているかという点が重要になる。これに関しては，資本主義のタイプによって，異なる意味での自由化が進んだことが影響していることが指摘されている。第一に，自由な市場経済型の国では，規制緩和という意味での自由化（制度の「置換」）がさらに進んだことが所得格差の拡大の背景にある。例えば，オーストラリアやニュージーランドでは，労使の仲裁や裁判手続きが緩和されるなど，労使関係の調整過程にも規制緩和が及んだ。第二に，CMEs の多くの国では，労働の二重化という意味での自由化（制度の「漂流」）が進み，コア人材の雇用が保障される一方で，非正規労働という形で，従来の労使関係の調整の枠組みの外に置かれる労働者が増加したため，所得格差が拡大した。第三に，社会民主主義的な国では，賃金交渉や雇用保護の面での自由化が進む一方，国家が普遍的な積極的労働市場政策を行うフレキシキュリティ（制度の「転用」）が実現し，所得格差の拡大が防がれたとされている[6]。

3．日本の資本主義の特徴

▋日本の資本主義の位置づけ

　こうした比較資本主義分析において，あらためて日本がどのように分類・特徴づけられてきたかを整理しておこう。ホール＝ソスキスの2分法においては，日本はドイツなど欧州諸国と同じく非市場型の調整を特徴とする「コーディネートされた市場経済（CMEs）」に分類されているが，同じ CMEs の中でも，ドイツ等の欧州諸国は産業単位のコーディネーションが中心であるのに対し，日本の場合は「グループ企業」や「系列」など企業集団別のコーディネーションという特徴を持つとされている。また，アマーブルの5分類においては，日本は「企業主導型」とされ，銀行と企業の長期的な資本関係を基盤に，短期的な資本の制約を気にせずに長期的な戦略や雇用保護が可能であり，労働者は企業特殊の技能を備え，社会保障は職業と密接に結びついたものとなっていると

第 1 章　日本の「カイシャ資本主義」の特徴 │ 25

している。このように，従来の研究では，日本の資本主義は企業主導型で各種の調整が行われている点が特徴とされてきた。

　また，エステベス - アベは，VOC アプローチに基づき，日本の社会保障制度と資本主義のあり方について分析を行った（Estévez-Abe ［2008］）。この分析によると，日本の社会保障関連支出の規模は欧州諸国など他のコーディネートされた市場経済（CMEs）と比べて小さいが，日本の大企業による終身雇用，多額の退職金，手厚い企業年金，社宅を含む福利厚生の提供などが社会保障と同等の役割を果たしてきたとしている。このため，数字の見た目以上に，日本では，雇用者を中心に企業の社会保障によって実質的に保護されていると考えられる。また，企業中心の社会保障制度は，金融面を通じて，日本の経済システムに貢献しているとしている。具体的には，企業の財形貯蓄や企業年金の資金が信託銀行や生保など金融機関を通じて運用される見返りに，金融機関は当該企業の株式持ち合いや貸付に応じる形で「忍耐強い資本」の役割を果たしたことが指摘されている。さらに，政府は優遇税制により企業の従業員の貯蓄を奨励するとともに，財政投融資制度を通じて郵貯や厚生年金保険料などの資金をインフラ整備等に回すことで「社会的資本」を提供したとされている。これらの指摘は，戦後の経済発展の過程で，企業が社会保障面も含めて社会的な「調整」に大きな役割を果たしてきたことを明らかにしており，日本経済の「企業主導型」の特徴がよく示されていると言えよう。

　ただし，第 3 章では，株式持ち合いや財政投融資制度などが 1990 年代以降変革され，雇用のあり方も非正規化が進む中で，これらの「企業主導型」の日本経済の特徴が大きく変化したことが示される。

■企業主導型資本主義の変容

　他方，日本の研究者による日本的資本主義の分析について整理すると，山田（2008）では，「企業主義」という言葉でその特徴が表されている。日本における労使関係は，労働者による義務の無限定性の受容とその見返りとしての雇用保障を特徴としている。これは，米国では，フォード式の労働調整様式にみられるように，規格化された労働の見返りとして高い賃金を得ている一方で，雇

用保障は必ずしも含まれないことと対照的な点である。賃金制度については，企業への全人格的関与の対価としての生活保障である年功給と，将来の経営者昇進を目指した社内の能力競争を反映した職能給からなり，高度成長期の日本企業は，成長によってシェアを増やすことで昇給ポストを増やしてきた。さらに，企業と銀行との関係については，銀行への優先的な収益機会の提供と引き換えに，企業の経営が保障されていたほか，企業集団への帰属によっても同様の経営保障が提供されていた。日本経済の成長モデルは，高度成長期の投資主導の成長から，1970年代の石油危機後は，輸出主導型に転換した。輸出部門の生産性上昇が輸出拡大をもたらし，それが国内の生産と雇用の維持を可能とし，雇用保障によって労働者の技能蓄積が進んだことが，さらに輸出部門の生産性上昇をもたらした。しかし，企業主義に基づく経済発展の負の側面として，1980年代の経常収支黒字の蓄積によるカネ余りがバブル生成につながり，生活基盤の未整備が生活小国につながったことが指摘されている。また，バブル崩壊後は，企業が果たしてきた雇用面などでの社会的な調整の役割を担うことが困難になり，グローバル化や高齢化など企業主義の枠組みでは対応できない大きな問題が生じていることも指摘されている。

　宇仁（2011）では，1990年代以降の日本の資本主義の調整様式について，企業単位のコーディネーションに頼って経済の諸課題に対処している一方で，社会単位のコーディネーションが弱体化していることが，日本経済の困難の根本原因であることが指摘されている。具体的には，日本では終身雇用の下で企業内訓練による技能形成制度が自動車などの国際競争力に貢献してきたが，バブル崩壊後には，企業や産業を超えた資本と労働の移動や，損失と痛みの社会全体での分配が求められたにもかかわらず，企業単位のコーディネーションでは対処できず，これらの課題が先送りされ，長期的停滞につながったとしている。また，社会保障制度についても，社会全体でのコーディネーションが不足しているため，改革が先送りされていることが指摘されている。

4．各国の資本主義の現在地点の検証

▎データによる資本主義の類型化

　以下では，現時点における日本および各国の資本主義の立ち位置を確認するため，近年のデータを用いて，OECD 諸国に関する資本主義の類型を検証した筆者の分析結果を紹介する（茨木［2024a］）。各国のデータを用い，比較資本主義の枠組みに沿って各国を資本主義の類型に分類する実証分析はこれまで数多くの研究が行われている。代表的な手法としては，企業・資本の関係や企業・雇用の関係などを示す複数のデータを国際比較することで，似たような性質を持つ国・地域をグループ化するクラスター分析が用いられることが多い。例えば，すでに紹介したアマーブルの研究では，製品市場，賃金労働関係，金融，社会保障，教育の５つの分野ごとに，各種指標を用いて主成分分析およびクラスター分析を行い，それぞれの分野ごとに資本主義の各類型の特徴を分析している。また，ホール＝ギンガリッチの研究では，VOC アプローチのコアとなる企業と金融の関係（企業ガバナンス）と，企業と労働関係の２つの側面について，各種指標を用いて因子分析を行い，両分野を統合的にみることによって各国の特徴を分析している。ちなみに，因子分析とは，データに潜む共通因子を探り出す手法であり，例えば複数の科目の試験を学生に受けさせて，学生の得点パターンなどから「文系力」とか「理系力」といった共通する性格（因子）を抽出する手法である。クラスター分析は，データ全体から似た性質のものをグループ化する手法であり，試験の例でいえば，各学生を「文系力のある人」，「理系力のある人」，「両方に優れている人」などに分類する手法である。

　筆者の分析では，OECD 加盟国のうち分析に必要なデータが揃う 35 カ国について，ホール＝ソスキスが想定した資本主義の類型のコアになる企業と金融の関係を示す指標群と，企業と労働の関係を示す指標群を用いて，因子分析によって各国の特徴を確認するとともに，各国の因子スコアを用いてクラスター分析を行うことによって，OECD35 カ国をグループ分けした。具体的には，資本主義の類型のコアになる企業と金融の関係を示す５指標（株式時価総額，株

28

主集中度，株主権利の強さ，機関投資家比率，銀行貸出規模）と，企業と労働の関係を示す5指標（賃金交渉の協調度および集権度，雇用の流動性，雇用保護の強さ，組合組織率）を用いた。これらのデータの時点は，指標により違いはあるものの，おおむね2015年から2020年までのうちで最近時点のものを用いた。巻末の付表1及び付表2に用いたデータを掲載してあるが，日本における企業と金融の関係については，相対的に株式市場の規模が大きく，株主は分散的，株主権利はやや強い方に属しており，機関投資家比率は中程度，銀行信用の規模はやや大きい方となっている。企業と労働の関係については，日本は，賃金交渉は企業レベルだが，春闘を通じて全国的に賃金決定が協調的に行われ，1年未満での離職率は低く，雇用保護の程度はやや低い方であり，組合組織率も低い方である。

▋日本の資本主義は市場調整型の性格を強める

上記の10指標を因子分析すると，図表1−2で示されるように，2つの特徴的な因子が抽出される。一つは，「市場調整力」とも呼べるもので，株式市場規模の大きさ，株主権利の強さ，機関投資家比率の高さといった金融関係の特徴と，労働市場における雇用の流動性の高さ，雇用保護の低さなどの特徴を持つ。もう一つは，「協調力」とも呼べるもので，第一の因子と正反対に，金融関係における株主の役割が限定的で，労働市場は賃金交渉の幅広い協調性，雇用の流動性の低さ，雇用保護の強さなどによって特徴づけられている。図表1−3は，横軸に市場調整力を示す第一因子，縦軸に協調力を示す第2因子をとり，35カ国の各因子得点をプロットしたもので，対角線の右下に米国をはじめとするアングロ・サクソン系の国の集団がみられ，対角線上の原点から離れたところには北欧諸国の集団，対角線の左上には大陸欧州諸国の集団がみられ，原点付近には欧州の市場移行国や南米の集団がみられる。日本は，対角線の右下にあり，アングロ・サクソンと北欧の中間地点にある。

こうした因子分析の結果を用いて，クラスター分析を行うと，図表1−4で示されるように，OECD35カ国を4つの類型に分けることができる。第1の類型は，米国などアングロ・サクソンの国が属する市場調整力の高いグループ

第 1 章　日本の「カイシャ資本主義」の特徴　｜　29

図表 1 － 2　各指標の第 1 因子・第 2 因子への影響度

		第 1 因子（市場調整力）	第 2 因子（協調力）
企業と金融の関係			
	株式時価総額	◎	--
	株主集中度	▼	--
	株主権利の強さ	◎	--
	機関投資家比率	◎	--
	銀行貸出規模	○	○
企業と労働の関係			
	賃金交渉の協調度	--	◎
	賃金交渉の集権度	○	◎
	雇用の流動性	○	▼
	雇用保護の強さ	▼	○
	組合組織率	○	◎

（備考）◎○はプラス，－－は影響ほぼなし，▼はマイナスの影響（因子負荷量）を示す。

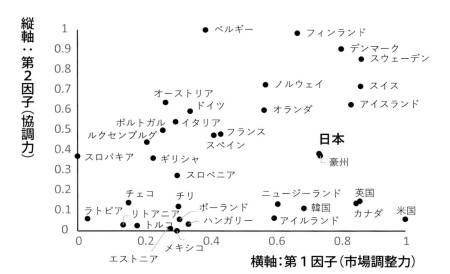

図表 1 － 3　OECD 諸国の市場調整力と協調力

図表 1 － 4　資本主義の類型別のクラスター

クラスター名	市場調整型	大陸欧州型	市場移行型	北欧型
構成国	豪州 日本 カナダ 英国 米国 アイルランド ニュージーランド 韓国	オーストリア ドイツ イタリア ポルトガル フランス スペイン ギリシャ ルクセンブルグ スロベニア スロバキア	エストニア ラトビア ハンガリー ポーランド チェコ リトアニア チリ メキシコ トルコ	デンマーク スウェーデン フィンランド ノルウェイ. オランダ アイスランド スイス

で，日本と韓国もここに分類される。第2の類型は，独仏など大陸欧州諸国が属する協調力が高いグループである。第3の類型は，欧州の市場移行国や南米諸国であり，市場調整力・協調力ともに弱い，未成熟な資本主義国グループと呼ぶことができる。そして，第4の類型は，北欧諸国やスイスが属し，市場調整力・協調力ともに高いグループである。日本については，賃金交渉の幅広い協調性や雇用の流動性の低さなど欧州タイプに近い性格も持つものの，金融関係における株式市場の大きさや株主の権利の強さ，組合組織率の低さや非正規を含んだ雇用保護の相対的な低さなどもあり，アングロ・サクソン系と同じグループとなっている。こうした日本の資本主義の位置づけについては，分析対象とする指標や分析手法によって変わり得るため注意が必要だが，少なくとも言えることは，日本においても「新自由主義的」な方向の構造変化が過去20年間に生じたということだ。特に金融市場やコーポレート・ガバナンスなど企業を取り巻く関係性の変化や，非正規化による労働市場の変質が生じ，アングロ・サクソン型に近付いたと考えられる。なお，韓国はアジア通貨危機後の改革を経て，日本よりもアングロ・サクソン化しており，かつての「アジア型」の類型は存在しなくなっている。

▌資本主義の各類型と経済パフォーマンスの関係

　資本主義の類型によって，社会保障による保護の強さや，イノベーション・

システム等の特徴が異なり，その結果，経済成長や所得格差といった経済パフォーマンスやイノベーションの比較優位などに違いが生じることが知られている。そこで，OECD35カ国の金融・労働関係指標から先ほど計算した「市場調整力」と「協調力」に関する各国の因子得点を用い，一人当たりGDP成長率，OECDによる製品市場の規制指標（PMR），所得格差（ジニ係数），社会的支出のGDP比，人口当たり特許件数との相関を計算した。

① 経済成長との関係

経済成長と資本主義の類型の相関については，すでに紹介したように，従来の比較資本主義分析の研究では，特にどの資本主義の類型の経済成長率が高いといった一定の関係はないと考えられているものの，各種制度が同じ方向で揃っている方が，その制度的補完性によって経済成長が高くなる傾向がみられるとしている。そこで，2000年からコロナ前の2019年までのパネルデータを用い，OECD35カ国の一人当たり経済成長率を従属変数とし，2000年時点の各国の一人当たりGDP水準，世界経済成長率，消費者物価上昇率，名目実効為替レート，第1因子（市場調整力）の得点，第2因子（協調力）の得点，第1因子と第2因子の交差項を説明変数として，パネル分析による推計を行った。

図表1－5の推計結果によると，資本主義の類型を示す因子得点について

図表1－5 市場調整力・協調力と各種指標との相関関係

	第1因子 （市場調整力）	第2因子 （協調力）
一人当たりGDP成長率	--	マイナス
製品市場規制（PMR）	--	--
所得格差（ジニ係数）	--	マイナス（格差縮小）
社会的支出のGDP比	--	プラス
人口当たり特許件数	プラス	--

（備考）一人当たり成長率は2000-2019年までのパネルデータ分析による。その他は2019年近傍時点のデータを用いた単回帰による。データの出所はOECD Stat。

は，交差項を含まない推計では，第1因子（市場調整力）は統計的に有意でなく，第2因子（協調力）は一部の推計ではマイナスで有意となっており，経済成長とマイナスの相関を持つ可能性が示唆された。「協調力」の得点の高い国で経済成長がやや低い傾向がみられるということについては，一つの仮説として，過去20〜30年間に世界的に進められてきた「新自由主義」的な構造変化が，協調的な国では既存の制度とのコンフリクトを引き起こすことで，経済成長を抑制した可能性も考えられる。また，巻末の付表3に示されているように，第1因子と第2因子の制度的補完性を勘案するために，第1因子と第2因子の交差項を含めて推計すると，交差項の係数はいずれもプラスで有意となった。ホール＝ギンガリッチの研究では，市場調整力と協調力は，どちらも強い場合には補完性が働かず，経済成長は低くなる傾向があるとされているが，ここでの推計結果は，市場調整力および協調力がともに強い国では，むしろ経済成長率が高い傾向が示された。国別にみると，スウェーデン，スイスなどでは，他の先進国と比べてこの間の経済成長率が高くなっており，こうしたことが推計結果に反映されたものと考えられる。こうした推計結果については，推計期間や対象国の取り方の違い等によって変わり得るため，一概に結論を導くことはできないが，北欧諸国では，一般に，株式市場が発達し，企業間競争が激しく，労働移動も頻繁に行われる一方で，高い組合組織率など協調的な側面の強さも持ち合わせており，市場調整力と協調力に一定の補完関係が構築されている面があることには注目する必要があろう。

② 製品市場規制，所得分配，イノベーションとの関係

「市場調整力」と「協調力」に関する各国の因子得点と，OECDの製品市場規制指標（PMR），所得格差（ジニ係数），社会的支出のGDP比，人口当たり特許件数との相関を単純な一時点における回帰分析により推計した。図表1−5によれば，「市場調整力」が高い国では，人口当たり特許件数も高いという傾向がみられるが，これは，競争が激しい市場では，企業が他社に対して優位に立つためにイノベーションを活発に行うというミクロの理論と整合的な結果になっている。「協調力」が高い国では，社会的支出は大きく，所得格差は小さ

いという傾向がみられた。このうち，後者については，社会支出の大きさは，これらの国の雇用保護の強さや社会連携の強さと相まって，所得格差縮小に寄与しているものと考えられる。なお，製品市場規制指標については，いずれも統計的に有意にはならなかったが，これは，過去20～30年間において，どの国でも規制緩和が一定程度進められ，差異が小さくなっていることを反映しているものと考えられる。

▌日本経済への含意

　以上の分析結果については，指標の選択の仕方や分析の対象期間，比較対象国の取り方などによって結果が異なる可能性があることには注意する必要があるが，筆者による分析を踏まえ，日本の資本主義の現在地点を確認すると，以下のように整理できる。

　ホール＝ソスキス（2001）など過去の研究事例では，日本は，雇用保護の強さや賃金決定の協調性などの観点から，「自由な市場経済（LMEs）」というよりも，大陸欧州諸国のような「コーディネートされた市場経済（CMEs）」に近いと分類されてきたが，最近時点のデータに基づく今回の分析結果からは，むしろアングロ・サクソン系の国と同様の「市場調整型」のグループに分類された。これは，日本においても「新自由主義的」な方向の構造変化が過去20～30年間に生じ，特に株式市場を中心とした金融市場やコーポレート・ガバナンスなど企業を取り巻く関係性はグローバル化が進んだことや，非正規雇用の増加もあって，雇用保護の強さが低下したことなどが反映されたものと考えられる。

　こうした市場調整型への変化が日本経済の実体面に与える影響については，経済成長率については中立的であったと考えられるが，仮に日本が「協調型」に固執していた場合にはマイナスであった可能性も考えられる。イノベーションの能力については，市場調整型による競争原理が働くことでプラスの方向に作用した可能性がある。他方で，所得分配に関しては，格差を拡大させる方向に作用した可能性があり，社会保障支出の規模については，高齢化の進展の割には抑制的である可能性がある。

ただし，ここでの分析は，あくまで企業と金融の関係を示す指標と，企業と労働の関係を示す指標に限定して推計を行ったものであり，日本の特徴である「企業主導型の調整」が各分野で実態としてどこまで変化したのかは，判断することはできない。そこで，次章以降では，日本の資本主義を構成する各要素に分けて，企業の資金調達・企業統治，労働市場，社会保障，イノベーション・システムの4つの分野で，これまでの制度形成の経緯とその変化を確認した上で，現状の課題を詳細に分析していく。

5．まとめ

　日本経済が抱える構造問題の所在やその解決の方向性を考える上で，「資本主義」の枠組みの中で，企業が資本・労働に関してどのような調整を行っているのか，政府がどのような補完的な役割を果たしているかなど，経済システム全体を俯瞰することによって，問題の本源的な所在を確認することが重要だ。そのため，本書では「資本主義」の概念を用いて分析しているが，この言葉は，単純に，企業，投資家，労働者といった経済活動の担い手を結びつける枠組みを指す。また，資本主義市場は必ずしも普遍的なものではなく，国や地域によって異なる調整様式を持ち，また時代によっても変化していく。

　本章では，ホール＝ソスキスによる多様な資本主義（VOC）など政治経済学的なアプローチに基づき，最近時点のデータを用いて，日本的な資本主義のあり方とその変化を分析した。VOCアプローチの分析の基本的な枠組みは，資本主義を動かす中心的な役割を担うものとして「企業」を位置づけた上で，株主，従業員，サプライヤーなどの関係者と企業との関係性に焦点を当て，企業がこうした諸関係者との「コーディネーション問題」をどう解決するかの様式の違いによって，各国の資本主義を類型化する。ホール＝ソスキスによる分類では，主要先進国について，米国などアングロ・サクソン系の国が属する「自由な市場経済（LMEs: Liberal Market Economies）」と，ドイツなど大陸欧州や北欧が属する「コーディネートされた市場経済（CMEs: Coordinated Market Economies）」の2つに大きく分類している。日本もどちらかというと後者寄り

とされている。また，アマーブルによる分類では，先進国の資本主義は，米国などの「市場ベース型」，ドイツ・フランス等の「大陸欧州型」，北欧諸国が属する「社会民主主義型」，イタリア等の「地中海型」，そして日本・韓国が属する「アジア型」の5つに類型化されている。こうした1990年代のデータを基にした分析では，日本は「企業主導型」とされ，銀行と企業の長期的な資本関係を基盤に，短期的な資本の制約を気にせずに長期的な戦略や雇用保護が可能であり，労働者は企業特殊の技能を備え，社会保障は職業と密接に結びついていることが特徴とされている。

　しかしながら，こうした資本主義の類型は，グローバル化や情報通信技術の進歩など外生的な要因や，人々による実際のルールの解釈や履行の修正によっても変化していくことが知られている。そこで，日本の資本主義の現在の立ち位置を確認するため，筆者はOECD加盟の35カ国について，おおむね2015年から2020年までのデータを用いて，企業が金融および雇用との関係をいかに調整しているかに注目して，クラスター分析による資本主義の類型化を行った。これによれば，日本の資本主義の類型は，アングロ・サクソン系と同じグループとなっている。こうした分析結果については，対象とする指標等により変わり得るため注意が必要だが，少なくとも言えることは，日本においても「新自由主義的」な方向の構造変化が過去20年間に生じ，金融市場やコーポレート・ガバナンスなど企業を取り巻く関係性が変化するとともに，雇用の非正規化により労働市場も変質が進み，アングロ・サクソン型に近付いた可能性が考えられる。こうした日本の資本主義の変化が，経済の実体面に与える影響については，経済成長率については中立的であったと考えられるが，所得分配に関しては，格差を拡大させる方向に作用した可能性がある。ただし，日本の特徴である「企業主導型の調整」が各分野においてどこまで変化したのかは，本章の分析からは知ることができない。そこで，次章以降，日本的な経済システムの成立の過程から現在に至るまでの変化を詳しく分析することで，「カイシャ資本主義」の現在地点とその課題を検証する。

36

【注】

1）「プリンシパル・エージェント」問題とは，依頼人（プリンシパル）である株主と代理人（エージェント）である経営者の間の利害対立の問題であり，代理人（経営者）が依頼人（株主）の意向通りに業務を遂行するとは限らないという非効率が生じることを指す。その原因としては，株主と経営者との間に当該企業に関する情報格差が存在するという「情報の非対称性」の問題や，契約通りに業務を遂行したか否かを第三者が立証できるとは限らないという「不完備契約」の問題があることが指摘されている。

2）Well-being とは，生活に関する満足度や幸福度を示すもの。2008 年にフランスのサルコジ大統領が立ち上げた「経済成果と社会進歩の計測に関する委員会」の報告書で Well-being の計測手法が提言され，その後，OECD や国連が Well-being の指標や報告書を定期的に公表している。

3）第一次大戦後には，多くの国は戦費調達のために，その制約となる金本位制を離脱したが，1930 年代の世界的な不況の下で，為替レートの競争的な切り下げと貿易の縮小が生じていた。こうした状況に対処するため，1944 年 7 月に，米国のニューハンプシャー州ブレトンウッズに集まった 44 カ国の代表により，戦後の国際通貨制度の枠組みとして IMF 協定が合意されるとともに，戦後の復興のための長期資金の融資などを目的とする国際復興開発銀行（世界銀行）の設立が合意された。

4）国際金融のトリレンマの例として，仮に資本移動が自由な場合には，各国が独自の金融政策をとると内外金利差が生じ，その金利差を狙った資本流出入が起こるため，為替相場は変動することになる。このため，ブレトンウッズ体制下では，固定為替相場制を維持するために，資本移動の自由を原則とはせず，資本取引の制限については各国の判断に委ねていた。

5）コーポラティズムとは，身分制的な職能団体（労働者と経営者の諸団体）が政治の意思決定過程に制度的に参加することによって，相互的な義務と権利に基づく社会的な調和を作りだし，協調によって持続的に経済成長を達成しようとする体制を指す。

6）フレキシキュリティは，柔軟性（flexibility）と安全（security）を組み合わせた造語であり，解雇規制を緩和するなど労働市場の流動性を高める一方で，手厚い失業給付や職業訓練などにより労働者が安心して再就職できるよう支援する仕組み。デンマークなどで制度的に発展してきた。

第2章

日本の「カイシャ資本主義」形成の経緯

　資本主義のあり方については，第1章でみたように，国や地域によって異なる特徴がみられるが，そうした国や地域の特徴は歴史的な経緯の中で徐々に形づくられたものでもある。現代における日本の企業主導型資本主義の抱える課題やそれへの対応を考える際にも，それが形成されるまでの経緯を振り返ることは，重要な意義を持つ。実際に，日本の資本主義の黎明期である明治・大正期頃は，日本の企業は株主の影響力が強く，雇用も流動的であり，米国的な市場主導型の調整を特徴としていた。それが，製造業を中心としたキャッチアップ型の経済成長を遂げる過程で，企業特殊な技能形成と補完的な長期雇用が普及し，さらには，戦時経済下での統制や戦後の経営者追放等の政策的な影響もあって，従業員出身の経営者とメインバンクによる企業統治体制が形成されていく。ここでは，資本主義を構成する要素である企業統治，雇用システム，社会保障制度，イノベーション・システムの4分野について，それぞれ日本的な特徴がどのようにして形成されてきたかを概観するとともに，それぞれが経済システムの中で果たしている役割や，相互の補完性について考える。

1. 従業員の共同体としての「カイシャ」の形成

▎日本的な経営・雇用システムの形成過程

　日本における企業主導型の「カイシャ資本主義」を特徴づけるものとして，

企業と労働者の間の長期雇用と年功制，企業間の株式の持ち合いや間接金融依存の大きさを通じた長期的な資本関係（辛抱強い資本），従業員出身の経営者とメインバンクのモニタリングによる状態依存を特徴とする企業統治などが挙げられる。あらかじめ本節で論じる日本の雇用および企業統治システムの形成の経緯について，ポイントを述べると以下のようになる。

まず，長期雇用・年功制については，第一次大戦頃の重工業化の過程で徐々に形成されていったが，その目的は，熟練した技能を持った労働者の確保にあった。これは，かつての軽工業と比べて複雑化した重工業の生産や技術開発を行うためには，長期の雇用によって労働者が企業特殊な技能を身に付ける必要があったということであり，言い換えれば，長期雇用は重工業化という技術進歩と補完的であったと言える。戦時中に長期雇用がより強固になっていくが，これも軍需物資の安定生産のためであり，同様の補完性があったと考えられる。また，戦後の高度経済成長期についても，日本の産業構造は第二次産業が中心であり，長期雇用に基づく熟練労働者の技術が，重工業から電気機械や自動車といった機械産業への産業構造変化をサポートしたと考えられる。この意味では，長期雇用がもたらす熟練労働と製造業の技術革新の間の補完性は，戦後一貫して，日本的な雇用システムの存続を裏付けるものであった。

他方で，日本的な企業統治のあり方については，明治・大正期の米国的な株主の権利が優先されるシステムから大きく変化し，昭和の戦時経済体制および戦後復興期を通して，内部出身の経営者の権限が強化され，株式持ち合いによって安定株主が形成されると，株主に代わってメインバンクが経営規律に深く関与するようになった。こうした企業統治のあり方は，企業買収の脅威を気にせずに，長期的な観点からの経営戦略を可能にし，長期雇用とも補完性を持つものであることは間違いない。ただし，日本的な企業統治のあり方は，日本的雇用システムの場合とは異なり，企業システムの内部で徐々に形成されたものというよりも，戦中・戦後の特殊な環境の中で企業システムの外部から与えられた側面がある点に特徴がある。戦時中に，軍事物資の安定供給や国民の一体性が優先され，配当規制などにより株主の権利が過剰に弱められた結果として，後のメインバンクにつながる銀行主体の資金供給体制が徐々に形成され

第 2 章　日本の「カイシャ資本主義」形成の経緯 ｜ 39

た。また，戦後改革において，旧経営陣が財界追放になったために，従業員出身の経営者が多数を占める結果となった。ただし，こうした企業システムの外部から与えられた内部昇進者による企業経営とメインバンクによる監督という企業統治の仕組みは，結果的に，従業員の長期雇用システムと強い補完性を持つものであったことから，その後は，日本独自の経営システムを形成していくことになる。戦後改革により個人株主が一時的に増加したが，ドッジライン不況による株価低迷により個人株主が株を手放すと，金融機関や取引先企業との株式持ち合いが形成された。高度成長期においては，規模の拡大を目指す企業の慢性的な資金不足に応じ，メインバンクは貸出を増加させる一方で，融資先企業の業績が悪化するとメインバンクが救済するという形で，「状態依存型」のガバナンスが定着していく。以下では，こうした日本的な経営・雇用システムが形成されていく過程について，時代を追って順にみてみよう。

▌欧米型の資本主義と大きな相違がなかった戦前の日本経済

　日本的な雇用・企業統治の特徴のうち，長期雇用慣行などは第一次大戦時の重工業化に伴って形成された面があるが，残りの多くは 1930 年代後半から 40 年代にかけての戦時経済化の過程で生まれたとされている（岡崎・奥野 [1993]）。逆に言えば，それ以前の日本経済は，基本的に欧米諸国とおおむね同じような経済システムを持っていた。すなわち，労働者が企業間を移動することは普通に行われ，賃金も伸縮的であり，企業の資金の多くは株式発行によって賄われ，銀行の貸付は大きな割合を持っていなかった。多くの企業では株主総会が実効性を持ち，株主の意思が経営に反映された。というのも，明治維新以降，日本は，企業制度だけでなく，さまざまな生産技術や設備を海外から輸入することで西欧への急速なキャッチアップを目指していたため，初期時点から巨額の長期資金が必要とされ，それを供給する資本家の存在が大きかったからである（沢井・谷本 [2016]）。図表 2 － 1 は，1900 年時点の主要な大規模企業の資金調達の内訳を示しているが，払込資本はその 7 ～ 8 割を占めており，借入による調達は 1 割程度かそれ以下であった。この時代の資本家には 2 つのタイプがあり，一つは，後の財閥に発展する「企業家」型の資本家であり，もう一つは，

図表 2 - 1　大規模企業の資金調達（1900 年下期末）

	社数	総資産に対する比率（%, 平均１社あたり）			
		払込資本	借入	支払手形	社債
運　輸	9	74.9	4.0	0.0	0.4
鉄　道	21	86.8	6.1	1.7	0.8
製　紙	5	54.2	15.1	19.5	0.0
船　渠	4	75.0	5.1	8.7	0.0
紡　績	12	74.3	5.9	13.6	2.3
電力・ガス・水道	14	85.1	14.8	0.8	0.0

（備考）関東に本社を置く主要企業
出所：沢井・谷本（2016）表3-4 より作成。

旧大名家などの華族を中心とした「レントナー（配当所得生活者）」型の資本家
である。企業家型の資本家は，自らの本業以外にも多様な事業に投資を行い，
自らが役員として経営に影響力を持つケースが多かった。他方，レントナー型
の資本家は自ら経営に携わることはない代わり，収益の獲得を最大の目的とし
ているため，株式投資へのリスクに対するリターンの要求水準は高く，それが
高率の配当が行われた背景の一つになっていた。

　日本に本格的な株式会社制度が導入されたのは，1872 年の国立銀行条例の
制定によってであり，1880 年代には，鉄道，紡績，銀行などの近代的産業分
野で株式会社制度が定着した（岡崎 [1993]）。戦前期において，株式を通じた
産業界への資金供給は大きな役割を果たす一方で，急速に各地に設立された銀
行は，主に個人への融資を中心としており，個人が株式に投資する資金を供給
する役割も担った。このように，戦前期において，株式を中心にした企業の資
金調達が行われ，株主が企業経営に大きく関与していた背景には，資本の供給
者と制度面の２つが関わっている。資本の供給者という面では，すでに述べた
ように，政商とも呼ばれる企業家や典型的なレントナーである華族など，多額
の資産を保有し，有価証券のようなリスク資産を含めて資産を多様化すること
ができる富裕層が存在したことが挙げられる。制度面については，1899 年に

制定された商法では，株主に強い権限を認め，株主総会が広範な事項にわたって決議する権限を持ち，業務執行でも取締役を拘束することが可能であった。当時の企業経営のあり方については，非財閥系企業では，大株主が取締役になるケースが多く，財閥系企業では，内部昇進の経営者が高い比率を占める一方で，資本提供者である財閥の本社が傘下企業を詳細にモニターする仕組みとなっていた。このように，戦前においては，株主が経営者を直接的・間接的にモニターし，株主の意向が経営に反映されやすい仕組みとなっており，利益の多くを株主に配当していた。こうした株主権限が強い企業統治の仕組みは，流動性を持った労働市場と制度的に補完関係にあり，当時は労働者の定着度は一部の大企業を除けば低く，労働者は企業のステークホルダーとして十分に位置づけられていなかったと考えられる。

　しかし，20世紀に入り，日本経済の重工業化が進む中で，大企業を中心に徐々に長期的な雇用に基づく労使関係の形成がみられていった（尾高［1993］）。こうした長期雇用関係の形成は，当時の2つの変化によってもたらされた。

　第一は，日本の産業構造が高度化したことだ。第一次大戦の頃には，日本でも繊維などの軽工業から造船や鉄鋼などの機械・金属といった重工業へと産業構造がシフトしていた。これに伴い，企業規模は大きくなり，生産技術などにおいて企業特殊の専門性を持った人材の確保の必要性が高まるとともに，事務管理部門の拡大など企業の組織化も進んだ。こうしたことから，1920年代には，長期雇用や勤続年数に基づく労働報酬の普及が大企業を中心に進み，大企業の離職率は大幅に減少した。

　第二に，大正デモクラシーの下で労働争議が拡大したことも，大企業の長期雇用を促進した。大企業は従業員採用の際の身元調査を厳格化し，採用を抑制する一方で，採用した従業員については長期雇用を保障するとともに，「工場委員会」と呼ばれる労使協議の場を設けて良好な関係構築を目指した。こうしたことが，日本では労働組合が企業横断的ではなく企業別単位とするものとなる素地となった。

▍戦時下における企業の雇用と経営の変化

　こうした一見すると欧米流の株主主導型の経済システムに大きな変化が生じたのは，1930年代後半に政府が戦時経済体制を構築する過程であった。戦時の生産体制強化を目的に，労働者の長期雇用の定着と経営者の自立性が高まる一方で，企業の資金調達は株式など直接金融から銀行による間接金融の比重が増加し，株主の権限は抑制された（岡崎［1993］）。

　まず，雇用関係については，政府による戦時経済統制によって，長期雇用や年功的賃金の固定化がさらに進んだ。1939年には従業員雇入制限令，翌年には従業者移動防止令が実施され，職場の移転が公式には認められなくなった。また，1939年の賃金統制令によって，賃上げを建前上凍結する一方で，厚生大臣の許可の下で，年1回，従業員全員を対象に昇給させ，最高・標準・最低の昇給基準額を規定することが指導されたため，これが重要事業所を中心に「定期昇給」の定着につながり，必然的に年齢別昇給の仕組みも同時に定着した。また報酬の内訳について，奨励給や賞与など能率による部分もあるが，7〜8割は定額で，生活給的な考え方が反映されていた。

　他方，戦前の株主権限が強かった企業システムは，軍事物資の安定供給の観点から，株主の権限が制限される一方で，経営者と従業員の地位が引き上げられた。株式に代替する資金供給先としてメインバンクを主幹事とする協同融資制度が導入された。株主権限の強い戦前の企業システムと，その下での雇用の不安定さは，1930年代以降の軍需関連産業の強化を国民一体となって目指す戦時経済運営にとっては大きな制約であった。1930年代後半に労働争議への参加者が大きく増加したことを背景に，この問題に対処するため，政府は労使の懇談と福利厚生を主な役割とする「産業報国会」を事業所別に設置するよう指導を行い，1940年末には70%の労働者が産業報国会に組織された。これによって，労働者は経営に対する発言機会を得るとともに，職工と職員の身分格差が取り払われた。

　さらに，株主の地位の低下が決定的となったのは，企業の配当に制限が加えられたことだ。軍需産業の急激な利益拡大に伴って株主に多額の配当が行われるようになったが，これについては，戦死者遺族等への配慮から望ましくない

第 2 章　日本の「カイシャ資本主義」形成の経緯 ｜ 43

ものと考えられ，企業の配当規制が導入された。これによって株価は大きく下落し，投資家の株式投資へのインセンティブが弱まることにより，企業部門への資金フローに占める株式の比率は低下したほか，配当統制の強化によって配当性向が低下し，かつ配当率は利益率とリンクしなくなった。加えて，1940年に「経済新体制確立要綱」が閣議決定され，企業を，「資本，経営，労務の有機的一体」とする企業理念が導入されると，企業の役員構成も変化し，経営陣に占める株主役員の割合が低下し，内部昇進者の割合が高まった。

　企業金融の面では，株式市場の低迷によって軍需産業への資金供給が停滞すると，政府は株式市場に代替すべきものとして，銀行に対して長期資金の供給を呼びかけ，1941年には，興銀など11行による時局共同融資団が設立され，主取引銀行が幹事となって貸出先企業を審査し，これに基づいて共同融資を行う制度が導入された。これは，形式的には「メインバンク・システム」に近似するものであったが，銀行の顧客に対する交渉力は弱く，貸出のリスクは後に政府によって保障されることとなったこともあり，銀行のモニタリングのインセンティブも低かった（宮島［1996］）。1942年には全国金融統制会が設立され，その事務局を務めた日本銀行の幹旋もあり，共同融資制度は大規模に展開された。

　さらに，こうした一連の戦時の企業システム改革の仕上げとなったのが1943年に制定された軍需会社法である。1945年3月までに678社が軍需会社として指定を受けたが，これに指定された企業は，排他的代表権を持つ「生産責任者」を置き，それに原則として社長を充てることとされ，生産責任者は株主総会の議決を経ずに商法上の株主総会事項を執行することができ，かつ，選任・解任は政府の許認可によるとされた。こうして軍需会社では，経営者は株主の制約から解放され自由裁量を得るとともに，事業で挙げた利益については，株主への配当が年5％の適正配当に抑制され，残りの利益は経営者・従業員に報償として分配し，さらに社内福利施設などに充てることとされた。また，金融面については，大蔵省通達により，各軍需会社に一行の金融機関を大蔵省が指定し，指定金融機関から適時・適切に資金供給がなされることになった。

▋米国的な企業統治構造を目指した戦後改革

第二次大戦の敗戦とその後の GHQ による戦後改革は，日本の企業システムにも影響を与えた。GHQ による一連の経済民主化措置は，潜在的戦争遂行能力の除去を目的として実施され，戦前に構築された企業統治構造とは大きく異なる，米国的な制度改革が志向された（橋本・長谷川・宮島・齊藤［2019］）。しかし，こうした戦後改革は経営者の刷新や従業員の地位向上には成功したものの，株主の分散化は進まず，結果的には，日本的な経営の方向に巻き戻されることになる。

順を追って戦後改革の内容を確認していくと，まず，GHQ の指令により実施された経済改革は以下のとおりである。

第一に，日本の戦争遂行を支えた財閥解体が実施された。具体的には，財閥を解体した上で，財閥本社・家族保有の傘下企業株を持株会社整理委員会に強制的に譲渡させ，その株式を，従業員，工場周辺住民，一般公衆に売却した。これにより，個人株主は急増し，1949 年で 70% に達し，GHQ が目指す株式所有構造の分散化がいったん実現した。

第二に，戦争責任追及の一環として，旧経営陣を退陣させる「財界追放」も徹底して行われた。財界追放により役職から排除された経営者は約 2 千人にのぼり，その後の大企業の経営者には，主に現場出身の内部昇進者が選任された。

第三に，日本の戦争遂行を支えた金融と産業の密接な関連を断ち切るため，銀行中心の間接金融から証券を中心とした直接金融への転換が目指された。このため，戦時金融金庫など戦時金融機関の閉鎖や，横浜正金銀行および日本興業銀行の民営化が行われるとともに，財閥系金融機関を中心に経営者の交替や株主構成における個人大株主の縮小が進んだ。さらには 1947 年に制定された独占禁止法により，銀行の株式保有が 5 ％に制限され，持株会社が全面的に禁止された。また，1948 年の証券取引法制定により，銀行部門の証券業務が禁止され，戦前に社債引き受けに関与した都市銀行や日本興業銀行は証券業務から排除される一方で，情報開示や株主権を保護する規定などが制定された。1950 年の商法改正も，取締役会の権限強化と少数株主の権利保護を図るものであった。

第２章　日本の「カイシャ資本主義」形成の経緯 | 45

図表２－２　戦後改革が企業経営に与えた影響

（１）株式集中度の変化

	1937 年	1949 年
最大株主	23.9%	5.9%
10 大株主	47.1%	18.2%
金融機関	6.0%	6.1%
サンプル数	105 社	108 社

（２）専門経営者の出身別内訳

	1937 年	1947 年
専門経営者内部昇進	37.1%	79.7%
専門経営者外部経営者市場	21.0%	8.3%
所有型経営者	41.9%	12.0%
サンプル数	105 社	133 社

出所：橋本・長谷川・宮島・齊藤（2019）　表１・１より作成。

　図表２－２は，戦後改革が企業経営に与えた影響の一部を示したものだが，株式集中度については，戦前と戦後を比べると，最大株主の割合が24％程度から6％程度に，10大株主の割合が47％程度から18％程度に低下するとともに，専門経営者に占める内部昇進者の比率が37％程度から80％程度に大幅に増加したことが示されている。

　しかしながら，以上のような一連の戦後経済改革によって，分散化された株主を中心とした米国的な企業統治構造を目指した制度の整備が行われたものの，実際には日本に定着するには至らなかった。それは，1949年に，日本経済の市場経済への復帰を目指したドッジラインによる引締めが行われた結果，経済の不況と株価下落が生じ，連合国が当初目指した改革の修正を余儀なくされたためである[1]。ドッジラインによりインフレは終息したものの，経済活動は縮小し，株価も大幅に下落したため，個人株主は一斉に株式売却に向かった。これにより，多くの企業は，インフレ抑制のための預金封鎖とあいまって，流動性危機に直面した。こうした中で，GHQも株式の機関所有を認めるとともに，長期資金供給体制の整備のため，日本興業銀行の債券発行の認可，長期信用銀行の設置，日本開発銀行の設立などが実現した。ドッジライン実施当時は，連合国の占領政策の目的が，日本の非軍事化から日本の経済復興支援へと転換された時期にあったことも，こうした方針転換の背景にあった。

▌戦後の労働改革を経て形成された日本型雇用システム

　戦後の労働改革は，戦時中に萌芽がみられた労働者の企業内での地位向上が，戦後の法制度等の整備によって，より強固なものへと進化していった点が特徴と言える。このことは，企業の資本関係に関する戦後改革が，当初目指した直接金融中心への転換が結果的には定着せず，日本的な株式持ち合いや間接金融中心の方向へと巻き戻されたこととは対照的だ。戦後の労働改革は，労働組合法，労働関係調整法，労働基準法の制定によって基本的な枠組みが整備され，労働者には組合を組織し，団体交渉・争議を行うことが認められた。これによって，1949年には労働組合の推定組織率は55％あまりに達し，賃金や経営のあり方などにも労働者の声を反映する要求が高まった。しかし，ドッジラインによる不況の下で人員整理の必要性が高まると，経営者側の巻き返しもあり，そうした労使の綱引きの中で，日本的雇用システムを構成する重要な要素が形成されていった。

　第一に，賃金については，戦時経済下で導入された固定給と出来高給の併用という形から，戦後には「生活給」である固定給の割合がさらに高まった。しかし，国際市場への復帰の過程で労働コストが意識されるようになると修正が行われ，職務等級に対応した職務給が年功給に加えられる形となった。

　第二に，労働組合の形態としては，戦時中の産業報国会を基礎にして形成されることが多かったことから企業別組合が中心であった。産業別組合も組織はされたが，非共産勢力を支援するGHQの意向もあり，その影響力は限定的であった。また，組合員は，ブルーカラー・ホワイトカラーの区別がないことも特徴であった。

　第三に，企業別組合の影響力の弱さを補う形で，多くの産業の組合が共闘して労使交渉を行って賃上げを決定する「春闘」方式が1950年代半ば以降に定着した。春闘による広範な産業にわたる賃金決定は，労働者の所得水準の着実な上昇と，マクロ経済動向に整合的な賃上げの実現に貢献した。

　第四に，解雇のあり方については，ドッジライン不況時の人員整理の過程で激しい労働争議が生じたこともあり，企業はなるべく解雇を避け，長期雇用を志向する傾向が定着した。

第2章 日本の「カイシャ資本主義」形成の経緯 | 47

　こうした形で，1950年代には，年功賃金，企業別組合，長期雇用といった日本的な雇用システムの原型が定着し，その後の高度成長期において，さらにその特徴が色濃くなっていった。企業別組合を中心とした労働組織は，解雇反対のための労働争議を通じて企業の解雇費用を高めることにより，長期雇用につながった。従業員が定着することで，企業は従業員の企業特殊な技能向上に力を入れるインセンティブが高まった。また，従業員の解雇が難しいために，企業の人員管理は主に若年層の新卒採用に依存することとなったが，このことも社内の人材育成へのインセンティブを高めた。

■高度経済成長期に確立したメインバンクによる企業統治

　企業の資金調達面については，企業とメインバンクとの関係強化と，株式の企業間での持ち合いが進んだ。メインバンクの主な機能には，融資先企業に関する情報生産，経営の規律付け，業績悪化時の救済の3つがあり，メインバンクが企業の経営状況に応じて経営に関与する様式は「状態依存型」と呼ばれる日本企業のガバナンスの大きな特徴となった[2]。こうした企業と銀行との密接な関係は，戦時経済下から戦後の復興期にかけて原型が形成され，高度成長期を通じて企業と銀行の相互コミットメントが強化されていった（宮島［1996］）。

　戦時中の軍需会社指定金融機関に指定された銀行は，当該企業の資金手当てを担当したが，戦後の企業再建時にも，多くの場合，旧指定金融機関が特別管財人として再建計画の策定に携わった。また，ドッジライン以降の企業の流動性危機時には，旧指定金融機関が企業に資金を供給し，他の銀行と相互にモニターを委託しあう形で協調融資が行われた。1950年代後半以降の高度成長期に入ると，企業側は事業規模拡大のため大幅な投資資金の不足が生じた一方，銀行側でも金利や参入など厳格な金融規制が存在する中で，大口取引先の確保がレントを銀行にもたらしたことから，相互のコミットメントが強化された。

　他方，株式の持ち合いについては，戦後改革で株式の分散化がいったん進んだ後に，企業がそれを巻き戻す形で進んだ。終戦直後の戦後改革では，その一環として，持株会社の保有する株式の個人売却や銀行の持株比率の5％制限などの措置がとられたことから，株式の分散化が進んだが，これにより，多くの

企業では敵対的買収のリスクの高まりや株価の不安定化を経験した。このため，大企業では株主の安定化を図る動きが現れ，旧財閥系企業間での株式持ち合いが復活するとともに，非財閥系企業では，融資関係のあるメインバンクや信託銀行，団体保険契約のある生命保険会社，取引面で関係の深い損害保険会社などに株式の引き受けを依頼した。

　以上のような資金調達面におけるメインバンク依存と株式持ち合いによる株主の安定化は，経営と資本を分離し，経営者に大きな裁量を与えるとともに，メインバンクによる経営監視や業績が悪化した場合の救済を通じて企業統治が行われるという「日本的な」経営システムの構築につながった。

▌日本的な経営・雇用システムの補完性

　戦時経済体制下で萌芽がみられ，第二次大戦後の復興・高度経済成長期にかけて形成された日本的な経営・雇用システムは，相互にさまざまな補完性を持っていた（奥野［1993］）。賃金の年功制や退職金の存在は，従業員にとってはキャリア途中で解雇される可能性を少なくするよう企業に貢献するインセンティブをもたらすとともに，長期雇用は従業員の技能熟練のための教育・訓練のインセンティブを高め，内部昇進制や業績に連動したボーナスは，企業が成長することでポストが増えて従業員の昇進可能性を増やしたり，業績向上が給与に反映され，従業員にメリットが還元される仕組となっていた。こうしたことが，企業内部の利害衝突を減少させ，企業の成長と業績向上という単一の目標に向けた従業員の協力を促進する方向に作用した。こうした日本的雇用システムは，多くの企業が採用するほど，労働市場が非流動的になり，労働者の転職が難しくなるとともに，従業員を解雇した企業にとっても，評判が低下して人材確保が難しくなるという戦略的補完性が存在するため，安定した慣行として定着したとされる。

　他方で，日本的な雇用システムは，株主の利害とは必ずしも整合的ではなく，例えば，業績が悪化した場合には従業員を解雇することで利益を確保することが株主の利益になり得る。したがって，日本的な雇用システムは株主権限の制約なしには維持することが困難であるが，その点については，株式持ち合いと

第2章　日本の「カイシャ資本主義」形成の経緯　│　49

内部昇進による経営者という日本的経営システムが，日本的雇用と補完的に働いた。そして，株式持ち合いの維持を可能にしたのが，銀行など間接金融が企業の資金調達の中心となったことである。企業は規模拡大に必要な資金を，新株の発行や社債によらず，銀行からの融資によって調達することが可能であった。また，内部昇進者主体の経営陣が株主の影響を受けずに経営を行うことは，モラルハザードを引き起こしかねないが，それを未然に防いだのがメインバンクによる監督である。メインバンクは，融資先企業の経営状態をモニターし，業績が悪化した場合には，役員の派遣も含めて救済にあたることで，経営規律に寄与した。ただし，こうした日本的な経営システムのあり方は，1980年代の金融自由化により間接金融から直接金融へのシフトに伴い，徐々に綻びが目立っていくことになる。

2. 分立型の社会保障制度の形成

▌日本の社会保障制度の特徴とその形成過程

　日本の社会保障の特徴は，公的扶助についてはアクセスが厳しく制限されている一方，社会保険については，企業における既存の制度を基礎にして，公的な保険制度を接ぎ足すことで「国民皆保険」を構築していることにある。特に大企業では，従業員の長期雇用を促すためにも，企業単位で医療，年金やその他福利厚生を整備するなど，社会保障においても「企業主導型」の特徴がみられている。ここでも，あらかじめ日本における社会保障制度の形成過程のポイントを整理しておくと，以下のとおりである。

　企業の観点からみれば，社会保障とは，労働者の生活安定を図ることで，持続的な役務の提供を可能にするものであり，特に，終身雇用を特徴とする日本企業にとっては，労働者の定着を図る上でも重要なものである。資本主義が遅れて発展した日本では，欧州先進国のような非常に激しい労働争議は発生しておらず，社会保障制度は，階級の分断を緩和し社会を安定させるための装置というよりも，企業単位で従業員の継続的な貢献を引き出すための手段として発展した。このため，大企業ではすでに戦前の早い段階から，終身雇用制の下

で，退職金制度や健康組合などを含む福利厚生を自前で揃えていた。この意味
では，社会保障制度においても，日本は「企業主導型」の特徴が色濃くみられ
る。しかし，自前の制度を大企業が整備していたことこそが，逆に，公的な社
会保障制度の整備についての大企業の消極的な姿勢を助長してきた点には注目
する必要がある。さらに，戦後の高度成長期には，企業の事業規模の拡大が目
指される中で，慢性的な投資資金不足に直面していたことも，公的な社会保障
のための保険料負担に企業が消極的であった理由の一つとして挙げられる。厚
生年金基金のような公的年金の代行という制度が導入されたのも，それによっ
て企業の年金運用資金が増え，それを運用する金融機関との株式持ち合いや信
用供与が受けられるというメリットがあったためである。また，失業保険から
改められた雇用保険制度は，一時休業した場合の休業手当の半分を事業主に対
して助成する雇用調整給付金制度が導入され，企業が終身雇用の下で解雇を避
けることに貢献した。

　こうした大企業に配慮した形で公的な社会保障制度が，既存の企業の制度に
接ぎ木する形で整備されてきたことによって，日本の社会保障制度は，企業の
規模や業態によってさまざまな被用者向けの制度が存在することに加え，企業
の保護の枠の外にある自営業者，零細企業従業者，第一次産業の従事者向けの
制度が分立して存在しているという特徴を生み出した。

　以下では，横山・田多（1991）に沿って，日本における社会保障制度の成立
の過程を少し詳しく振り返る。

▍戦前期における社会保障制度の萌芽

　欧米諸国と同様に，日本でも資本主義の勃興期において，まずは救貧制度の
導入から社会保障制度の整備が始まった。1874年には恤救規則が施行された
が，それは，あくまで働くことができない人を対象にした旧来からの救済制度
であり，資本主義の導入に伴って必要となる労働者に配慮したものではなく，
天皇を頂点とする明治政府の国家体制の安定を目的としていた。その後も，社
会保障制度は大きな進展がない時期が長く続いたが，その理由は，繊維産業中
心の産業構造の下では労働力に対する需要が小さく，依然として農業部門が大

きな割合を占めたことから，農村共同体による相互扶助が可能であったためである。第一次大戦を契機にして，重化学工業が日本でも発展すると，それにつれて工場労働者も増加し労働争議が発生するようになった。急速な重化学工業化を進める政府は，労働問題の安定を重視し，1922年に健康保険法を成立させ，その後，関東大震災により実施は遅れたものの，1927年に施行された。健康保険法は，労災を含むものであったが，給付内容は貧弱であり，医師からも保険診療では十分な手当が受けられない差別診療を受けるなど，保険診療は粗診粗療という状況だった。また，保険制度としては，対象は鉱業法・工場法の適用事業所（10人以上）の労働者であり，保険者は，政府（政府管掌健康保険）と従業員300人以上の認可された事業所事業主が設立する健康保険組合（組合管掌健康保険）の2本立てであった。健康保険法の実施にあたっては，さまざまな方面から抵抗があり，難航したとされている。医師会からは政府が診療報酬を決めることに対する大きな抵抗があった。事業主からは，すでに企業が設置していた民間共済組合による代行が認められず，政府の監督下にある公法人である健康保険組合に改組しなければならなかったことや，中小企業の負担が重かったことから強い抵抗があった。

▊戦時体制下で進んだ社会保障制度の形式的な拡充

　1929年の世界恐慌による経済の低迷や，重化学工業化の反面で進んだ農産物を原料とする軽工業の縮小は，農民や中小企業者の生活に大きな影響を与え，貧困問題が大きな社会的課題となった。こうした中で，被用者以外の国民を広く対象とする国民健康保険法が1938年に成立し，市町村における地域保険と同一業種内の職域保険が設けられた。国民健康保険への加入は任意であったが，貧困対策の観点からも，戦時体制下での兵員動員のための健康増進の観点からも，国民皆保険を目指した普及策がとられ，1943年度には全国の市町村の95％に国民健康保険組合が設立され，形式上はほぼ国民皆保険が実現した。ただし，戦時下では医薬品や医師の不足もあり，十分な医療の給付は行われず，質を伴わない保険制度の拡大であった。

　戦時体制下では，統制経済によって強制的な資源配分を行う一方で，国民生

活の安定と労働力の確保を図ることが必要とされたことから，健康保険だけで
なく年金保険も創設されることとなった。その第一歩となったのが船員保険で
あり，海運国策の必要性が強く認識される中で，1939年に船員保険法が成立
し，疾病保険だけでなく年金保険もその中に盛り込まれた。それに続き，1941
年に労働者年金保険法が成立したが，その目的としては，生産力増進を目指し
た労働者の安定（移動防止）と同時に，徴収した保険料を積み立てることによ
って，戦時体制下の公債増発によるインフレを防止するための国民の購買力の
吸収減殺と戦費調達をも企図していたとされている。労働者年金の対象は健康
保険法の適用を受けた10人以上の事業所であったが，保険給付の資格期間が
3年とされ，戦時下の勤労動員で男性に代わって増加した女性労働者や徴用工
などは含まれていなかった。このため，1944年に法改正が行われ，厚生年金
保険法と名称を改めた上で，支給条件を女子や徴用工は6カ月とするなどの措
置が盛り込まれ，ほぼ全労働者を対象とした年金制度となった。ただし，養老
年金やそれと連動した遺族年金は，一定期間の拠出が求められたが，制度創設
から間もない当時は，それを満たす者はなく，見せかけの拡充に過ぎなかった。

■制度分立のまま拡充された戦後の社会保障制度

　第二次世界大戦後には，日本の社会保障は，戦前からの制度を引き継ぎつつ，
新憲法に設けられた生存権を保障するための改正や新たな公的扶助が導入され
ると同時に，国民全体を強制的に対象とする国民皆保険・皆年金体制が構築さ
れた。

　戦後の混乱期においてまず必要とされたのは，貧困状態への対策や戦争被害
への対応だった。1946年に生活保護法が制定されたほか，戦災孤児や傷病軍
人への対応を念頭においた1947年の児童福祉法制定や，1949年の身体障害者
福祉法の制定が行われた。また，失業保険は，戦前には存在しなかったが，終
戦直後の失業増大や，連合軍の占領政策の非軍事化・民主化政策の方針によっ
て，軍人恩給が停止されたことによって，失業保険の創設に向けた準備が開始
された。ちなみに，1920年代や30年代の不況の際にも，労働組合から失業保
険創設の提案があったが，産業団体はそれに代わるものとして退職積立金およ

び退職手当法の制定を後押しした経緯がある。しかし，戦後のGHQの報告書では，そうしたわかりにくい賃金構造が，資本家の温情主義と低賃金の原因であったとして，それを払しょくするためにも，退職手当の失業保険への転換を検討すべきことを提案していた。こうした背景の下で，1947年に失業保険法が成立し，さらに，1949年には，日雇失業保険も加えられた。

　健康保険と年金保険については，制度的には戦前のものを受け継いだ形であったが，1950年代に入ると，「二重経済」とも呼ばれる格差が目立ってきたこともあり，社会保険に加入していない未適用者の問題がクローズアップされ，国民皆保険への動きが進んだ。しかし，被用者保険は多くの制度に分かれ，加えて自営業者等の保険も別途整備されたため，社会保険が分立する形で拡充された。

　健康保険については，当時適用されていなかったのは，従業員5人未満の事業所の従業員（任意加入），第一次産業やサービス業の従事者に加え，その設立が任意のため国民健康保険のなかった大都市部の自営業者などであった。1950年代半ば時点では，総人口の3割強が医療保険未適用であったが，1958年に成立した新国民健康保険法では，1961年までにすべての市町村が国民健康保険を施行することを定めた。これによって国民皆保険が実際に達成されたが，その反面で，多数の健康保険制度が分立することとなった。当時の健康保険制度を整理すると，国民健康保険は，被用者保険でカバーされない5人未満事業所や第一次産業・サービス業の従事者，自営業者，家族従業者を対象としていた。被用者保険は，①健康保険（従業員5人以上），②船員保険，③日雇労働者健康保険，④私立学校教職員共済組合，⑤国家公務員共済組合，⑥公共企業職員等共済組合，⑦地方公務員共済組合の7つの制度から構成され，さらに，健康保険は大企業に認められる健康保険組合と中小企業の従業員を束ねた政府管掌健康保険に分かれることとなった。また，高度成長期には，医療保険制度は給付率の引上げ，全額公費で賄う老人医療の創設と，それに伴う国庫負担の増加が行われ，1973年は「福祉元年」とも呼ばれたが，巨額の医療費負担に耐えられず，1980年代には見直しが行われることになる。

　年金保険については，第一次産業従事者や自営業者，零細企業の従業員の未

加入という問題のほか，厚生年金の給付額が極めて低い水準にとどまっていたという2つの問題が存在していた。前者については，国民年金法案が1959年に成立し，厚生年金等の公的年金に加入していないすべての国民を対象とした国民皆年金が実現された。国民年金の保険料は定額で，保険料の2分の1は国庫負担とされ，国が財政面で大きく関与する制度となった。後者の厚生年金の低水準の問題については，基本的には企業の強い反対がその背景にあった。大企業では，終身雇用制の下で，定年退職に伴う退職金を支給する慣行を持っていたことから，退職金は年金のかわりの役割を果たしていると認識されており，年金のための保険料引上げには強い抵抗が示され，また，中小企業は資金難から保険料の引上げに反対していた。こうした給付水準の低い厚生年金は，年金制度の分立も助長した。国家公務員の年金額は1950年代後半時点で厚生年金の2倍程度となっていたが，官民の年金格差は，厚生年金に統一が計画されていた私学教職員の大きな反発を招き，結果的に厚生年金とは独立した私立学校教職員共済組合の設立につながり，さらには，市町村職員の共済組合や公共企業体職員の共済組合，さらには農林漁業団体職員の共済組合の設立へと波及していった。

　1960年代に入ると，厚生年金の給付水準の引上げが進んだが，その実現までには労使双方から強い反対があった。企業側は厚生年金と退職金との調整を給付水準引上げの条件とした一方，労働側は，後払い賃金である退職金を公的年金と調整することに強く反対であった。こうした中で，妥協策として，1965年の厚生年金保険法改正により，一定の要件を満たした企業年金は厚生年金の報酬比例部分を代行できるという厚生年金基金制度が導入され，これによって企業側の合意が得られるようになり，給付水準の引上げが可能になった。1973年には，当時の高インフレを背景に，消費者物価が5％以上変動した場合にそれに応じて自動的に給付額を改正するスライド制も導入された。図表2-3は，各年金保険制度間の一人当たり年金額の推移を示したものだが，厚生年金保険の年金額は1961年時点で国家公務員等共済の3分の1程度であったが，1970年には2分の1に，1980年には約8割の水準まで上昇し，制度間格差が縮小した。

第2章　日本の「カイシャ資本主義」形成の経緯　│　55

図表2-3　一人当たり年金額の推移

(円，％)

	1961年	1965年	1970年	1975年	1980年
厚生年金保険	41,693	91,781	171,191	667,740	1,208,092
（国家公務員共済比，％）	34.6	44.5	51.4	66.4	77.1
船員保険	53,045	123,484	229,807	873,406	1,622,362
（国家公務員共済比，％）	44.0	59.9	69.0	86.9	103.6
私立学校教職員組合	64,024	85,705	236,810	787,436	1,300,355
（国家公務員共済比，％）	53.2	41.6	71.1	78.3	83.0
国家公務員等共済組合（連合会）	120,454	206,249	333,198	1,005,206	1,566,253
（国家公務員共済比，％）	100.0	100.0	100.0	100.0	100.0
地方公務員等共済組合	36,984	198,824	401,437	1,114,829	1,746,193
（国家公務員共済比，％）	30.7	96.4	120.5	110.9	111.5
国民年金	--	--	--	169,317	268,783
（国家公務員共済比，％）				16.8	17.2

出所：横山・田多（1991）　表6・表11より作成。

　1975年に，それまでの失業保険法に代わり雇用保険法が制定された。雇用
保険法では，これまでの失業給付だけでなく，就職促進と失業予防を目的とし
て新たに雇用改善事業，能力開発事業，雇用福祉事業の3事業を創設し，主と
して事業主の保険料負担によってまかなうというものであった。このうち，第
一次石油危機に伴い雇用情勢が悪化する中で活用されたのが雇用調整給付金で
あり，経済的理由によって一時休業等を余儀なくされた事業主に対して，休業
手当の2分の1（中小企業は3分の1）を給付金として支給する制度であった。
経済状況の悪化が続く中で，雇用調整給付金への需要は高まり，1977年には，
雇用調整給付金制度を拡充強化して雇用安定事業として独立させ，雇用保険は
4事業体制となった。

▌戦後の社会保障制度の発展とカイシャ資本主義

　以上のような1970年代までの日本における社会保障制度の設立の歴史を，
すでに第1章で述べたエステベス-アベの指摘も踏まえて，日本的企業システ
ムとの制度補完性の観点から整理すると，以下のようになる。
　第一に，すでに存在していた企業別の健康保険や退職金制度を利用する形で
社会保険制度が整備されたことは，各企業においてすでに形成されていた従業

員の終身雇用に対するインセンティブを高めるシステムを維持することに貢献した。

　第二に，雇用保険事業も，雇用調整給付金のような企業の雇用努力を助成するように設計され，終身雇用制の維持に貢献した。

　第三に，結果として雇用が安定し，低い失業率が維持されたことが国民の生活安定につながり，社会保障支出は国際的に低い水準で済んだ。

　第四に，企業年金の資金が信託銀行や生保など金融機関を通じて運用される見返りに，金融機関が株式持ち合いや貸付に応じる形で「忍耐強い資本」の役割を果たした。

　他方で，すでに本節の冒頭で指摘したように，大企業に配慮した形で公的な社会保障制度が企業の制度に接ぎ木する形で整備されてきたことによって，日本の社会保障制度は，企業の規模や業態によってさまざまな被用者向けの制度が存在することに加え，企業の保護の枠の外にある自営業者，零細企業従業者，第一次産業の従事者向けの制度が分立して存在しているという特徴も生み出した。企業主導型の社会保障制度は，大企業に勤める労働者にとっては，そもそも雇用が保障されていることに加え，医療や年金についても非常に手厚い保障が与えられ，労働インセンティブが高まる仕組みではある。しかし，こうした社会保障制度の分立は，給付や負担面での制度間の格差や不公平をもたらしただけでなく，医療や年金など社会保険の形式はとっていても，実際には大きな国庫負担を必要とする制度となっており，貧困対策としても効率性に欠けるものであった。

3. 日本型イノベーション・システムの発展

▌国のイノベーション・システムについて

　「国のイノベーション・システム」とは，その概念の形成に貢献したクリストファー・フリーマンによれば，「新しい技術の創出や輸入，改良，普及を促す，公的セクターおよび民間セクターにおける各種の制度・慣習・組織の，活動と相互作用からなるネットワーク」であるとされる（鈴木・安田・後

藤［2021］）。そもそも，フリーマンが国のイノベーション・システムを研究した目的は，戦後30年間にわたり技術進歩を加速することに成功した日本の諸制度と経験に焦点を当てることだったとされていることから，戦後の日本の技術発展そのものが，この分野の研究を促進してきたことは興味深い。フリーマンの指摘する日本のイノベーション・システムの特徴は，①政府が産業の育成に主導的な役割を果たしていること，②民間企業の活発な研究開発が企業の生産性や品質の向上に寄与していること，③終身雇用と組織的な社内教育がボトムアップによる企業業績向上に寄与していること，④系列など企業間取引により市場の成長と技術変化に対応していること，の4点である。こうした個々の見方については，その後の研究で修正がなされている点もあるが，イノベーション促進に果たす民間企業と政府の役割の重要性や，それが国・地域によって異なる点を示唆するものと言える。以下では，小田切・後藤（1998）に沿って，日本のイノベーション・システムの発展の歴史を簡単に振り返るとともに，それに基づき，再度，日本のイノベーション・システムの特徴を整理する。

▌欧米の先進技術の吸収を可能にした戦前の技術能力

　明治維新後の新政府は，経済的にも軍事的にも西欧に早急に追いつくべく，交通，通信，教育，金融といった広範にわたる経済・社会インフラの整備にまい進した。1860年後半から70年代にかけて，電信，鉄道，近代的郵便制度が導入され，地域市場が徐々に統合されて全国規模の市場が形成された。さらに，政府は産業の育成も図ったが，当時，民間部門では専門人材が不足し，投資資金やリスクの負担も困難であったことから，1870年代から80年代初頭にかけて，政府は西欧の技術者を招いて自ら産業のための設備を建設することとし，鉱業，鉄道，造船，機械工業，繊維織物業，セメント業，ガラス工業などの分野で官営工場や設備を建設した。こうした官営工場は，商業的には採算はとれなかったものの，必要とされる技術や経営方針を示し，民間部門の進出を奨励することを目的とした。1880年代以降には西南戦争による政府の財政悪化もあり，多くの官営工場が民間事業者に払い下げられ，それを取得した事業者の中には後に財閥となったものも含まれた。ただし，こうした政府による直接的

な西欧技術の日本への移植の試みは，技術のキャッチアップに一定の役割は果たしたものの，同時期に，渋沢栄一をはじめとする多くの民間事業者も西欧の技術・知識を日本に定着させる試みを行っており，結果的には，後者による技術導入が近代的な産業の発展に大きく貢献した。

19世紀後半における日本の産業構造は食品加工や繊維産業といった軽工業を主体とするものであったが，20世紀に入ると，金属，機械，化学産業といった重工業分野で多くの企業が設立され，成長していった。これは，日清戦争や日露戦争などが行われる中で，軍事関連生産が日本経済の中でも大きな比重を占めていたためである。軍の工廠等は，海外の先端技術を取り入れた技術開発の中心であり，日露戦争後の軍縮期には，軍の施設から民間部門に技術者が移動することを通じて，民間への技術移転が行われた。また，軍が自ら所有する工廠での製造だけでなく，民間部門からの調達を増やすようになると，造船，鉄鋼，機械，電気機械等の分野の企業では，軍の調達により生産が拡大するとともに，先端知識の吸収にもつながった。

明治期における海外技術の吸収には，日本の教育システムが短期間で確立されていったことも貢献している。政府は1870年代初頭から全国的な近代初等教育システムの構築に取り組み，20世紀の初めには，ほぼすべての子女が6年間の義務教育を受けるまでになった。高等教育については，政府は実践的な工学教育を重視し，外国人教員を招聘して，1873年には工学寮を設立し，主に技術・工学分野の教育を開始した。その後，工学寮と東京大学が合併して帝国大学が設立されると，19世紀末までに，他の国立大学のほかに，私立大学も設立された。

■第一次・第二次世界大戦の下で進んだ技術の国産化

1910年代には，第一次世界大戦により，欧米の供給能力が制約される中で，欧米からの日本製品への需要は大きく増加し，輸出が拡大した。これにより，重工業分野を中心にさらに多くの企業が設立されたが，続く1920年代はワシントン軍縮会議による軍備縮小や長期の不況の到来によって，企業淘汰が進んだ。こうした中で，軍関連だけでなく，鉄道省や逓信省などの政府機関からの

調達が，機械，自動車，造船，航空機，通信機器などの産業の需要を支えるとともに，政府は調達において国産品を有利に扱い，民間企業への技術移転も促進したことから，これらの産業で技術蓄積が進んだ。ライセンス協定などによる海外の先端技術を取り入れた国産化の試みや，海外製品を分解して構造を解明するリバース・エンジニアリング，また日本企業独自の開発努力などによって技術を取得・開発することにより，日立製作所，日産，トヨタ，中島飛行機などの新興企業が成長していった。1930年代に入ると，日本経済は長期の不況から脱出するとともに，満州事変の勃発など軍事衝突が生じる中で軍備が増強され，軍関連の需要も拡大したことから，重工業の生産は大きく増加し，製造業の半分以上を占めるようになった。

技術高等教育については，1920年代から30年代にかけて，北海道から九州まで国立大学が設立されたほか，数多くの私立大学も設立され，産業界に専門技術の知識を持った人材が供給され，企業の技術吸収・技術開発を支えた。また，第一次大戦によって最新科学に基づく兵器の威力が示され，科学技術基盤の強化の必要性が政府に認識されると，1900年創設の工業試験所（後の工業技術院）のほかにも国立の研究機関の設立が相次ぐとともに，産官共同出資によって理化学研究所も1917年に設立された。企業も独自の研究所を発足させ，その数は1920年代前半で160以上にものぼった。1940年代初頭には，民間研究機関は711，国公立の研究機関は443にのぼり，官民あわせて国民総生産の1％台半ばにあたる研究開発費が支出された（内閣技術院調査）。こうした活発な研究開発活動の中から，鉄鋼業の大規模な高炉や，優秀な戦闘機や艦船など世界的にも第一線級の技術が生まれた。

■キャッチアップを目指した戦後のイノベーション・システム

第二次大戦により，日本は国富の3分の1を失ったが，戦時中に拡大された生産設備は残存したものも多く，鋼材，工作機械，化学品などの1945年における生産能力は，戦前の1937年の水準を上回り，いわば「戦争の遺産」として重工業化した産業構造を引き継いだ（橋本・長谷川・宮島・齊藤［2019]）。技術力においては，戦時中に欧米からの技術流入の中断を補うために研究開発へ

の資源配分が強化されたこともあり，ある程度の技術能力は維持され，戦時中に軍関連で働いていた技術者や熟練労働者は，戦後には乗用車や電気機器などの民生製品の分野に転身して活躍した。ただし，戦後に海外との交流が回復すると，欧米との技術ギャップが再度認識され，キャッチアップのための取組がなされた。

日本経済は，終戦直後の戦後改革やドッジラインによる引締めを経て，市場経済へと復帰し，1950年代には，新たな技術によって生まれた耐久消費財（電化製品や乗用車など）の需要が高まり，それが設備投資需要や先端技術への需要を誘発することにより，高度経済成長が始まった。新商品の開発・生産に必要な技術は，主に海外から導入されたが，その方法にはいくつかの形態があった。

第一に，日本企業は，欧米から機械や設備を輸入して自社の生産に用い，製品の品質や生産性を向上させた。また，輸入された機械は，生産に用いられるだけでなく，リバース・エンジニアリングによって解体され，その複製が試みられ，徐々に国産化された。

第二に，欧米企業との技術協定が結ばれた。特に，自動車産業や電気機械産業では，ほとんどの大手企業が技術協定を結び，ノウハウを獲得した。

第三に，人材の交流が行われ，日本企業は欧米からコンサルタント等を日本に招聘する一方で，自社の技術者を海外に派遣し，将来有望な技術の探索を行った。

ただし，海外からの技術移転の手段として多くの新興国が用いる直接投資の受け入れについては，当時の日本は厳しい制限を行った。これは政府の政策によるものであり，政府は外為法と外資法を根拠とした統制を行い，1960年代後半から70年代初めに自由化されるまで，一定額以上の海外からの技術導入に対して審査を行い，導入すべき技術とその輸入を行う日本企業を選択した。技術導入の審査の目的としては，1950年代には，重要産業や公益事業への寄与と，国際収支改善への寄与などが考慮された。1960年代に入ると，やや広範に技術導入が認められるようになり，審査の目的も，①自主技術の発展を阻害しないこと，②産業秩序を混乱させないこと，③中小企業を苦境に立たせないこと，④導入企業は技能的・資金的に技術を活用できること，とされた。こ

うした政府による海外技術輸入規制の効果については，審査に時間がかかることはあっても輸入許可がおりなかったケースは少ないことから，実際的には導入する技術のパターンに大きな影響は及ぼさなかったと考えられている。一方で，政府は，技術輸入を許可した日本企業以外の企業に対しては，技術使用許可を数年間は認めなかった。これにより，許可を得た企業が独占的に技術開発の利益を確保することを可能とするとともに，技術を供与する外国企業に対しては，利用者間の競争によるライセンス料金の値上がりを期待できなくすることで，技術使用料を低く抑える効果があったことが指摘されている。

　政府は，海外からの技術導入だけでなく，日本企業による研究開発を奨励する施策も行った。第一は，研究開発支援のための減税措置であり，具体的には，過去最高の試験研究費を超えて支出した分の一定割合を税額控除できる制度を1966年に導入した。第二に，研究開発を奨励するためのさまざまな補助金を創設し，企業の共同開発を支援した。その補助金の受け皿として用いられたのが研究組合であり，例えば超LSIの開発といった特定の技術的課題の解決のために，その都度，関心の高い企業が集まって研究組合を創設して共同研究を行い，その課題が解決されるか，解決不能と判断された段階で組合は解散した。研究組合の人材や資金は，参加企業が拠出したが，政府の補助金や委託費が認められた場合は，それが主な資金源となった。研究組合は，1961年の法律制定以降，60年代から80年代初にかけて100以上の組合が結成されたが，その半分近くは解散した。

▌石油危機に柔軟に適応した日本の技術力

　1970年代初頭には，欧米経済へのキャッチアップ過程がほぼ終わりに近づき，個人消費の拡大を支えた農村部から都市部への労働移動も落ち着き，日本経済は高度経済成長から安定成長へと移行した。他方で，1970年代には，二度の石油危機が生じるとともに，為替レートが変動相場制へと移行したことによって緩やかな円高傾向となり，さらに1980年代にはプラザ合意以降に急激な円高が生じた。石油価格高騰と円高という1970年代から80年代にかけて生じた外部経済環境の大きな変化の中で，日本のイノベーション・システムは，

他の先進国と比べても高い適応力を発揮した。

　石油価格の高騰によって，技術面では，エネルギー節約型の生産プロセスの開発が重点課題となった。これに対し，日本企業は研究開発と生産現場における漸進的なイノベーションの積み重ねによって，エネルギー効率の高い製造設備の構築を行った。また，日本の産業構造自体も，アルミ精錬などエネルギー集約型の規模が縮小し，半導体や電子機器などエネルギー節約型や技術集約型の産業が急速に成長し，産業構造の転換が進んだ。為替レートの円高に対しては，日本企業は輸出品のドル建て価格の上昇幅を抑えるべく，コスト削減のための生産の効率化を進めるとともに，品質面の競争力を高めるべく，電化製品での新製品開発や燃費性能の高い自動車の開発などを行い，製品の輸出競争力を高めた。

　このように，日本のイノベーション・システムが，この時期に高い適応力を示したことについては，3つの要因が指摘されている（小田切・後藤［1998］）。

　第一は，1970年代から80年代にかけては，日本企業は設備投資や研究開発投資に多くの資源を割いていたことである。日本の研究開発投資額は，70年代前半から80年代後半までに4倍以上に増加し，GNP比2.8%を占め，設備投資も15〜19%台で推移するなど，高い水準にあった。こうした研究開発や設備投資が，互いに補強し合って生産性の上昇や製品の品質改善をもたらした。

　第二は，日本企業の経営が，現場での漸進的な改善を重視し，それが経営にも反映されるようになっていたことである。

　第三は，日本の製造業における企業間のサプライヤー・システムが，環境適応力に寄与したことである。米国の製造業は垂直統合型だが，日本の製造業では，組み立てを行う最終製品企業の外部に多層のサプライヤーが存在しており，サプライヤー間の競争がコスト削減を可能にするとともに，最終製品企業との長期的な協力関係が品質改善につながった。

▌日本のイノベーション・システムの特徴

　以上でみてきた日本のイノベーション・システムのこれまでの発展を踏ま

えて，国際的にみて日本はどのような特徴があるのかを，鈴木・安田・後藤（2021）や小田切・後藤（1998）に従って再整理すると以下の点が指摘できる。

第一は，日米ともに，同一産業内の複数の民間企業による活発な技術競争がイノベーションをけん引したという点である。世界的にみれば，両国とも人口規模が大きく，国内に豊かな消費市場を有し，企業が競争し合って商品・サービスを供給しており，そうした市場構造が競争相手に勝つための技術革新へのインセンティブを企業に与えた。

第二は，イノベーションに関する政府の関与である。米国では，防衛および宇宙開発のための技術開発を，政府から資金援助を受けた企業が行い，その技術のスピルオーバーが航空機，半導体，コンピュータなどの産業の発展につながった。つまり，米国政府は，民間の技術開発に対する「需要」を創出するという面で，主に支援を行った。これに対し，日本では，戦前には米国と同様に軍備増強が技術開発の需要を創出したものの，戦後においては，政府は，産業にとって鍵となる技術を特定し，その研究開発のために民間企業間の協力を促した。このように，日本の場合は，政府が基盤技術開発という「供給面」での支援を中心に行ったという点が，米国と異なる特徴であった。こうした日本の特徴は，国内資源が少なく，米国のような国防関連需要もない中で，輸出志向の産業構造が志向されたことが影響しているとの指摘もなされている。

第三は，日本の企業統治，雇用制度，企業間関係など，日本的な経営システムがイノベーション・システムの特徴にも大きく影響していることである。企業統治面では，戦後改革で増えた従業員出身の企業経営者は，組織の拡大による従業員のポスト増設に関心が高く，かつ，企業間の持ち合いによる安定株主の形成やメインバンクを中心とした間接的な企業統治によって，経営者の自由裁量権が拡大したことで，長期的な成長が志向され，そのための技術知識の創造と獲得が行われた。雇用制度の面では，長期的な雇用関係は，企業内部での訓練を通じた技能形成を可能にするとともに，社内での頻繁な配置転換は，研究開発部門・生産部門・販売部門の連携を生み，それが生産工程の改善や新製品の開発を効果的なものとした。企業間の関係については，組立て製造企業と部品等のサプライヤーとの間に安定的な関係が構築され，緊密な情報やノウハ

ウの共有が行われていることが，新製品開発に向けた効果的な連携を可能とした。こうした日本のイノベーション・システムは，企業特殊な知識・技能の蓄積や，関係者間の連携によって，製品や生産現場の絶えざる改善をもたらし，漸進的なイノベーションに比較優位を持った。

４．金融自由化により修正が迫られた「カイシャ資本主義」

■1970 年代以降の世界経済の大転換と日本的経済システムへの影響

　1970 年代には，日本だけでなく世界経済全体が経済成長率の低下と高インフレの持続を経験し，第二次大戦後から続いた経済発展プロセスに大きな転換がもたらされた。ブレトンウッズ体制の崩壊により，資本規制の撤廃とそれに伴う金融自由化が進み，経済のサービス化やグローバル化が加速する中で，企業の資金調達が間接金融から直接金融へとシフトするなどの変化が生じた。このことが，メインバンクに依存していた企業の統治面にも影響し，それに代わる有効なガバナンス制度の不在が，結果的にバブル経済期の企業の過剰投資・過剰債務につながるなど，日本的な経済システムの綻びが生じた。以下では，こうした過程について，詳しくみていく。

　まず，1970 年代における世界経済の転換はどのようなものであったかについて概観すると，以下のようになる（猪木 [2009]）。

　第一は，先進国における高インフレと低成長への政策対応の不全が，ケインズ的な経済政策に代わるものとして新自由主義の導入につながったことである。1970 年代の大幅なインフレ率の高まりの直接的な原因は，中東戦争を契機とした石油価格の上昇だが，それに先立つ 1960 年代後半以降，先進国では財政支出拡大によってインフレ率が高まっていた。米国では 1964 年にジョンソン大統領によって導入された「偉大な社会実現」のための福祉プログラムやベトナム戦争により財政赤字が拡大し，当時の完全雇用に近い状況の下でインフレ率が高まった。欧州や日本でも，社会福祉関連の支出拡大で財政支出は拡大し，インフレ圧力は高まっていた。各国とも金融引締めや賃金上昇の抑制などに努めたが，高インフレが続く中で失業率が上昇し，景気も低迷するという

スタグフレーションに見舞われた。このことは，戦後の経済安定をもたらしたケインズ的な需要管理政策の行き詰まりを意味し，それに代わる新自由主義の台頭につながった。

　第二は，戦後の国際収支調整を支えたブレトンウッズ体制が崩壊したことが，資本規制の緩和につながり，グローバル化が加速するきっかけとなったことである。ブレトンウッズ体制では，米国以外の国は自国通貨の交換レートを米ドルに対して固定させるとともに，米国が国内需要を管理して輸入超過を維持することで，基軸通貨であるドルを国際的に供給し，円滑な国際取引を担保する仕組だった。しかし，1960年代後半以降，米国の財政赤字を背景にした国際収支赤字によるドルの過剰供給や，米国の高インフレによって，米ドルの信認が揺らぎ，1973年には変動相場制に移行した。これによって，国際的な資本規制も緩和され，グローバル化が進むきっかけとなるとともに，金融自由化によって金融産業がグローバルに発展することとなった。

　第三は，戦後の経済発展を支えた「大量生産・大量消費」システムの波及効果が尽きてきたことである。戦前のフォード社による大量生産システムとそこで働く労働者の賃金上昇が消費拡大をもたらすという経済発展プロセスは，戦後，米国だけでなく日本や欧州でも導入されたが，1970年代には，自動車や家電などの主要な耐久消費財の普及も一巡した。また，高インフレが継続する中で，賃金上昇率のさらなる高まりが失業率の上昇をもたらしたこともあり，各国とも賃金上昇を抑制する取組がなされた。こうした従来の経済発展モデルの限界がみられた中で，それに代わるものとして，新自由主義的な経済発展モデルが志向されるようになっていった。

　1980年代になると，多くの先進国で，それまでの財政による経済安定化を重視する福祉国家的な政策から，市場メカニズムによる調整を重視した新自由主義的な政策への大転換が行われた。1979年以降，イギリスではサッチャー政権による改革が行われ，1981年以降の米国では，レーガン政権によるレーガノミクスが実施された。その特徴としては，マクロ経済政策面では，金融政策による通貨の伸び率の管理を通じてインフレ率の沈静化が図られるとともに，構造政策面では，規制緩和や民営化を通じて，企業参入や企業間競争を促

し，市場メカニズムに基づく効率的な資源配分が目指された。税制面では，勤労意欲を高めることで生産性を上昇させるため，個人所得および法人所得の税率の引下げが米国をはじめ多くの先進国で実施されるとともに，財政支出については効率化が進められた。ただし，米国の場合は，当初の意図とは異なり，税率引下げが成長加速による税収増にはつながらず，軍事費の拡張もあって財政は大幅な赤字となり，国内需要超過による国際収支赤字とともに，双子の赤字が生じた。

▌1970 年代のインフレから始まった資本主義の金融化

1970 年代から 80 年代にかけての高インフレの継続によって，金融の世界では大きな転換が生じた。米国では，1960 年代後半から高いインフレ率が生じ，それに伴って市場金利も上昇したが，預金金融機関ではレギュレーション Q[3]によって預金金利の上限が規制されていたため，預金金融機関から資金が流出し，より金利の高い CP（コマーシャル・ペーパー）や MMMF（市場金利連動型投資信託）などの証券に資金が流入する「銀行離れ（ディスインターミディエーション）」が生じた（樋口 [2003]）。これにより，預金金融機関の資金調達が減少し，中小企業や住宅購入者などの個人は融資が受けにくくなるクレジット・クランチが生じるとともに，70 年代末には住宅資金を融資する貯蓄貸付組合（S&L）の経営破綻も生じた。こうした問題に対処する中で，金融制度に 2 つの大きな変化が生じた。

その一つは，銀行に課されていた各種規制を自由化し，銀行の業務範囲の拡大を図る動きである。1970 年代を通じて徐々に進んでいた預金金利自由化については，1980 年に導入された預金金融機関規制緩和・通貨統制法（DIDMCA）によって，1986 年までに完全に規制が撤廃されるとともに，米国の州をまたぐ業務や支店設置等の地理的業務規制も緩和され，銀行業務と証券業務の分離を定めた業際規制についても，1999 年のグラム・リーチ法の成立によって，系列会社等を通じた参入が可能になった。

もう一つの動きは，金融の証券化の動きである。証券化とは，預金金融機関がその保有する金銭債権を分離し，当該金銭債権の収益を担保に証券を発

行して投資家に販売して資金を調達するものである。1970年代の高インフレに伴い市場金利が上昇する中で，長期固定金利のために魅力の低下したモーゲージ（住宅ローン）債権への投資を喚起するために，パススルー型（借り手が返済する元本・利子が，証券の持ち主に直接支払われる方式）のモーゲージ担保証券（Mortgage Backed Security：MBS）の発行が1970年以降行われた。MBSは，金融機関が貸し出したモーゲージ債権のうち，一定条件を満たすものを一まとめにして他の金銭債権から切り離し，政府系住宅抵当金融機関の保証を付して発行された証券化商品である。これにより，住宅貸付を行う預金金融機関は，自ら集めた預金資金のほかに，生保や機関投資家がMBS等に投資した資金も用いて，住宅貸付を増やすことができた。こうした手法は，クレジットカード債権や一般債権などの証券化にも用いられ，普及していった。

■外圧により修正を迫られた日本の経済成長モデル

　日本経済は，1970年代の二度にわたる石油危機や変動相場制への移行といった大きな外部環境の変化に対して，柔軟な適応力をみせ，他の先進国と比べて高い経済パフォーマンスを見せた。1970年代には，戦後のキャッチアップに伴う高度成長が終焉し，経済成長率自体は低下したが，省エネ性能に優れた製品開発などにより海外への輸出を増やすことで，1980年代を通じて，日本経済は他の先進国よりも高い経済成長率を維持した。こうした日本経済の良好なパフォーマンスは，日本特有の経済システムに対する欧米の関心を高めた一方で，日本の輸出主導型の経済成長は，米国や欧州の貿易相手国との貿易摩擦を招き，日本の経済システムが持つ閉鎖性は不公正であるとする「日本異質論」の見方も現れた。

　日米間の貿易紛争は，1960年代の繊維製品，1970年代の鉄鋼やカラーテレビ，1980年代の自動車など，個別分野においてたびたび生じ，日本が輸出を自主規制する措置などがとられたが，1980年代になると，日本の対米経常収支黒字が大きく拡大したことにより，日本の閉鎖的な参入規制や商慣行などの構造的な側面に焦点が当てられるようになった。その背景の一つには，当時の米国レーガン政権は市場原理主義を掲げていたため，自国市場を保護する措置

を避けて，米国製品が相手国市場に参入できないのは，不公正な貿易慣行のせいであるとする論理を展開したことがある（古城 [2010]）。1983 年に設置された日米円ドル委員会では，日本側が円安・ドル高は米国の高金利政策に原因があることを主張したのに対し，米国側からは，財政・金融政策と為替レートの関係を否定した上で，日本の金融資本市場に関するさまざまな規制や対外資本取引規制は，国内外の資源配分の効率性を妨げ，円安ドル高をもたらしているとの主張がなされた。その結果，1984 年にまとめられた報告書においては，日本は大口金利規制の撤廃や外貨の円転規制の撤廃などに合意した。しかしながら，その後も円安・ドル高基調は変わらなかったため，米国はドル高と高金利政策の関係を認め，それまでの不介入政策からドル安誘導へと政策を転換し，1985 年にプラザ合意が成立した。これにより，大幅な円高・ドル安が実現した。さらに，米国は，その直後に「新通商政策」を発表し，不公正な貿易相手に対して通商法 301 条を積極的に活用することを表明するとともに，日米市場分野別協議（MOSS 協議）を開始し，電気通信，自動車部品，医薬品などの 5 分野で基準認証の公正化，規格の統一，関税引下げなどが協議された。

　米国からは，なお継続する経常収支不均衡の是正のために，日本の内需拡大の要求が出され，日本側は中曽根内閣の下で，1986 年 4 月に前川レポート（国際協調のための経済構造調整研究会報告）をとりまとめた。前川レポートでは，経常収支不均衡の縮小を国民的政策目標とし，内需拡大策として，民間活力の活用による住宅対策・都市開発の推進，労働時間短縮など消費生活の充実，地方の社会資本整備などが挙げられ，その後，経済構造調整特別部会報告（新前川レポート）・経済運営 5 カ年計画で施策が具体化された。米国は，内需拡大だけでなく，米国企業の市場参入のために日本の構造改革も要求した。1988 年にスーパー 301 条が議会で成立すると，その発動を避けたいとの日本側の思惑もあり，日米構造協議（SII）が開始され，米国は，日本の流通制度や系列・その他の排他的取引慣行などの問題に加え，貯蓄優遇やインフラなどの投資不足などへの対応を求めた。これを受けて，大店法の改正や独禁法の強化，430 兆円の公共投資基本計画の策定などが行われた。

第2章　日本の「カイシャ資本主義」形成の経緯 ｜ 69

■日本でも志向された新自由主義的な政策

　世界的な新自由主義に基づく政策の推進や金融自由化の流れは，日本にも到来した。これまで述べたように，経常収支不均衡縮小のための対外交渉において，日本に対して，より市場メカニズムを活用した資源配分が行われるような要求があったが，国内においても，中曽根内閣では，「小さな」政府を目指す中で，財政再建と両立する市場主義的な改革が志向された。市場改革の代表的なものは民営化であり，1985年に日本専売公社がJT（日本たばこ）に，電電公社がNTT（日本電信電話株式会社）に民営化され，1987年に日本国有鉄道がJR東日本など6旅客会社と1貨物会社に分割民営化された。このほか，土地利用に関する規制緩和や，国有地の払い下げ，東京湾横断道路など大規模な民活プロジェクトの推進が行われた。「小さな政府」を目指した財政再建路線は，高度成長期に膨張した社会保障制度の改革にも及んだ。医療保険については，1982年に老人保健制度が創設され，それまで全額公費で負担していた70歳以上の医療費について，高齢者の自己負担を一部導入した上で，残りの3割を公費負担，7割を保険者負担とし，高齢者の加入比率が少ない保険者ほど多く負担する形で保険者相互の財政調整を行うこととした。また，国民健康保険の中に退職医療制度が創設され，定年退職後から70歳までの期間の医療費を各保険者間の財政調整で賄う制度とした。さらに，健康保険については，これまで10割給付であった被保険者本人の医療費について1割の自己負担が導入された。こうした医療保険の改革をまとめると，これまで高い経済成長や若い人口構成を背景に国庫負担で保険制度間の格差を是正してきた流れを転換し，低成長・人口高齢化の下で，国庫負担に加えて保険者間の財政調整を行うことにより，保険制度の「一元化」を図っていくものであった。年金についても，高齢化等に伴う年金財政の悪化に対し，国民全員が加入する基礎年金制度が導入され，国庫負担の増加を抑え，保険者間の財政調整による対応が行われた。

　以上のように，1980年代には，日本でも英米にならい「小さな」政府が志向されたが，主に財政再建を目的とする改革が志向されたため，英米で実施されたような本格的な規制改革は先送りされた。むしろ，日本的な経済システムのあり方により大きな影響を及ぼしたのは，1980年代に行われた金融の自由

化であり，これによって大企業の銀行離れが生じ，メインバンクの監督による企業統治のあり方は大きく変化した。

■1980 年代に進展した金融自由化

欧米と同じく，日本においても，1980 年代には金融の自由化が進み，内外資本取引の自由化，社債発行規制の緩和，金利の自由化などが行われた。こうした改革が推進された背景には，すでに述べた日米円ドル委員会などを通じた外圧もあったが，そのほかにも 2 つの大きな要因がある（橋本・長谷川・宮島・齊藤 [2019]）。

一つは日本経済の国際化である。1980 年には，改正外国為替管理法が施行され，日本居住者の海外での証券発行や資金調達が可能となり，日本の大手企業は，社債発行に規制が残る国内市場に代わり，海外での起債による資金調達を行った。このことが，日本の金融市場の空洞化を招いたことから，国内においても適債基準が緩和され，1980 年代半ばには無担保社債の発行が国内でも行われるようになった。

金融自由化を促進したもう一つの要因は，石油危機後の政府による赤字国債の大量発行である。政府が発行した国債は，銀行団による国債全額引き受けによって消化されていたが，大量の国債が発行されるようになると，銀行団がそれを維持することが困難となり，1977 年に市中売却が認められたことから，流通市場において，既発国債という自由金利商品が取引されるようになった。これによって，規制されていた銀行の預金金利についても，1979 年以降，大口のものから順番に金利自由化が行われ，1993 年に完全に自由化された。こうした金融自由化によって，大企業の資金調達先は，銀行借り入れ中心の間接金融依存型から，株式や社債などによる直接金融へと徐々にシフトした。

■バブルの形成と崩壊

1980 年代における金融自由化の進展やそれに伴う日本の経済システムの変化は，企業や金融機関の行動変化として現れ，バブル経済の形成と崩壊の背景の一つとなった。

第2章　日本の「カイシャ資本主義」形成の経緯 ｜ 71

　企業の行動についてみると，金融自由化によって多様な手段で資金調達が可能になる中で，株価の上昇によって転換社債やワラント債などエクイティ関連債発行による資金調達コストが低下し，企業はエクイティによる資金調達を拡大させた。1980年代半ば以降の円高によって本業が不振であったこともあり，企業は調達した資金を設備投資だけでなく，特定金銭信託やファンドトラスト，大口定期預金といった金融投資にも振り分け，「財テク」を行った[4]。こうして株式市場に流入した資金が，株価上昇の一因ともなった。

　金融機関の行動については，製造業を中心に大手の優良顧客の銀行離れが起き，銀行は不動産業向け貸し出しに傾注していった。また，この時期のメインバンクは企業経営への規律付けの機能も弱まっていた。宮島（2002）の分析では，①メインバンクとの関係が深いほど過剰投資が発生するなど，銀行は投資機会の乏しい企業にも無理な貸し出しを行った可能性が高いこと，②銀行は，不動産担保金融によって不動産・建設・ノンバンクなど新規開拓先に過剰な借入を勧奨したこと，③バブル崩壊後には，銀行部門は不良債権化した貸出が顕在化することを避けるために，債権処理に躊躇し，さらに追加融資を行って問題を先送りしたことが指摘されている。

　以上のようなバブル期の企業行動については，日本経済の成長が鈍化し，急激な円高も加わって成長機会が失われたことによるところが大きいが，企業統治の面からは，これまで監督機能を果たしてきたメインバンクの存在が後退し，かつ地価や株価上昇による含み資産の上昇で経営者の資産処分に関する自由裁量権が増えたことによって，助長されたという面も大きい。その意味では，従来の日本的企業統治のあり方が変化し，それに代わる企業統治スタイルが確立する前にエアーポケットのような状態が生じたことが，企業の規律付けを弱くし，バブルを招く一因となったと考えることができる。他方で，1980年代には，3公社の民営化など一部で新自由主義的な方向への政策転換がなされたものの，これは，あくまで財政再建という意味での「小さな政府」を目指した動きであり，市場メカニズムを本格的に導入するには至らず，この時点では，日本的な経済システムの変化は，銀行離れという資金面での変化のみにとどまった。

5. まとめ

　本章では，日本の資本主義を構成する主な要素である企業統治，労働，社会保障，イノベーション・システムの4分野について，それぞれ「日本的」な特徴がいかに形成されてきたかを概観した。

　企業統治および雇用の面からは，明治維新から第一次大戦頃までは，日本でも「企業家の時代」とも呼べる生粋な「資本主義」が存在していたが，第一次大戦前後に重工業化が進んだことや，1930年代後半以降の経済の戦時体制下で，労働者の長期雇用，企業内部出身の経営者，資金の銀行依存といった日本的な経営・雇用システムの特徴が形成された。第二次大戦後の戦後改革は，財閥解体，経営者追放などを通じて，内部昇進による経営者と長期雇用の定着に寄与した一方，改革によって分散化した株式は，ドッジライン不況を乗り越える過程で，企業や金融機関の株式相互持ち合いによって再び集中化され，1950年代には，日本的な経営・雇用システムの姿がほぼ形成された。長期雇用・年功制については，熟練労働者の技能形成を促すことで，戦前の重工業化の過程や，第二次大戦後の重工業から電気機械・自動車などの機械産業への産業構造変化をサポートするなど，製造業の技術革新を促進する上で，企業システム内で内生的に形成されてきた面が強い。これに対して，内部昇進者による経営やメインバンクによる監督といった日本的な企業統治のあり方については，戦中・戦後の特殊な環境の中で，企業システムの外部から与えられた側面もある。こうした企業統治が高度成長期にうまく機能したのは，規模の拡大を目指す企業の慢性的な資金不足に応じ，メインバンクは貸出を増加させる一方で，融資先企業の業績が悪化するとメインバンクが救済するという形で，「状態依存型」のガバナンスが機能したことが指摘されている。

　日本の社会保障の特徴は，公的扶助についてはアクセスが厳しく制限されている一方，社会保険については，企業における既存の制度を利用しつつ公的な保険制度を接ぎ足すことで「国民皆保険」を構築していることだ。資本主義が遅れて発展した日本では，欧州先進国のような階級の分断を緩和し社会を安定

させるための装置というよりも，企業単位で従業員の継続的な貢献を引き出すための手段として発展した。日本の社会保障制度を，日本的企業システムとの制度補完性の関連からみれば，終身雇用の維持・定着に寄与するとともに，企業年金等の資金が間接的に「忍耐強い資本」の役割を果たしたことが指摘できる。他方で，大企業の制度に接ぎ木する形で形成された日本の社会保障制度は，被用者とそうでない者とで分立した仕組みとなっており，給付や負担面での制度間の格差や不公平をもたらすとともに，大きな国庫負担を必要とする制度となっており，貧困対策としても効率性に欠ける面がある。

　日本のイノベーション・システムは，明治以降，欧米諸国の技術水準への急速なキャッチアップを可能とし，日本経済の成長を支えてきた。その形成過程をみると，明治期の政府による海外からの技術輸入や，戦時中の軍備増強に関連した技術開発など，政府は一定の役割を果たしたものの，基本的には，同一産業内の複数の民間企業による活発な技術競争がイノベーションをけん引してきたという特徴がある。日本のイノベーション・システムと日本的な経営システムとの補完性の観点からみると，メインバンクを中心とした間接的な企業統治は，企業内部出身の経営者に大きな自由裁量権を与え，従業員のポスト増設の必要もあって長期的な成長が志向され，そのための技術知識の創造と獲得が行われた。雇用制度の面では，長期的な雇用関係は，企業内部での訓練を通じた技能形成を可能にするとともに，社内での頻繁な配置転換は，研究開発部門・生産部門・販売部門の連携を生み，それが生産工程の改善や新製品の開発を効果的なものとした。企業間の関係については，組立て製造企業と部品等のサプライヤーとの間に安定的な関係が構築され，情報やノウハウの緊密な共有が行われていることが，新製品開発に向けた効果的な連携を可能とした。こうした日本的なイノベーション・システムは，漸進的な技術革新に優位を持った。

　以上のように，高度成長期にかけて完成された日本的な企業統治・雇用制度・社会保障制度・イノベーション・システムは，それぞれが相互補完性を持ち，先進国への技術的なキャッチアップの実現を通じて経済成長に貢献した。しかし，こうした日本的な経済システムは，1980年代後半以降，経済環境の

変化に対応して徐々に変貌していくことなる。1980年代以降の金融自由化は企業の銀行離れをもたらし，企業統治の面からは，メインバンクに代わる監督機能を果たすシステムが不在の中で，経営者の自由裁量権が増え，経営規律が弱くなったことが，バブルを招く一因となった。結局，日本的な資本主義のあり方が大きく姿を変えるのは，バブルが崩壊した1990年代以降であり，次章で詳しくその様子をみていこう。

【注】

1）ドッジラインとは，1949年に，米国の公使兼財政顧問であったジョセフ・ドッジにより進められた経済安定政策の呼称。高インフレを抑制し，日本経済の復興を促進するため，①政府の補助金等を削減して財政を均衡予算とすること，②それまでの複数為替レートを単一化すること，などの措置が実施された。

2）メインバンクは企業の財務状況が良好な場合には企業経営に口を出さない一方，財務状況が一定以下のレベルになった場合に企業の解散の決定も含めて企業経営に関与するような行動の特徴を持っていたため，「状態依存型ガバナンス」と呼ばれた。

3）レギュレーションQは，米連邦準備理事会（FRB）が連邦準備法19条に基づいて決める銀行預金金利の上限を規制するもの。1935年に法定化され，連邦準備制度理事会（およびその前身である連邦準備局）は，金利競争が過熱しないよう上限金利を低く抑制していた。

4）特定金銭信託は，企業が信託銀行に資金を委任し，企業が指定した銘柄の株で資金運用させるものであり，ファンドトラストは，委託された資金運用を信託銀行の裁量で行うものである。

第3章
日本の「カイシャ資本主義」の現在地点

　第二次大戦後に強固なものとして確立された日本の企業主導型の資本主義は，1950年代から70年代にかけての高度経済成長を支え，さらには80年代の輸出攻勢により日本製品が世界に普及すると，世界で一躍脚光を浴びることとなった。しかしながら，90年代のバブル崩壊とその後の「失われた20年・30年」の到来とともに，逆に，日本的な経済システムは経済構造転換を遅らせるものとして捉えられるようになる。同時に，日本的な経済システムを特徴づけていた企業と資本の関係，企業と雇用の関係ともに大きく変化した。具体的には，企業の間接金融への依存は，少なくとも大企業に関しては株式や社債など直接金融を主体としたものへと変化し，それが企業統治における株主の影響力の拡大につながった。長期雇用や年功制を特徴とする雇用関係についても，非正規雇用の大幅な増加により正規・非正規の労働者の分断が生じ，また正規雇用についても賃金抑制や福利厚生の縮小などによって企業内での従業員への分配が後退した。本章では，1990年代から生じた日本の資本主義の変化について，その背景を確認するとともに，日本の資本主義の現在地点がどこにあるかを，各分野別に見ていく。

1. 1990年代以降の企業に関する制度の変化

▌1990年代以降に加速した経済制度改革とカイシャ資本主義の変化

バブルが崩壊した1990年代初以降，企業部門も金融部門も過剰債務・不良債権問題の処理を先延ばしすることに追われていたが，1997年に大手金融機関が相次いで破綻したことを契機に，金融機関と企業を含む本格的な経済制度の改革が進展し始めた（宮島［2017］）。1997年11月の北海道拓殖銀行の破綻にはじまる銀行危機とその後の不良債権処理の過程を通じて，企業統治におけるメインバンクの機能は大きく低下した。財務危機にある企業に対して関与すべき銀行自身が財務危機に直面し，銀行再編が進むとともに，業績が悪化した顧客企業の整理に関してメインバンクが中心に負担する暗黙のルールが崩れ，民事再生法の制定や産業再生機構の設立など新たな企業整理の枠組みが形成された。さらに，銀行危機を契機に，企業と銀行間の株式持ち合いに対する規制強化などもあり，株式持ち合いが解消され，代わりに機関投資家による株式保有が進んだ。こうしたことにより，従来のメインバンク依存や株式相互持ち合いといった企業と資本との安定的な関係が大きく変化した。それと並行してストックオプション導入といった役員報酬体系の見直しや取締役会組織の再設計など企業の内部統治制度に関する改革が行われた。そうした過程で参考とされたのが，米国型の企業と金融・投資家の関係であり，企業統治の制度面でのアングロ・サクソン化が進んだ。

▌バブル崩壊後の企業と資本の関係の変化

企業と銀行との関係については，すでに述べたように，1980年代から大きく変化し，メインバンクが企業統治に果たす役割は大きく後退した。代わりに，大手企業では，調達費用の低い社債依存を高め，長期資金は社債あるいは契約の明示的なシンジケートローンに依存し，短期資金はあらかじめ一定の借入枠を購入するというクレジットラインを設定する方向に変化した[1]。このように，かつてのように銀行が企業業績を常時モニターし業績悪化時に救済すると

いったメインバンク制は廃れ，企業と銀行とは一定の距離を置く「アームレングス」な関係に置き換えられた。もう一つの日本企業の特徴であった事業法人間の株式の相互持ち合いについては，1990年代後半から解消が大きく進んだ。背景としては，企業側からみると，1999年から時価会計や連結会計制度が導入される中で，株価が低迷する銀行株保有のリスクが高まったことがある。他方，銀行側からみると，不良債権処理のための原資を確保する必要があったことに加え，株価の含み損がBIS規制上では自己資本にも反映されるため，貸出態度にも影響を与え得るという問題があった。このため，2001年の銀行等株式保有制限法制定により，銀行の株式保有の半減が求められることになった。こうして，企業側，銀行側ともに保有株式の売却が進み，その受け皿として海外の投資家や機関投資家による株式所有が高まった。さらに，2000年の年金制度改正において，厚生年金と国民年金の積立金が，それまでの資金運用部への預託から市場運用に変更され，新たに設立された年金積立金管理運用独立行政法人（GPIF）が国内株への運用を本格化したことにより，国内の機関投資家の株式保有比率は急増して20%を超えた。

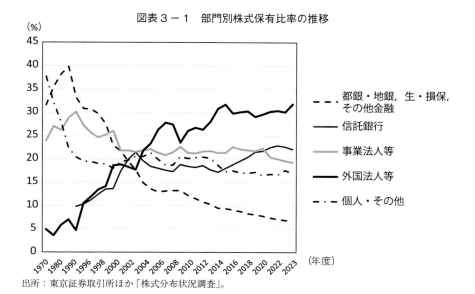

図表3－1　部門別株式保有比率の推移

出所：東京証券取引所ほか「株式分布状況調査」。

図表3－1をみると，日本における部門別の株式保有の状況については，1970年代から1990年代初までは，都銀・地銀および生保・損保など金融機関の割合が3割強から4割程度，事業法人の割合が3割程度をそれぞれ占めており，株式持ち合いを通じた安定株主が半分以上を占めていた。その後の株式持ち合いの解消を反映して，2023年時点では，都銀・地銀および生保・損保など金融機関の割合が7％程度，事業法人の割合が2割程度まで低下した。その一方で，外国法人等の割合が3割強まで増加したほか，投資信託の拡大を反映して信託銀行の割合が2割強まで増加した。

▍バブル崩壊後の企業統治に関する制度改革

こうした企業にとってアウトサイダーである株主の割合が高まる中で，企業経営者を規律付けるコーポレート・ガバナンスについても改革が行われた（秋吉・柳川［2010］）。あらためてコーポレート・ガバナンスの意義について確認しておくと，株主よりも経営者の方が業績を詳しく知り得るという「情報の非対称性」があるため，株主が経営者に企業の運営を委託しても，必ずしも経営者が株主の利益のために行動するとは限らないという「代理人問題（エージェンシー問題）」が生じる。これを防ぐためには，株主と経営者の情報格差をなくすとともに，経営者を監督し，その行動を規律づける仕組みとして，コーポレート・ガバナンスが必要となる。従来の日本的経営においては，監督と規律付けの役割を，メインバンクが果たしてきた訳だが，アウトサイダーである株主の増加によって，より透明性の高い仕組みが求められるようになり，さまざまな制度改正が行われた。以下では，外部債権者や外部株主による企業経営者の規律付けを指す「外部ガバナンス」と，取締役会，経営報酬契約・経営者の株式保有，事業部制・カンパニー制の選択などを通じた組織内メカニズムによる企業経営者の規律付けを指す「内部ガバナンス」に分けて，双方の変化を整理する。

バブル崩壊後には，企業の抜本的なリストラクチャリングが必要となる中で，まず，企業再編に関する制度改正など外部ガバナンスに関する改革が進んだ。1997年に合併法制の改正により合併手続きが簡素化されるとともに，同

年の独占禁止法改正により，戦後改革で禁止された純粋持株会社が解禁され，持株会社方式の下で各企業を別法人として残しつつ再編が可能となった。さらに99年の商法改正による株式移転・株式交換制度の創設や2000年の会社分割制度の創設によって，持株会社の設立が容易になった。こうした企業制度改革は，どの事業を外部グループ企業とし，株式保有を通じてどの程度の影響力を残すかという企業の境界の設定について自由度を高めるとともに，持株会社の下で内部組織が再編されることによって，個別企業グループの経営効率が向上することが期待された。

　企業の内部ガバナンスについても，経営者の規律付けを強化する取締役改革が行われた。従来の内部統治機構では，経営の執行部を監督する立場にある取締役会のメンバーが，経営執行を担う内部昇進者からなり，監督される立場の執行役員が自分で自分を監督するような状態にあり，かつ取締役の人数も多く意思決定に時間がかかった。こうした状況の下，2002年に会社法の改正が行われ，企業は米国型の指名委員会等設置会社か，従来の監査役会設置会社を選択できるようになった[2]。指名委員会等設置会社では，「指名委員会」，「監査委員会」，「報酬委員会」が設置されるが，各委員の過半数が社外取締役とされ，取締役会が経営を監督する一方，業務執行については執行役に委ねられる。監査役会設置会社では，社外取締役を含む監査役会が取締役会を監査する。いずれの場合も，株主の代理人である社外取締役が加わり，監督者と経営執行部を分けることで，透明性を高め，経営の健全性を確保する仕組みとなっている。実際には指名委員会等設置会社を選択した企業は少なかったが，従来型の監査役会設置会社の下で任意に執行役員制を導入した企業は多く，経営を担う執行役員とその活動を監督する取締役会の組織的な分離が進んだ。また，1997年の商法改正によりストックオプションの導入が可能となり，会社の業績向上による株価上昇が取締役の実質上のインセンティブになるため，経営者と株主の利害対立を調整する役割が期待された[3]。

▎アベノミクスによる企業統治改革の再加速

　2000年代半ばには，機関投資家の議決権行使が実質的な意味を持ち始め，

機関投資家の反対行使比率が上昇したほか，キャッシュリッチな中規模企業に対する敵対的買収案件が注目され，公開買付けや買収防衛にかかわるルールが形成された。その後は，2008年のリーマンショックの発生により，アクティビストの介入が減少した一方，流動性危機に直面した企業では銀行との関係が再評価されるなど，これまでの企業統治の変革の揺り戻しの動きもみられた。こうした中で，企業統治改革が再加速したのは，2012年末に成立した安倍第二次政権が，企業統治改革を成長戦略として位置づけてからである。日本の稼ぐ力を取り戻すという目的から企業統治改革が進められ，2014年にスチュワードシップ・コードが導入され，2015年に，コーポレートガバナンス・コードの制定と会社法の改正が行われた。スチュワードシップ・コードとは，「機関投資家に対して，企業との対話を行い，中長期的視点から投資先企業の持続的成長を促すことを求める行動原則」である。資産運用責任についての明確な方針を示して，投資先企業の事業を理解し，建設的な対話を行い，議決権行使の方針や結果を公表することなどを求めており，コードを受け入れるかどうかは任意である。また，コーポレートガバナンス・コードとは，実効的な企業統治のための主要な原則をまとめたものだ。「株主の権利・平等性の確保」，「株主以外のステークホルダーとの適切な協働」，「適切な情報開示と透明性の確保」，「取締役会等の責務」，「株主との対話」の各分野について，原則が示されている。上場企業は，各原則について，実施するか，もし実施しない場合はその理由を説明することが求められる（コンプライ・オア・エクスプレイン・ルール）。2015年の会社法改正では，新たな株式会社の形態として監査等委員会設置会社が導入され，この形態を選択した企業は，監査役の代わりに，株主総会で監査等委員として他の取締役と区別されて選任された取締役が，監査等委員会を組織するとされた。監査等委員は3人以上で過半数は社外取締役であることとされ，他の取締役の職務執行を監査する権限だけでなく，株主総会で取締役の選任・報酬議案について意見を述べる権限も与えられた。従来の監査役制度では，監査役は取締役会における議決権を有しないことから，経営陣を監督する機能には限界があることが指摘されていたが，新たな監査等委員会設置会社では，社外取締役が，監査等委員として会社の事情を詳しく知ることで，経営陣

の監督をより実効的に行うことが期待される（田中［2017］）。

　こうしたアベノミクスにおける企業統治制度改革の特徴は，リーマンショック後に，従業員（インサイダー）主導モデルへの再評価が進む中で，弱すぎる株主の影響力の強化が図られたことに加え，単なる不祥事の抑制ではなく，企業成長の促進手段として位置付けられ，目標としてROE（自己資本利益率）が強調されたことである（宮島［2017］）。成長促進の観点からの企業統治改革は，リーマンショック後に世界的にみられたが，その背景は，欧米の場合は，株主の圧力が強過ぎ，その結果として過度のリスクテイクや近視眼的な経営行動がもたらされたという点にあったが，日本の企業統治改革は，これとは逆に，従業員の利害が強過ぎ，リスク回避的な経営をもたらしている点にあった。2014年8月に公表された，伊藤邦雄一橋大学教授（当時）を座長とした経済産業省のプロジェクト報告（通称「伊藤レポート」）では，ROEの目標水準を8％とし，企業が投資家との対話を通じて持続的成長に向けた資金を獲得し，企業価値を高めていくための課題が提言された[4]。

▍国際的にみた日本の会社制度の位置づけ

　企業の経営組織に関して，日本は制度改革の結果として，監査役会設置会社，監査等委員会設置会社，指名委員会等設置会社の3形態から選択することが可能になったが，世界的にみると，必ずしも米国的な形態が主流である訳ではなく，多様な形態が存在している。OECD加盟国および主要な新興国の会社制度をまとめたOECDの資料によると（図表3-2），取締役制度について，監督・執行・監査の基本的な機能には大きな違いはないものの，その形態については，米国のような執行役員と非執行役員が取締役会に存在する一層式の国は23カ国，ドイツのように監査役と執行役の兼任を禁止し，監督機能と執行機能を分離する二層式の国は8カ国，一層式・二層式の双方が認められている国が15カ国（EU含む）となっている（OECD［2023］）。ちなみに，OECDの分類では，日本は一層式・二層式とは別に，ハイブリッド型として位置付けられており，上記の3形態が選択可能である旨の説明が付されている。また，地域別にみた特徴の一つとして，欧州においては，従業員代表が取締役会に参加す

図表３－２　OECD および主要新興国・地域の取締役会の構成

一層式	二層式	一層式と二層式の選択制	ハイブリッド型を含む選択制
23 カ国・地域	8 カ国	15 カ国 +EU	3 カ国
オーストラリア，カナダ，チリ，コロンビア，コスタリカ，ギリシャ，香港中国，インド，アイルランド，イスラエル，韓国，マレーシア，メキシコ，ニュージーランド，ペルー，サウジアラビア，シンガポール，南アフリカ，スペイン，スウェーデン，トルコ，イギリス，米国	オーストリア，中国，エストニア，ドイツ，アイスランド，インドネシア，ラトビア，ポーランド	アルゼンチン，ベルギー，ブラジル，チェコ，デンマーク，フィンランド，ハンガリー，リトアニア，ルクセンブルグ，オランダ，ノルウェイ，スロベニア，スロバキア，スイス，EU	イタリア，日本，ポルトガル

取締役会への従業員代表の参加の義務付けがある国
オーストリア，チェコ，デンマーク，フィンランド，フランス，ドイツ，ハンガリー，ルクセンブルグ，オランダ，ノルウェイ，スロバキア，スロベニア，スウェーデン

出所：OECD Corporate Governance Factbook 2023, Table 4.1, 4.8 より作成。

ることが義務づけられている国が 12 カ国存在している。これは，第１章でみたように，欧州企業においては，経営者と従業員の間の密接な調整が重要な鍵を握っている状況を示している。

　日本企業の場合，実際にどのような形態が多くとられているかをみると，東証一部上場企業のうち，監査役会設置会社が６割程度，監査等委員会設置会社が３割超，指名委員会等設置会社が３％程度となっている（図表３－３）。また，独立社外役員が取締役の過半数以上を占める企業の割合は，指名委員会等設置会社では７割程度だが，それ以外の形態では１割前後にとどまっている。さらに，外国人取締役を選任した企業の割合は 22.5％ となっている。最高経営者の外部登用比率は，日本企業では４％程度と，欧米企業に比べて非常に低い。こうしたことからすると，日本企業の特徴の一つである内部昇進の経営陣が多いという特徴は，現在でも引き続き残っている。他方で，上場企業取締役に占め

る女性比率については，日本は2022年で15%程度となっており，他国と比べると低い方に属しており，多様性の観点からも漸進的な変化にとどまっている（図表3－4）。

図表3－3　OECDおよび主要新興国・地域の取締役会の構成

機関設計の形態別の企業割合 （東証一部，2021年）	
監査役会設置会社	62.6%
監査等委員会設置会社	34.2%
指名委員会等設置会社	3.2%

独立社外役員が過半数を占める企業の割合 （東証一部，2021年）	
監査役会設置会社*	3.7%（14.5%）
監査等委員会設置会社	9.9%
指名委員会等設置会社	68.1%

（注）＊括弧内は取締役と監査役，括弧なしは取締役

外国人取締役の選任状況 （日経225銘柄，2021年）	
選任した企業	22.5%
選任しなかった企業	77.5%

出所：経済産業省「CGS研究会（第3期）第1回事務局資料」2021年。

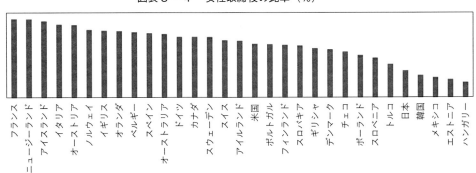

図表3－4　女性取締役の比率（％）

出所：OECD Corporate Governance Factbook 2023, Table 4.20 より作成。

■ ハイブリッド型が多い日本企業

　以上のような企業統治に関するさまざまな制度改革が行われる中で，日本企業のあり方が多様化したことが指摘されている。宮島（2011）による分析では，企業の特性を表す変数として，①企業金融と所有構造を示す外部ガバナンス，②取締役会と経営陣の特徴を示す内部ガバナンス，③報酬体系や組織内部の分権化の程度などを示す組織アーキテクチャ構造の3つの側面から企業の分類が行われている。分析の結果によると，市場志向的な金融・所有構造と組織アーキテクチャの結合した「米国型」の企業は日本には少ない一方，市場志向的な金融・所有構造と関係志向的な組織アーキテクチャが結合したハイブリッドなタイプの日本企業が多くを占め，関係志向的な金融・所有構造と組織アーキテクチャが結合した伝統的な日本企業も一定数存在していることが指摘されている。さらに，ハイブリッド・タイプの日本企業の中でも，自動車・電機など輸出産業を中心としたリーディング企業のように，外国人投資家比率が高い一方で，長期雇用を維持し，関係志向的な内部統治・雇用関係を持つ企業タイプ（タイプⅠハイブリッド）と，IT産業など社齢の若い企業のように，有期雇用や成果主義的賃金などを採用し，長期雇用に対して低い規範意識を持ち，組合組織率も低い企業タイプ（タイプⅡハイブリッド）が存在している。このうち，輸出産業などのリーディング企業に代表されるタイプⅠハイブリッド企業では，バブル崩壊後も海外進出や同業他社との統合などにより企業規模は着実に拡大している一方で，企業統治の観点からは，持株会社の設立等により事業単位の分権化が進んでおり，親会社・持株会社と傘下子会社・事業部との間のエージェンシー問題が生じていることが指摘されている。

■ 2020年代初における企業の姿

　日経平均株価がバブル絶頂期の1989年につけたピークを一時上回るなど，近年は日本企業の復調が伝えられている。そこで，筆者は，2023年時点で日本を代表する企業がどのような特性を持っているかについて，「東洋経済2023年第19回CSR（企業の社会的責任）調査」および「日経NEEDS-Cges（コーポレート・ガバナンス評価システム）2023年10月版」などを用いて，日経225銘柄に

第3章　日本の「カイシャ資本主義」の現在地点 │ 85

選定されている企業のうち，分析に必要なデータが揃う 186 社について分析を行った（茨木 [2025]）。具体的には，企業の資本調達関係の指標として，特定株比率（特定の大株主や提携先等が保有する安定保有株）と外国人保有株比率，株式持合比率，銀行保有比率，負債比率，雇用関係の指標として，離職率，勤続年数，内部企業統治関係の指標として，社外取締役比率，指名委員会設置の有無，ストックオプションの有無を用い，因子分析を行うことにより，現代日本企業の特性を抽出した。その上で，各企業の因子スコアを用いて，企業の収益性や女性活躍との関係も簡易的な分析を行った。ちなみに，分析対象企業のそれぞれの指標の平均値は，特定株比率 46%，外国人保有株比率 31%，株式持合比率 5%，銀行保有比率 2%，負債比率 54%，離職率 4%，勤続年数 16.7 年，社外取締役比率 46% となっている。

（1）因子分析の結果

　因子分析とは，第 1 章の分析で説明したように，観測される複数の変数から，その背後にある説明力を持つ共通要因を抽出するものであり，例えば，学校の試験結果から，文系力，理系力といった因子を抽出するといった用いられ方をする。ここでは，上記の 10 指標を用いて因子分解を行い，各指標に対する上位 3 つの因子の影響の大きさ（因子負荷量）を計算した。図表 3 - 5 によると，第 1 因子については，「外国人株主支配力」とも呼べるもので，①外国人保有株比率が高い一方で，株式持合比率が低く，②離職率はやや高く，③社外取締役比率や指名委員会設置会社の割合が高くなっており，総じて市場志向的であるのが特徴である。第 2 因子は，「内部支配力」とも呼べるもので，①特定株比率，外国人保有株比率とも低めである一方で，株式持合比率や負債比率はやや高め，②勤続年数はやや長め，③ストックオプションを導入している企業は少なく，総じて伝統的な日本的企業の特徴に近い。第 3 因子は「特定株主支配力」とも呼べるもので，①特定株比率が高い一方で，外国人保有株比率は低く，②離職率が高く，勤続年数は短くなっており，総じて，オーナー支配力の強い新興企業のような特徴がみられる。図表 3 - 6 は，各企業について，3 つの因子得点（各共通因子の影響の強さ）をそれぞれ計算した上で，それぞれ異なる 2

86

図表3－5　個別指標の3因子への影響度

	第1因子： 外国人株主支配力	第2因子： 内部支配力	第3因子： 特定株主支配力
特定株比率	--	▼	○
外国人保有株比率	◎	▼	▼
株式持合比率	▼	○	--
銀行保有比率	▼	○	--
負債比率	◎	◎	--
離職率	○	--	◎
勤続年数	--	○	▼
社外取締役比率	◎	--	--
指名委員会設置会社	◎	○	--
ストックオプション	○	▼	--

(備考)　◎○はプラス，--は影響ほぼなし，▼はマイナスの影響（因子負荷量）を示す。

つの因子を縦軸と横軸にとって，企業の分布を示したものである。この3つの図をみると，第1因子と第2因子の企業分布，第2因子と第3因子の企業分布は対角線上に比較的多くの企業が分布している。このことは，2つの特徴を併せ持った，いわゆる「ハイブリッド型企業」が多く存在していることを示しており，具体的には，市場志向的な性格と日本的企業の特徴を両方備えた企業や，オーナーなど特定の株主の影響力が強く，かつ日本的な企業の特徴も併せ持った企業が多くみられる。他方で，第1因子と第3因子の分布はばらついており，両方の特徴を備えた企業はあまりみられない。こうした結果は，前項で紹介した宮島（2011）の分析とは直接的な比較はできないが，総じてみれば，ハイブリッド型企業が主流である傾向が引き続きみられていると考えられる。

　ちなみに，それぞれの因子得点が高い企業の業種としては，外国人株主支配力が強い企業は，電子機器製造や製薬などの企業，内部支配力が強いのは金融系の企業，特定株主支配力が強いのは，グループ系やIT新興独立系企業となっている。

第3章 日本の「カイシャ資本主義」の現在地点 | 87

図表3-6 因子得点の分布

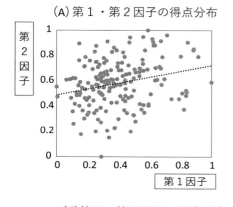

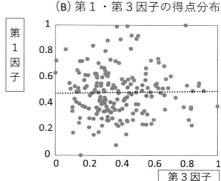

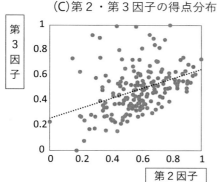

（2）収益性，女性活躍との関係

　このようにして計算した企業ごとの因子得点を用いて，収益性，女性活躍との関係を簡易的に分析した。まず，収益性を表す指標として，ROE（自己資本利益率），PBR（株価純資産倍率）について，産業ダミーと従業員数でみた企業規模を調整しながら，各企業の第1因子得点，第2因子得点，第3因子得点との関係を単純な回帰分析で推計した[5]。図表3-7の推計結果をみると，ROEについては伝統的な日本企業の特徴である内部支配力を表す第2因子が有意にマイナスの相関を持っていることが示されている。PBRについては，内部支配力を示す第2因子が有意にマイナスの相関を持つ一方，特定株主支配力を示す第3因子が，プラスで有意の相関を持っていることが示されている。

図表３－７　各因子と企業の収益率，女性管理職比率との関係

	被説明変数：ROE（自己資本利益率）	被説明変数：PBR（株価純資産倍率）	被説明変数：女性管理職比率
第１因子：外国人株主支配力	--	--	プラス
第２因子：内部支配力	マイナス	マイナス	マイナス
第３因子：特定株主支配力	--	プラス	--

（備考）日経平均銘柄のうち186社の2023年のデータに基づく。ROEおよびPBRは３年平均。上記の変数のほか，推計には産業別ダミー，従業員規模を含む。

　東京証券取引所が市場区分見直しのフォローアップにあたって開催した有識者会議では，日本企業はROEやPBRが欧米企業と比べて低く，株主から預かった資金をいかに効率的に活用するかという観点で大きな課題があることが指摘された。こうした指摘は，2023年３月には，マスコミが「PBR１倍割れ改善を東証が要請」と報じたメッセージの公表につながった。その意味では，伝統的な日本企業の特徴を表す内部者支配力が強い企業でROEやPBRが低いという傾向は，これらの企業は企業統治の実効性や，株主からの評価が十分でないことを示している。

　次に，女性管理職比率と，因子得点との関係についても，産業ダミーと企業規模を調整した上で，単純な回帰分析を行った（前掲図表３－７）。女性管理職比率については，外国人株主支配力の強い第１因子が有意にプラスとなる一方，内部支配力の強い第２因子は有意にマイナスとなり，伝統的な日本企業では女性活躍が十分でない傾向がみられた。

　以上の分析結果を整理すると，メンバーシップ型雇用など内部指向的な組織を抱えた日本的な企業の特徴と，資本関係の面では外国人株主など市場志向的な特徴を持つハイブリッド企業が多数を占めているが，他方で，伝統的な日本企業の特徴が強い企業では，ROEやPBRが低い傾向がみられ，女性活躍も限定的となっており，企業統治改革の実効性が十分に上がらず，株主からも評価が得られていない可能性が示唆される。このように，一連の企業統治改革を経て，日本企業のハイブリッド化は定着した感があるものの，その成果が十分に発揮されていない点も残っている。こうした課題については，次章以降でさら

第 3 章　日本の「カイシャ資本主義」の現在地点　│　89

に詳しく検討する。

2. 日本的雇用システムの変貌

▌雇用関係の変化

　日本的な雇用制度の特徴である長期雇用と年功型賃金についても，バブル崩壊以降，企業が過剰雇用を抱える中で，徐々に変化が生じた。雇用面での変化は，企業がパート・アルバイト，派遣社員などの非正規雇用をより積極的に活用したことであり，非正規雇用比率は 1980 年代半ばの 15% 程度から 2000 年代には 3 割を超える水準まで上昇した。こうした労働の非正規化は，単に経済活動の低迷や国際競争圧力による国内人件費圧縮圧力だけによるものではなく，ICT 技術革新や産業のサービス化に伴う非正規労働への需要の高まり，女性・高齢者の労働参加の高まりといった労働供給側の事情も相まって進行した。他方で，正規雇用については，早期退職を通じたリストラも一部では行われたが，多くの企業では長期雇用の伝統は守られた。逆に言えば，正規雇用を守るために，非正規雇用がバッファーとなった面もある。賃金については，成果主義の導入などもあり，全体の賃金水準が抑制されるとともに，年功カーブがフラット化した。従来の年功的な昇格・賃金制度は，企業の成長に伴い，従業員のポストが増加していくことが前提となっており，バブル崩壊後に企業のリストラ・再編が行われ，企業が収縮していく過程において，そのままの形で維持していくことが困難になった。こうした環境変化の中で，成果主義によって人事評価と賃金表のあり方が変化するとともに，資格等級制度においても，年功や職能資格に代わって，役割給・職務給が増加し，労働者の業務や責任の大きさに応じた人事管理が定着していった。以下では，こうした日本的雇用システムの変化について，制度的な要因を整理した上で，コア人材についての長期雇用慣行がどのような形で残ったのかについて詳しくみていく。

▌外部労働市場の活用を念頭においた雇用制度の変化

　雇用の制度面に関しては，1980 年代後半以降の改革には，外部労働市場を

より活用する方向の変化と，働き方の多様化に対応した変化の２つの特徴がみられる（安井・岡崎［2010］）。

　まず，外部労働市場の労働力需給調整機能を活用するような制度整備については，派遣労働や有料・無料職業紹介の規制緩和，解雇規制の法制化といった直接的な制度改正に加え，職業訓練など積極的労働政策や雇用保険の改正などが行われた。具体的には，1985年に労働者派遣法が成立し，対象業務を限定したポジティブリストの形で労働者派遣が可能となり，その後，1999年には適用除外の建設や製造など５業種をネガティブリストの形で示すことで，幅広い業種で派遣が可能となり，さらに2003年の改正では製造業でも派遣が可能となった。1999年には職業安定法が改正され，民間の有料職業紹介は港湾や建設などネガティブリストの対象業種を除いて原則自由になり，2003年の同法改正では，商工会議所等が行う無料職業紹介が許可制から届け出制に緩和された。

　解雇規制については，従来は，実定法上は解雇自由である一方で，判例法上において解雇権濫用法理（使用者に解雇権を認めつつ民法の規定を適用して不当解雇を制限するもの）が定着しており，企業の解雇が妥当かどうかは裁判所の判断に任され，不確実性が大きい状況であった。これに対し，2003年の労働基準法改正では，解雇権濫用法理が条文化され，「解雇は，客観的に合理的な理由を欠き，社会通念上相当であると認められない場合は，その権利を濫用したものとして，無効とする」と規定された。ただし，整理解雇の４要件とされた①人員削減の必要性，②解雇回避努力義務の履践，③解雇対象者の人選の妥当性，④解雇手続きの相当性，については条文化されなかった。

　職業訓練・能力開発については，政策の重点が企業内訓練から自己啓発の支援に移行し，1998年の雇用保険法改正では，５年以上加入の被保険者に対して教育訓練費用の一部を補助する教育訓練給付制度が創設された。雇用保険については，バブル崩壊後は失業率が高まり，雇用保険の財政が悪化したことから，2000年の雇用保険法改正では，離職理由によって給付日数に差を設け，倒産・解雇の場合は日数を維持・拡大する一方，それ以外は日数が削減された。

第3章　日本の「カイシャ資本主義」の現在地点 | 91

　1980年代後半以降の雇用制度改革のもう一つの特徴は，働き方の多様化への対応であり，労働時間規制，男女雇用機会均等，雇用形態にかかわらない公正な待遇の確保（同一労働同一賃金）などが実施された。労働時間については，1986年に策定された前川レポートで，内需拡大のためには余暇時間の増加が必要であるとして，週休2日制が提言されたことが契機となり，1987年の労働基準法改正で法定労働時間が週48時間から40時間に短縮され，その後の経過措置を経て適用されていった。2010年代に入ってからは，女性活躍や少子化対策といった観点から，男女ともに仕事と家事・育児等が両立できるような環境整備の一環として働き方改革が議論されてきたが，これに加え，女性だけでなく高齢者も含めた労働者の働き方に関するニーズの多様化に応じるとの観点からも，多様な働き方を選択できる社会の実現が目指された。こうして2015年6月にまとめられた「ニッポン一億総活躍プラン」においては，同一労働同一賃金の実現など非正規雇用の待遇改善，長時間労働の是正，高齢者の就業促進に取り組むことが明記され，2018年7月に働き方改革関連法が成立した。これにより，時間外労働の上限規制や年5日の年次有給休暇の確実な取得，高度プロフェッショナル制度の創設などが進められるとともに，雇用形態にかかわらない均等・均衡待遇を確保するための「同一労働同一賃金ガイドライン」が定められた[6]。

　男女雇用機会均等については，国連における婦人差別撤廃条約に批准するための条件整理の一環として，1985年に男女雇用機会均等法が成立した。これにより，定年，退職，解雇，教育訓練，福利厚生などの面での男女差別が禁止され，その後も同法の累次の改正により，採用，配置，昇進など幅広い面で男女差別が禁止された。また，少子高齢化が急速に進む中で，高齢者雇用についても，定年年齢の累次の引上げや雇用確保措置がとられてきた。1998年の改正高年齢者雇用安定法の施行により60歳定年が義務付けられ，2013年には希望者全員への65歳までの継続雇用の義務化が行われ，そして，2021年からは70歳までの就業確保が努力義務とされた。

▋年功制の修正が目指された賃金制度

　日本の賃金制度は年功賃金を特徴としていたが，1970年代の石油危機による経済成長の低下に加え，技術の高度化に伴う勤続年数と能力との相関の低下もあり，年功賃金を維持することに無理が生じる中で，能力主義に基づく職能資格制度が定着していった（JILPT［2022］）。しかし，職能資格制度の下でも，評価結果に応じた昇給額が年々加算される積み上げ型であったため，結果的には年功的な要素が色濃く残されていた。しかし，バブル崩壊後の経済低迷が続く中で，成果主義賃金の概念が導入され，査定に基づく積み上げ型の賃金表から，その時点で発揮された能力や職責をより反映したものに変化した。例えば，西村（2017）では，成果主義の特徴として「ゾーン別昇給表」の導入を取り上げ，こうした賃金表は個人の賃金を安定的に上昇させてきた定期昇給をもたらす代わりに，場合によっては降給もあり得るものとすることで，企業の目指す一定の水準に賃金を収れんさせるものであると指摘されている。こうした変化からは，それまでの積み上げ型の定期昇給による従業員のモチベーションの向上を優先する考えが後退したとの指摘もある。このように，成果主義によって人事評価と賃金表のあり方が変化する一方で，資格等級制度においては，年功や職能資格に代わって2000年代以降に増加したのが，役割給・職務給である。労働者の担当する職務（仕事）を基準にして定められる賃金が狭義の職務給だが，役割給は労働者の担う職務に対する期待役割を基準にして定められる賃金とされており，職責なども含め，職務給よりも広い概念として捉えられている（厚生労働省［2016］）。具体的には，職務に要求される役割責任・職責・権限のレベルの高さ，大きさにより役割ランクを設定し，従業員を格付け（役割等級制度）した上で，その役割ランクに応じて役割給を決定する仕組みとなっている。

　また，ベースアップ（全従業員を対象にした基本給の引上げ）についても，上記のような資格等級制度・賃金表・評価制度の推移も反映して，そのあり方が変化した。かつてのように，ベアは，社員全員の生活水準向上に充てられるというよりも，社員の働きぶりや労働市場への対応などを考慮して特定の等級へ配分されたり，ベアによる昇給表の書き換えを伴わない場合もあるなど，人事管理のために必要に応じて処遇を改善するといった方向に変化している。このた

第3章 日本の「カイシャ資本主義」の現在地点 | 93

図表3−8 賃金制度の導入状況

管理職

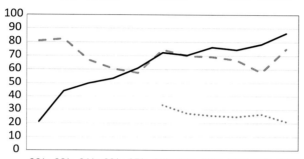

非管理職

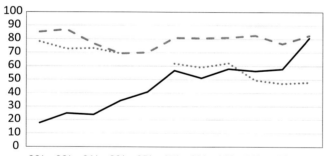

出所：日本生産性本部各年調査より作成。22年は上場企業のみで再集計した値。

め，ベアが実施されても，「ゾーン別昇給表」の運用等によっては，全体の賃金が上がりにくくなっていることが指摘されている。

　図表3−8は，年齢・勤続給，職能給，役割・職務給の3つに分けて賃金制度の導入状況を企業に聞いた日本生産性本部の調査結果である。年齢・勤続給が導入されている企業の割合（上場企業のみ）は，管理職で2割，非管理職で5割であり，経年でみた傾向としては低下しており，脱年功化の動きは継続し

図表3-9　勤労意識の動向

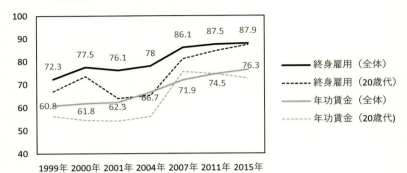

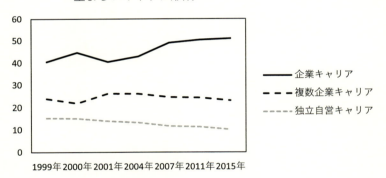

出所：JILPT「勤労生活に関する調査」。

ているとみられる。職能給を導入している企業の割合（同上）については、管理職で7割強、非管理職で8割強となっており、引き続き高い割合を占めているが、経年の傾向としては横ばいである。役割・職務給を導入している企業の割合は、管理職で9割弱、非管理職で8割となっており、引き続き上昇し、かつ高い割合を占めるようになっている。

■ 日本的雇用はどこまで変化したのか

これまで見てきた労働市場を取り巻く環境変化を受けて、日本的な雇用がど

第３章　日本の「カイシャ資本主義」の現在地点　│　95

こまで変化したのかについて，特に，長期雇用慣行や年功賃金に焦点を当てて，関連する調査や研究成果を確認する。

　まず，労働者の意識として，長期雇用慣行や年功賃金に関する考え方にどのような変化があるかについて，1999 年から継続的に調査が実施されているJILPT の「勤労生活に関する調査」をみてみよう（図表３－９）。この調査によると，「終身雇用」を支持する人の割合は，1999 年の７割強から 2015 年に９割弱まで増加するとともに，「年功賃金」についても，支持する人の割合が，同期間に６割から７割強まで増加しており，日本的雇用への支持が非常に高いことが示されている。年齢別にこれらへの支持状況をみても，年齢による差はあまり大きくなく，かつ時系列的には若年層の支持率がより大きく上昇する形になっている。また，望ましいキャリア形成の姿については，「一つの企業に長く勤めてだんだん管理的な地位になっていくコース」への支持が５割で最も多く，複数企業キャリアの支持は４分の１程度，独立自営キャリアの支持は１割程度にとどまっている。

　労働者の一企業における勤続年数に関する実態面のデータをみても，大卒の労働者に関する長期雇用の慣行が大きく変化しているとは言えないことが示されている。例えば，加藤・神林（2016）の研究では，賃金センサスや就業構造基本調査のミクロデータを用いた分析から，「一定期間の勤続を経ていったん定着した大卒被用者の雇用が尊重されなくなってきているという意味での長期雇用慣行の衰退は明らかではない」としている。具体的には，①生まれた年代による年齢コホート別に，同年齢時点での平均勤続年数を比較すると，後年世代ほど平均勤続年数が低下する傾向がみられるが，これは，勤続５年に至らない被用者が増加したことによって生じており，勤続５年を超えた被用者の平均勤続年数の低下は起こっていないこと，②勤続５年を超えた大卒被用者について，ある調査時点の 10 年後の調査においても同一企業に引き続き勤務している者の割合を示す「十年残存率」も低下したとは言えないこと，等が指摘されている。

　こうした分析からは，ある程度の継続した勤続年数が過ぎたコアの正規社員については，従来からの長期雇用慣行が引き続き残っていることが示唆される

が，他方で，若年層においては，早期離職が増加する傾向もみられていること
が示されている。若年層の早期離職について，年功賃金カーブのフラット化と
の関係に注目したのが，村田・堀（2019）の研究である。この研究では，「ね
んきん定期便」から得られる個人の長期にわたる賃金履歴情報に基づいて構築
したパネルデータを用いた分析を行い，新卒男性正規雇用者の早期離職率が近
年高まっていることの原因として，賃金プロファイルのフラット化が影響して
いる可能性を指摘している。こうした結果に基づき，今後，もしさらに賃金プ
ロファイルのフラット化が進めば，若年の早期離職率は高まり，日本的雇用の
特徴を持つ雇用制度下にある個人の割合は低下していく可能性があるとしてい
る。

　このように，日本的雇用は，根本的に変わったとは言えないものの，徐々に
変化がみられている。その背景について考えるには，そもそも長期雇用と年功
賃金が形成された成り立ちに立ち返ってみる必要がある。日本の大企業におけ
る長期雇用と年功賃金は，互いに補完性を持っており，企業は従業員の企業特
殊な技能蓄積を図るために，年功賃金による長期雇用へのインセンティブを与
えている。この関係が崩れてきたということは，企業，労働者とも，経済的な
インセンティブが弱くなっていることが考えられる。この点について，濱秋・
堀・前田・村田の研究では，経済成長率が低下する状況の下では，技術的訓練
の対価として雇用者に約束した将来の賃金上昇を履行することが容易ではなく
なるため，賃金プロファイルがフラット化すると，雇用者が企業に継続勤務す
るインセンティブは低下し，離職の増加をもたらすとしている（Hamaaki et al.
[2012]）。また，別の理由として，産業構造の急速な変化が生じている局面では，
企業特殊な技能を身に付けても，すぐに役に立たなくなるリスクが大きいこと
も挙げられている。

3．企業主導型社会保障システムの変化

▌企業と社会保障の関係の変化

　企業で働く人を中心に形成されてきた日本の社会保障制度は，1990 年代以

降，2つの大きな環境変化に遭遇した。

　一つめの変化は，少子高齢化の急速な進展である。1990年代以降，少子化対策への本格的な取組が行われる一方で，高齢化対策についても施設や人員の拡充とともに新たに介護保険が創設されるなど，日本の社会保障制度は，少子化と高齢化の双方の面で対象範囲が拡大した。また，医療や年金についても，少子高齢化に対応するため，後期高齢者医療制度の創設や年金のマクロ経済スライドの導入（現役世代人口の減少や平均余命の伸びを勘案して給付を調整する制度）が行われるとともに，医療保険については保険者間の財政調整が一層進んだ。

　二つめの変化は，非正規雇用者の大幅な増加である。多くの社会保障制度が，企業で働く正規社員を前提に設計されていることから，被用者保険が適用されない非正規雇用者が増加したことによって，社会保障のセーフティネットがこれらの人々に対して十分機能を果たせなくなった。このため，雇用保険に加入していない短時間労働者のための求職者支援制度が創設され，さらに短時間労働者への被用者保険の適用拡大などが行われた。

　以上の2つの大きな環境変化が生じる中で，これまで企業を単位として職業によって分立した形で発展してきた日本の社会保障制度は，転換期を迎えた。具体的には，少子高齢化の進展によって社会保障費負担が大きく増加する中で，分立する保険者間で財政調整を行い，加入者間の負担格差を均等化させる方向の改革が行われた。特に，若年層が相対的に多く加入する大企業の保険については，財政調整が大規模に行われるようになり，財政悪化や保険料の上昇もあって，健康保険組合数は解散・合併などにより大きく減少した。企業の法定の社会保険料等の負担が重くなる中で，法定外の福利厚生費も，社宅や住宅補助などの削減などにより抑制された。

　また，経済の長期にわたる低成長や株価低迷は，企業が社会保険を通じて得ていた資金運用に関する利点を失わせた。企業年金については，バブル崩壊後の株価低迷により運用が悪化し，厚生年金基金の代行返上や適格退職年金制度の廃止などが決定され，新たに創設された確定給付・確定拠出型企業年金への移行が行われた。公的年金についても，2000年度の改正により，それまで旧大蔵省の資金運用部に預託されていた国民年金と厚生年金の積立金は，厚生労

働省の年金資金運用基金（2006年からは年金積立金管理運用独立行政法人（GPIF））によって市場で運用されるようになった。

　かくして，戦後の経済成長の過程で従業員確保のために充実が図られた大企業の年金・医療・その他福利厚生は，もはやその魅力を失うとともに，エステベス‐アベがかつて指摘したような企業年金等の貯蓄性資金が生保や信託銀行を通じて「忍耐強い資本」の役割を果たすような状況も消失した。こうした変化は，終身雇用を特徴とする企業と雇用の関係を弱める方向で作用するとともに，かつての企業と資本の間の長期安定的な関係も弱める方向で作用した。以下では，こうした過程を少し詳しく整理する。

▌ 拡張された社会保障の機能

　社会保障制度は，救貧制度を除けば，主に企業で働く労働者のための支援措置として発展してきたことから，基本的な機能は，医療，年金，失業対策などが中心であったが，少子高齢化の急速な進展により，少子化対策と高齢化対策が新たに機能として加わった。まず，子育て支援などの対策については，1971年に児童手当法が導入されていたが，社会保障の中で家族関連支出は小さな割合にとどまり，本格的な少子化対策がとられたのは，1989年に特殊合計出生率が1.57と戦後最低を記録した「1.57ショック」以降である。1994年にエンゼルプラン（「今後の子育て支援のための施策の基本的方向について」）が策定され，保育サービスの拡充や育児休業制度の充実といった仕事と家庭の両立支援策がとられ，さらに，2003年に少子化社会対策基本法などが成立すると，若者の自立支援や不妊治療への助成等も開始された。2012年に，こども子育て関連3法が成立し，2014年の消費税率引上げによる財源も活用して施設型給付などが実施されたほか，その後も待機児童ゼロを目指した保育施設の充実などが図られた。さらに「こども未来戦略」が2023年12月に決定され，児童手当の拡充や出産費用・医療・高等教育などの負担軽減などの措置がとられるとともに，財源の一つとして「こども・子育て支援金」による医療保険料の上乗せ措置が導入された。

　高齢者への対応については，1989年の消費税導入の趣旨を踏まえ，高齢者

の在宅福祉や施設福祉などの基盤整備を図るためゴールドプラン（「高齢者保健福祉推進10か年戦略」）が作成された。また，増加する介護需要に対し，一般財源だけでは高齢者のケアをまかなうのは難しいとの政策判断から介護保険が構想され，1997年に介護保険法が成立し，2000年から施行された。その財源としては国・地方の公費による負担が50%，40歳以上の被保険者（被雇用者の保険料は労使折半）の保険料負担が50%である。新たな社会保険制度の創設は国民皆保険・皆年金実現以来のことであり，世界的にもドイツに続くものだった。介護保険給付額は，高齢化の急速な進展により大きく増加し，2000年の3.6兆円から2023年には13兆円を超えた。

■ 人口構造変化への社会保障の対応

少子高齢化の進展による社会保障費の増加に伴って，社会保険料負担も着実に増加する中で，費用負担の面からは，高齢者と現役世代との負担のバランスが求められるとともに，制度が分立している保険者間でも加入者負担の均等化が図られた。基本的な方向性としては，少子高齢化を反映して，高齢者にも一定の保険料負担が導入される一方，現役世代の保険者間においては，第一次産業従事者・自営業者向けの国民年金・国民健康保険の加入者の年齢構成が産業構造変化を反映して高齢化したため，比較的加入者の平均年齢が低い被用者保険との間で，財政調整が行われた。医療保険については，2003年に被雇用者の本人自己負担を自営業者と同じ3割に引き上げ，高齢者についても1割の自己負担（現役並み所得の場合は2割）を導入する改正が行われた。さらに，75歳以上の高齢者の医療について，2008年に老人保健制度に代わる後期高齢者医療制度が導入され，その費用については，給付費の約5割を公費，4割を現役世代からの支援金，1割を高齢者の保険料で負担することとなった。その際，現役世代の支援金については，導入当初は各保険者の加入者割合に応じた負担方法（加入者割）となっていたが，その後，保険加入者の総報酬に応じた負担方法（総報酬割）へと段階的に切り替えられ，2015年には全面的な総報酬割となった。これは，加入者割の場合には，相対的に加入者の所得水準が低いと保険料率（保険料の所得に対する割合）が高くなり，大企業の運営する保険など加

入者の所得水準が高いと保険料率が低くなるという不公平が生じるためだ。高齢者医療のための拠出金の増加もあって，大企業の運営する健康保険組合の保険料が上昇し，財政は悪化したため，合併や解散して協会けんぽに移行する組合が増加し，組合数は 1990 年度の 1,822 から 2023 年度に 1,380 へと大きく減少した。こうした総報酬制への移行は，保険者が分立する形で拡大してきた社会保険を，保険料負担面で一元化する方向への改革とも言える。

　年金については，少子高齢化の進展による将来の現役世代の過重な負担を回避するため，2004 年の改正によって，最終的な将来の保険料水準を固定した上で，被保険者数の減少や平均余命の伸びに応じ給付水準を自動的に調整する「マクロ経済スライド」が導入されるとともに，将来的に基礎年金の国庫負担割合を 3 分の 1 から 2 分の 1 に引き上げる道筋が示され，2009 年に実際に引き上げられた。公的年金については，医療の場合と異なり，保険料負担の上限が固定されているため，少子高齢化の進展に伴う調整は，主に年金給付水準の変更によって行われるため，現役世代の大きな負担増は回避された。また，2015 年には，国家公務員共済組合，地方公務員等共済組合，私立学校教職員共済と厚生年金の 4 つを，厚生年金に一本化する改革が行われ，分立していた被用者年金保険制度の一元化が行われた。

　他方で，企業年金については，バブル崩壊後の経済低迷による運用環境の悪化や厚生年金基金の代行部分が母体企業の決算上の負債に計上されるようになったこともあり，企業自らが企業年金の運用を行うことのメリットは失われた。2002 年には，確定給付企業年金および確定拠出年金の創設にあわせて代行部分の返上が認められ，厚生年金基金の多くが確定給付・確定拠出年金へ移行した。さらに，厚生年金基金の代行割れ（保有資産が最低責任準備金に満たない状況）が社会問題となると，2013 年の法改正によって，厚生年金基金は新設が認められなくなった。こうしたことにより，厚生年金加入のうち 3 階立て部分の企業年金加入者の割合は，1990 年代の 7 割程度から 2020 年には 4 割程度へと低下した。

　また，社会保障費の増大により，企業の社会保険料負担が大きく増加した一方で，企業が任意に行う住宅・健康補助など法定外の福利厚生費は一貫して抑

制された。経団連が実施している「福利厚生費調査」によると，企業が支払う従業員一人当たりの社会保険料負担は，1990年には現金給与の10.1%を占めていたが，2019年には15.4%まで上昇している。これに対し，法定外福利厚生費は，同じ期間に現金給与の5.4%から4.4%に低下している。その内訳としては，医療・健康費が絶対額で増えている一方で，社宅や住宅手当など住宅関連費が大きく削減されている。このように，かつて従業員の長期雇用を維持するために企業独自の措置として設けられた企業の福利厚生費は減少し，企業が一律に負担する法定の社会保険料にクラウドアウトされた形となっている。

▌ 非正規雇用増加による社会保障のセーフティネット機能の漏れ

　バブル崩壊後には，非正規雇用者が大きく増加し，労働者に占める非正規比率は2000年代には3割を超えるまでに高まった。日本の社会保障制度は，第一次産業従事者・自営業者と被用者向けの制度に2分され，かつ，後者については，一定以上の雇用期間と労働時間を満たした正規雇用者を中心に制度設計されていることから，この条件を満たさない短時間労働者はセーフティネットから漏れた形となった。特に，非正規雇用のセーフティネットが社会的に問題となったのは，2008年のリーマンショック時に非正規雇用の雇止めが生じた際であり，雇用保険が適用されない非正規で職を失った者が多数現れた。このため，緊急人材育成支援事業として，2009年7月から2011年9月まで，雇用保険を受給できない非正規労働者，長期失業者，自営業者を対象にした職業訓練や生活費支援が行われ，さらに，そうした事業を恒久化した求職者支援制度が2011年10月に創設された[7]。また，2010年代に入ってからは，子育て支援策や高齢者の雇用継続の取組もあり，女性や高齢者などの労働参加率が大きく上昇したが，その多くは非正規労働者であった。こうした多様な労働者が働きやすい環境を整えるとともに，社会保障面でも手厚い給付が受けられるよう，年金・医療の被用者保険について，2016年から，従業員数500人超の企業等で働く，週所定労働時間20時間以上，月額賃金8.8万円以上の労働者への適用が実施され，その後，2022年に従業員数100人超の企業，2024年に従業員数50人超の企業に適用が拡大されることとなった。

▌日本的な社会保障の位置づけ

　以上でみたように，企業主導型の日本の社会保障システムについては，1990
年代以降，少子高齢化の進展，非正規雇用の増加，経済の低迷によって，かつ
てのような姿から変化しつつある。自営業者と企業に勤める正規社員を対象に
した2分化された社会保障制度の大枠自体は変わっていないが，企業単位の健
康保険や企業年金を維持する企業は減少しつつあり，法定外の福利厚生も削減
されている。また，被用者保険の分立状態については，年金・医療ともに，一
元化の方向への制度改正が進みつつある。他方，これまでの被用者向けの社会
保障制度では十分にカバーされない非正規雇用者が増加しているが，この問題
については，被用者保険の枠内になるべく取り込むということで解決しようと
しており，企業主導型の特徴を残した解決策と言える。

　第1章でみたエスピン-アンデルセンによる福祉国家の類型では，①米国の
ような自由主義的な国，②大陸欧州の保守的な国，③北欧の社会民主主義的な
国，の3つのタイプがあった。日本の社会保障制度については，大きな枠組み
は大陸欧州経済に近い職域の保険を中心としたものであるが，社会保障支出の
水準については大陸欧州よりも低い。かつては，日本では，低い社会保障支出
の水準を，企業による終身雇用の努力や福利厚生でカバーしてきたことが指摘
されているが，現在では，企業による機能が弱くなった。日本でも社会保障支
出の水準は，近年大きく高まったが，これは主に高齢者向けの支出が増えたも
のであり，現役世代向けは相対的に低く，特に低所得者への移転が小さい。こ
のため相対的貧困率の高さにみられるように，現役世代に関する所得再分配機
能が弱いという弱点がある[8]。また，ドイツも同様だが，職域の保険を中心に
した制度は，非正規雇用の増加に対して，十分な対応ができないという共通の
弱点がある。大陸欧州の中でも，フランスでは，職域保険を基本としつつも，
社会保障目的税の導入によって，低所得者向けの年金や，医療などは税財源で
賄われる普遍的なサービスとなっている。したがって，非正規雇用や低所得者
への対応については，日本に限らず，社会保険方式に伴う弱点ではあるが，現
在でもすでに多額の公費が社会保障には投入されていることから，普遍的な
サービス提供のためにさらに負担を増やすのは容易ではなく，難しい課題であ

第3章　日本の「カイシャ資本主義」の現在地点 │ 103

る。この点については，第5章であらためて論じる。

4. イノベーション・システムの適応不全

▌産業構造の転換に適応が遅れた日本的イノベーション・システム

　バブル崩壊以降の日本のイノベーション・システムについては，民間研究部門における長期雇用慣行に基づくチームワーク力や実践的な技術者比率の高さといった漸進的な技術改良における強さは維持され，研究開発投資も引き続き高い水準で行われた。しかし，急速に進んだデジタル化や脱炭素化といった社会・技術トレンドの変化に対して対応力を欠き，研究開発の成果が革新的な製品やサービスのイノベーションに十分に結び付かなかった。鈴木・安田・後藤(2021) による指摘を踏まえて，1990年代以降の日本的イノベーション・システムの変化と特徴を整理すると，以下3点が挙げられる。

　第一に，民間セクターについては，活発なイノベーション活動を行ってきた電気機械産業が，アジアの新興国に対して競争力を失い事業規模を縮小するという変化が生じた。日本のイノベーション・システムは民間セクターを中心としているが，その中核となる産業の衰退は，日本発の革新的な製品・サービスを生み出す力を弱めた。

　第二に，アカデミック・セクターについては，2000年代に競争原理を重視した改革が行われ，大学の法人化や研究資金における競争的資金の拡充が行われた。その成果については，現在でも評価が定まっていないが，短期間で成果が出るリスクの低い研究を選択する傾向があることも指摘されており，その有効性に疑問も投げかけられている。

　第三に，イノベーション促進における政府の役割は，かつてのような国内の技術育成を目的としたものから，1990年代以降は，基礎研究重視にシフトするとともに，公的研究機関の役割も縮小した。

　以下では，それぞれの点について少し詳しくみてみよう。

▌産業構造の変化

　イノベーション・システムにおける民間セクターの大きな変化の一つは，1980年代まで激しい企業間競争の中で活発な新製品開発を行ってきた電気機械産業が，アジアの新興国に対して競争力を失い事業規模を縮小したことだ。このことは，日本の民間部門のイノベーション活動に大きな影響を与えた。電機や情報通信機械などコンシューマー・エレクトロニクス産業は，研究開発投資とプロダクト・イノベーションが活発であり，製品のライフサイクルが短く，1製品当たりに使用される特許数も多い。このため，この産業は，多数の特許を出願し，知財マネジメントも発達した。特許出願件数トップ10企業についてみると，1970年代から80年代にかけては，日立，パナソニック，三菱電機，日本電気，富士通など電機や情報通信機械の企業がおおむね最上位の過半を占めていたが，90年代にはキヤノンなど精密機械企業が上位に入り，2000年代に入るとトヨタ自動車が上位に入るようになる一方で，電機・情報通信機械の企業は減っていった。この産業が縮小することにより，主要ユーザーを失った半導体など先端的デバイス分野も縮小を余儀なくされ，この分野で日本が高いレベルの技術開発力を維持することが困難になった。こうした中，2020年代に入って，経済安全保障の観点からも，自国における半導体のサプライチェーン確保が重要課題となったことから，政府が半導体工場の設置に巨額の補助金を支給するなど，政府主導での再強化が図られている。

　もう一つのリーディング産業である自動車産業では，引き続き日本的な雇用・企業間システム等の強みを生かして技術開発力を維持しているが，イノベーションに関する課題もいくつか存在する。第一は，求められるイノベーションの領域が大きく変化していることだ。世界的な脱炭素化の動きを背景に，電気自動車や燃料電池車など非化石エネルギー車や，自動運転技術の導入などに向けた技術開発が活発に行われており，エレクトロニクスなど従来の得意分野以外の技術の重要性が格段に増している。このため，自動車産業では，エレクトロニクス分野の技術者や研究者を積極的に受け入れるとともに，情報通信業など他業種との連携も拡大させており，この分野での技術開発力の強化をいかに図るかが大きな課題となっている。第二に，日本の得意としてきた生産プ

第3章　日本の「カイシャ資本主義」の現在地点 │ 105

ロセス面での技術革新や，企業間の技術移転といった点でも，企業の海外展開の進展等により，従来の技術力維持が課題となっている。日本の自動車産業は，「カンバン方式」など独自性の高い生産プロセス面でのイノベーションを得意としているが，海外生産の増加に伴い，生産拠点と研究開発拠点が乖離し，生産現場と開発の接点が失われることへの懸念がある。これについては，国内におけるマザー工場の確保などにより，技術水準の維持を図ろうとする取組が行われているが，現場の技能の継承は大きな課題である。また，従来は，完成品メーカーと部品のサプライヤーの垂直分業にある取引構造が，企業間の「擦り合わせ」を可能にし，サプライチェーン上での企業間の技術移転や，ニーズとシーズのマッチングに寄与してきた。しかし，こうした企業間取引構造が，海外調達やエレクトロニクス部品の増加などに伴い，より水平的な構造に転換されつつあることは，今後のプロセス・イノベーションの力に影響を与える可能性もある。

　また，高齢化の進展や医療の高度化に伴い，世界的に医薬品産業がイノベーションに大きな影響を与えるようになっている。特に，2020年に新型コロナウイルス感染症が拡大した際には，ワクチンや治療薬開発において，国内企業と海外企業とのイノベーション力の差は明らかであった。欧米では，この分野のイノベーション・システムへの大学の関与が大きいのが特徴であるが，日本の企業は自前主義が強く，大学との連携に消極的との指摘もなされている。健康・医療は，高齢化の進展により，これからも拡大が見込まれており，この分野におけるイノベーション・システムのあり方も大きな課題である。

▌大学・政府の役割の変化

　アカデミック部門については，2004年に国立大学が法人化され，2006年から研究資金における競争的資金が拡充されるとともに，人材面では，ポストドクター等1万人支援計画による博士号取得者の増加と任期制導入による研究者の流動性の向上が図られた。しかし，こうしたアカデミック部門における人材の流動性向上と競争原理の導入は，研究業績の向上を目的としていたが，実際には，目的通りの成果が達成されたとは言えない状況にある。博士号取得者数

図表 3－10　研究者および論文数の国際比較

主要国の研究者数の推移（人）

	1991 年	2000 年	2010 年	2020 年
日　　本	582,815	739,504	889,341	942,180
米　　国	746,013	976,950	1,099,864	1,493,075
ド　イ　ツ	241,869	257,874	327,996	450,796
フ ラ ン ス	129,780	172,070	243,533	321,549
イ ギ リ ス	128,000	170,554	256,585	295,842
中　　国	471,400	695,062	1,210,841	1,866,109
韓　　国		108,370	264,117	446,738

（注）2020 年の欄の中国は 2018 年，イギリスは 2017 年の数字。

主要国における研究者数の部門別内訳（％）

	企　業	大　　学	公的機関	非営利団体
日　　本	75.1	19.5	4.3	1.1
米　　国	80.4	11.8	3.8	3.9
ド　イ　ツ	60.1	26.2	13.6	-
フ ラ ン ス	61.8	27.2	9.4	1.6
イ ギ リ ス	38.5	57.8	2.3	1.4
中　　国	61.3	18.9	19.8	-
韓　　国	82.9	9.3	5.9	1.8

（注）日本 2022 年，独仏韓 2021 年，米 2020 年，中 2018 年，英 2017 年の数字。

論文数シェア（全分野，整数カウント，3 年移動平均）

	日　本	米　国	ド　イ　ツ	フランス	英　国	中　国	韓　国
1982 年	6.3	35.1	7.9	5.5	8.3	0.6	0.1
1990 年	8.0	35.0	7.9	5.8	8.1	1.5	0.3
2000 年	9.8	31.4	8.9	6.5	8.7	4.1	1.9
2010 年	6.7	27.0	7.6	5.5	7.2	12.4	3.6
2020 年	4.8	21.9	6.4	4.3	6.9	28.1	3.7

Top10％補正論文数シェア（全分野，整数カウント，3 年移動平均）

	日　本	米　国	ド　イ　ツ	フランス	英　国	中　国	韓　国
1982 年	5.3	56.4	5.7	4.3	11.0	0.3	0.1
1990 年	6.2	56.0	6.5	5.3	9.7	0.7	0.2
2000 年	7.3	48.0	9.8	7.0	11.3	2.6	1.4
2010 年	5.4	41.8	10.2	7.2	11.4	11.9	2.7
2020 年	3.8	29.5	8.5	5.4	10.9	35.8	3.6

出所：文部科学省　科学技術・学術政策研究所，科学技術指標 2023，調査資料-328，2023 年 8 月。

第３章　日本の「カイシャ資本主義」の現在地点 | 107

は，2000年代に計画通り１万人に達したものの，企業からの高度人材に対する需要は少なく，若手の研究者の雇用が安定しないというポストドクター問題が発生した。また，研究における競争原理の導入は，研究費や研究職のポストを獲得すべく業績を向上させるインセンティブを高める一方で，若手研究者が就職のためにできるだけ早く成果を出すべく，一定期間である程度の成果が出るリスクの低い研究を選択するインセンティブを生じさせるという問題も指摘されている。また，競争的資金の配分プロセスにおいて，すでに評価の定まった特定の研究者に多額の研究費が集中する傾向がみられるなど，研究成果の収穫逓減や多様性の低下も懸念されている。

　こうした日本の研究人材や研究成果である論文の発表・引用数について，国際比較を行うことにより，日本の特徴を確認してみよう（図表３−10）。主要国の研究者数の推移をみると，日本は絶対数では世界第３位であり，時系列的にも緩やかに増加しているが，中国の研究人材数は過去20年間で急速に増加し，米国を上回っている。日本の研究者の特徴は，企業に勤める者が75％に達している点にあり，これは米国の８割と同程度であり，ドイツ，フランス，イギリス等と比べて高い割合にある。また，研究者に占める博士号取得者の割合は，全体で２割程度であり，特に企業部門の研究者に占める割合は４％にとどまっている。研究成果である研究論文数について，世界における各国のシェアの推移をみると，日本は2000年代前半までは米国に次ぐ２番目のシェアを持っていたが，その後は中国のシェアが急速に高まり米国を超えて第１位となる一方，2020年の日本のシェアは世界第６位と後退している。論文の被引用数が各年各分野（22分野）の上位10％に入る論文数を補正した数字でみても，米国のシェアが長らく最大であったが，中国が2019年に米国を超えて第１位となる一方，日本のシェアは世界の４〜６位程度で推移しており，特に2000年代後半以降はシェアが緩やかに低下している。このように，大学改革が進展した2000年代以降も，論文でみた研究成果としては緩やかな低下傾向となっている。

　政府セクターについては，高度成長期には，政府が目標とする研究分野を選択して補助金を支給することによって民間企業の共同研究を促し，公的研究機

関もそれに加わって協力する形で，イノベーションを支援する役割を果たしていた。また，政府は公共調達においても国内企業から優先して購入することによって，需要を創出する役割も果たした。特に，鉄道や電気通信，電力，宇宙開発などの分野では，政府の大規模な需要創出が，民間のイノベーションを促した。しかしながら，こうしたイノベーション促進における政府の役割は，1990年代以降，徐々に縮小された。公的研究機関の研究テーマについては，1980年代に欧米からの「基礎研究ただ乗り」批判が強くなり，基礎研究にシフトしたことから，民間が必要とする研究テーマと乖離していった。また，政府による公共調達についても，国際的な自由貿易推進の下で，国内企業の保護が難しくなり，かつてのような国内における技術育成に果たす役割は限定的となった。ただし，2010年代前後から，内閣府総合科学技術会議を中心に，研究開発テーマをトップダウンで定める研究開発支援プログラムが創設され，政府の役割は，産業技術政策の方向に転換されてきている。また，2020年代に入ってからは，国際卓越研究大学制度が設けられ，世界トップクラスの研究力をめざす大学に対し，10兆円規模の大学ファンド運用益による支援制度が開始されるなど，大学の研究力の底上げが図られている。

▌日本的イノベーション・システムは変わったのか

日本のイノベーション・システムの特徴は，他の分野と同様に，企業がイノベーションの中心的な存在となって，多くの研究人材を抱え，研究開発にも大きな投資を行い，技術革新を担ってきた点にある。また，労働市場における長期雇用慣行や企業間の長期的な取引関係などを背景に，同じ企業に継続的に勤める技術者によるチームワーク力や現場力を活かした漸進的な技術改良に優位を持つ点も特徴である。他方で，大学と企業の間の研究開発の連携や，政府が調達面などで技術の需要者として果たす役割は限定的である。こうした日本的なイノベーション・システムの枠組みは，1990年代以降も緩やかな変化にとどまったと言えよう。むしろ資本市場・企業統治面での変化や大学の改革などが行われた割に，イノベーション・システムの変化が少なかったが故に，経営資源が流動的な市場経済との親和性が高いデジタル化の急速な進展に対して，

第3章 日本の「カイシャ資本主義」の現在地点 │ 109

十分な適応ができず，革新的な製品やサービスを生み出すことができなかった。産業構造が大きく変わる中で，それに合わせた研究人材の企業間・産業間の移動が実現できるのか，新規技術を生み出すスタートアップ企業に対して資本市場が資金供給できるのか，大学や企業がデジタル時代に適合した研究人材を育成・供給できるのかが問われている。このことは，単に大学の改革や，企業の研究開発部門の人事制度の変化によって達成できるものではなく，日本的な資本主義システム全体の変化にもかかっている。この点については，次章でさらに詳しく論じる。

5．まとめ

　日本的な企業統治のあり方については，経営者の自由裁量権の大きさがバブルを招く一因となったこともあり，1990年代のバブル崩壊後は，大きく姿を変えていった。企業間の株式持ち合いが解消され，代わりに機関投資家による株式保有が進んだが，それと並行して取締役会組織の再設計など企業の内部統治制度に関する改革が行われた。その過程で参考とされたのが米国型の企業制度であり，ストックオプション導入といった役員報酬体系の見直しや執行部門と監督部門を分ける取締役組織の見直しなどが行われた。さらに，2010年代のアベノミクスでは，企業のリスクテイクを促すことで実体的な投資を増やす成長志向の企業統治改革が行われたが，結果的には，企業のパフォーマンスは期待したほどには変化がみられなかった。

　こうした制度改革が行われる中で，日本企業のあり方は多様化した。ただし，市場志向的な金融・所有構造と組織アーキテクチャの結合した「米国型」の企業が一気に増えたわけではなく，むしろ，市場志向的な金融・所有構造と関係志向的な組織アーキテクチャが結合したハイブリッドなタイプの日本企業が多くを占めた。また，関係志向的な金融・所有構造と組織アーキテクチャが結合した伝統的な日本企業も引き続き一定数存在している。2020年代初における代表的な企業においても，メンバーシップ型雇用など内部志向型の組織は根強く主流派を占めており，企業統治改革の進展にもかかわらず，PBRなどでみ

た株主からの評価は低い状況にある。こうしたことを踏まえると，企業統治改革だけでは企業のリスクテイクを促すことには限界がある可能性もある。

　日本的な雇用制度の特徴である長期雇用と年功型賃金についても，バブル崩壊以降，企業が過剰雇用を抱える中で，徐々に変化が生じた。雇用面では，労働の非正規化が大幅に進んだが，これは，単に経済活動の低迷や国際競争圧力による国内人件費圧縮圧力だけによるものではなく，ICT 技術革新や産業のサービス化に伴う非正規労働への需要の高まり，女性・高齢者の労働参加の高まりといった労働供給側の事情も相まって進行した。他方で，正規雇用については，早期退職を通じたリストラも一部では行われたが，多くの企業では，大卒の労働者に関する長期雇用の伝統は守られた。逆に言えば，正規雇用を守るために，非正規雇用がバッファーとなった面もある。賃金については，成果主義の導入などもあり，全体の賃金水準が抑制されるとともに，年功カーブがフラット化した。このように，日本的雇用は，根本的に変わったとは言えないものの，徐々に変化がみられている。経済成長率が低下する状況の下では，技術的訓練の対価として雇用者に約束した将来の賃金上昇を履行することが容易ではなくなるため，賃金プロファイルはフラット化する。また，産業構造の急速な変化が生じている局面では，企業特殊な技能を身に付けても，すぐに役に立たなくなるリスクが大きい。こうしたことによって，特に若年労働者にとっては，企業に継続勤務するインセンティブが低下している可能性がある。

　企業主導型を特徴とする日本の社会保障システムについても，1990 年代以降，少子高齢化の進展，非正規雇用の増加，経済の低迷によって，従来の姿から変化しつつある。自営業者と企業に勤める正規社員を対象にした２分化された社会保障制度の大枠自体は変わっていないが，企業単位の医療保険や企業年金を維持する企業は減少しつつあり，法定外の福利厚生も削減されている。また，これまでの被用者向けの社会保障制度では十分にカバーされない非正規雇用者が増加しているが，この問題については，社会保険の適用拡大といった被用者保険の枠内になるべく取り込む方向で解決しようとしており，企業主導型の特徴を残した解決策がとられている。かつては，日本では，低い社会保障支出の水準を，企業による終身雇用の努力や福利厚生でカバーしてきたが，現在

第3章　日本の「カイシャ資本主義」の現在地点 | 111

では，主に高齢者向けの支出が増えたことにより社会保障費の水準は高くなっており，現役世代向けの支出は相対的に低く，特に低所得者への移転が小さい。このため相対的貧困率は国際的にも高いが，被用者保険を中心にした社会保障制度の枠内では，対応には限界がみられている。

　日本のイノベーション・システムの特徴は，他の分野と同様に，企業がイノベーションの中心的な存在となって，多くの研究人材を抱え，研究開発にも大きな投資を行い，技術革新を担ってきた点にある。また，労働市場における長期雇用慣行や企業間の長期的な取引関係などを背景に，同じ企業に継続的に勤める技術者によるチームワーク力や現場力を活かした漸進的な技術改良に優位を持つ点も特徴である。他方で，大学と企業の間の研究開発の連携や，政府が調達面などで技術の需要者として果たす役割は限定的である。こうした日本的なイノベーション・システムの枠組みは，リーディング産業の一つであったエレクトロニクス産業の衰退によって，1990年代以降は弱まった面があるが，その変化は緩やかなものにとどまった。むしろ資本市場・企業統治面での変化や大学の改革などが行われた割に，イノベーション・システムの変化が少なかったが故に，経営資源が流動的な市場経済との親和性が高いデジタル化の急速な進展に対して，十分な適応ができず，革新的な製品やサービスを生み出すことができなかった。産業構造が大きく変わる中で，それに合わせた変革が課題となっている。

　こうした日本の資本主義の現状が，どのような課題を抱えているかについて，次章でより詳しく見ていく。

【注】

1）シンジケートローンとは，企業の資金調達ニーズに対し複数の金融機関が協調してシンジケート団を組成し，一つの融資契約書に基づき同一条件で融資を行う資金調達手法を指す。クレジットラインとは，あらかじめ設定した期間・融資枠の範囲内で，企業の請求に基づき，銀行が融資を実行することを約束（コミット）する契約を指す。

2）指名委員会等設置会社とは，それぞれ3人以上の取締役で構成する「指名委員会」，「監査委員会」，「報酬委員会」の3つの委員会が設置され，委員の過半数が社外取締役であることが定められている。取締役会が経営を監督する一方，業務執行については執行役にゆだねられる。監査役会設

置会社とは，取締役の職務の執行を監査するため，半数以上の社外監査役を含む3名以上の監査
役で組織される監査役会を設置している企業。業務を監査・監督する役割を外部の取締役に任せ
ることで，経営の透明性を高め，不正防止を行うことが期待される。

3）ストックオプションとは，会社が従業員や取締役などに対して，あらかじめ定めた価格（権利行
使価格）で自社株を取得できる権利を付与する制度。

4）伊藤レポートの正式名称は，『持続的成長への競争力とインセンティブ～企業と投資家の望ま
しい関係構築～』プロジェクト最終報告。https://www.meti.go.jp/policy/economy/keiei_
innovation/kigyoukaikei/pdf/itoreport.pdf

5）ROE（自己資本利益率）は，投資家が出資した資本に対し，企業がどれだけの利益を上げてい
るかを表すもので，経営効率を示す。PBR（株価純資産倍率）は，株価を一株当たり純資産で割
ったもので，当該企業について市場が評価した価値（時価総額）が，会計上の解散価値である純
資産（株主資本）の何倍であるかを表している。

6）「同一労働同一賃金ガイドライン」は，正規雇用労働者と非正規雇用労働者との間で，待遇差が
存在する場合に，いかなる待遇差が不合理なものであり，いかなる待遇差は不合理なものでない
のかを示すものであり，欧州諸国のように，同一の職種・職務であれば企業が違っても産業横断
的に賃金は同一という本来の意味での「同一労働同一賃金」とは異なる。

7）求職者支援制度は，雇用保険に加入していなくても，再就職，転職，スキルアップを目指す人が
月10万円の生活支援の給付金を受給しながら，無料の職業訓練を受講できる制度。

8）相対的貧困率とは，等価可処分所得（世帯の可処分所得を世帯人員の平方根で割った所得）の中
央値の半分の水準の所得を貧困線とし，それ以下の所得しか得ていない者の割合を示す。OECD
によれば，日本の相対的貧困率は15％で，加盟国中5番目の高さとなっている（2021年の値）。

第 **4** 章

「カイシャ資本主義」の
環境不適合が生む軋轢

　「企業主導型」と呼ばれた日本的な資本主義の実態は，1990年代以降，緩やかながら変化したが，依然として「企業主導型」のコアになる部分は存在しており，変化する外部環境との間でさまざまな軋轢が生じている。企業の資本関係が大きく変化する中で，企業統治のあり方も，株主への説明責任が高まり，経営陣の執行と監督の分離が進むなど制度的には変化が進んだ。しかし，こうした企業制度の変化は，そもそも形式的なものにとどまっているとの指摘もあるほか，企業パフォーマンスへの影響についても，まだ評価が定まっていない。雇用関係については，正社員についての終身雇用の慣行は根強く残っているが，その枠外にある女性，高齢者や非正規社員などの就労が大幅に増えており，労働市場が分断された形になっているほか，正社員の中でもエンゲージメント（仕事への熱意）が大きく低下するなど，かつての日本企業の強みが失われている。社会保障については，被用者の制度と自営業者等を対象とした制度に分立して構成されているため，被用者制度の枠外にある非正規社員の増加によって，齟齬が生じている。加えて，現役世代が減少し，引退した高齢者が増加する中では，十分に機能する形で社会保障制度を持続可能なものとすることは，日本にとって最重要課題の一つとなっている。日本のイノベーション・システムについても，研究人材の多くが企業に所属し，長期雇用の下にあるという特徴は変わらないが，こうした研究資源の流動性の低さは，デジタル化といった大きな技術革新の波への対応を遅らせ，スタートアップの足かせにもなっ

ている。以下では，現状における日本の経済システムと大きく変化する外部環境との間で生じている個々の課題について，詳しくみていく。

1. 萎縮した経営がもたらす企業の低パフォーマンス

■ 企業部門の課題

　企業と資本の関係については，メインバンク機能が大きく後退する一方で，機関投資家などの株式保有比率が高まるなど，バブル崩壊後には大きな変化がみられ，それに伴って，内部の企業統治のあり方も，経営者のモニタリング機能をより強める方向に徐々に変化してきた。しかしながら，バブル崩壊後から現在にいたるまでの企業部門のパフォーマンスの改善は十分とは言えず，特に，以下の2点については大きな課題とされたきた。

　第一は，日本企業の低収益性である。経営効率の代表的な指標である自己資本利益率（ROE）はバブル崩壊以降，国際的な水準を継続的に下回っている。2014年に公表された経済産業省の「伊藤レポート」では，日本企業では資本コストに対する意識が国際的に見て低いため，事業の収益力も低くなっているとし，その背景として，株主の経営への影響が相対的に弱く，企業側でも資本市場との密な対話が必ずしも行われてこなかったことや，経営者の在任期間が4〜6年と比較的短く，中長期的な経営判断やリスクテイクが行われにくいこと等が挙げられている。その後のコーポレートガバナンス・コードやスチュワードシップ・コードの導入といったアベノミクスの取組もあり，企業の株主還元などには向上がみられるが，なお国際的には日本企業のパフォーマンスは相対的に低めとなっている。

　第二には，企業が内部留保によって資産側で現預金を大きく積み上げる一方で，設備投資や賃金引上げには一貫して後ろ向きであったことだ。バブル崩壊直後に設備投資が抑制された背景には，企業の過剰設備・過剰債務の縮減が優先されたことや，銀行の貸し渋りによる流動性制約などの影響が指摘されたが，その後，2000年代にバランスシート調整が終了し，2010年代には円安等により企業収益が拡大したにもかかわらず，設備投資の伸びは緩やかなものに

とどまった。こうした近年の企業の設備投資が低調であった要因として，マクロ経済的な観点からは，期待成長率の低下によって将来的に期待される資本収益率が低下したことに加え，不確実性が増大し，将来的な経済危機や抜本的な技術革新に備えて予備的な動機により企業内貯蓄を増やしていることなどが指摘されている（深尾・金・権・池内［2021］）。しかし，これらのマクロ経済的要因のほかにも，企業統治の面からは，経営者の態度が過度にリスク回避的であったことも設備投資抑制に影響していた可能性が指摘されている（福田・粕谷・慶田［2017］）。

　以下では，こうした日本企業の低収益性やリスク回避的な行動について，企業統治や雇用制度などとの関連を踏まえて，より詳しくみてみよう。

▎企業統治制度の変化が企業行動に与える影響

　第３章でも述べたように，バブル崩壊以降，株式持ち合いが解消される中で株主としての海外投資家や機関投資家のシェアが高まり，経営組織としても，株主に対する説明責任の明確化のために，経営の監督と執行を区別するような制度が導入されてきた。さらに，2010年代に入ってからのアベノミクスによる企業統治改革の主たる目的は，単なる不祥事の抑制ではなく，企業成長の促進にあった。そこで，こうした株式所有構造や企業統治制度の変化が，どのような経路で企業のパフォーマンスに影響を与え得るかについて，宮島（2017）に沿って整理すると，以下の３点が挙げられる。

　第一に，株式所有構造が企業パフォーマンスに与える影響については，機関投資家や海外投資家など企業にとってアウトサイダー株主の存在が，企業収益の向上につながることが指摘されている。その理由としては，機関投資家等の増加は，退出の脅威やアクティビズムを介して，取締役会の構成や業績連動型の報酬制度の導入，積極的な情報公開などの企業統治制度の整備をもたらし，企業のパフォーマンスを向上させると考えられているからである。この点については，実証分析によっても，アウトサイダー株主比率が高いと企業パフォーマンスが良いという正の相関がみられており，機関投資家がパフォーマンスの良い企業を選好するという逆の相関も考慮した上でも，その傾向は変わらない

とされている。

　また，整備された企業統治システムと企業のパフォーマンスとの間には強い正の相関があることも，内外の実証分析から示されている。この点に関連して，機関投資家が整備された企業統治制度を持つ企業を選好するという面と，機関投資家が増加した企業は企業統治制度の整備が進むという両方の経路があることも知られている。

　第二に，機関投資家の高い保有比率や整備された企業統治制度は，企業のリスクテイク，R&D，M&A，投資活動などを促進することが指摘されている。ただし，新興国のように，企業の過大な投資が問題となっている場合には，機関投資家の存在は逆に投資抑制に働いたとする研究もあり，企業パフォーマンスの向上の方向性が状況によって違う場合があることには留意が必要だ。日本について言えば，高い機関投資家比率は，むしろ過小投資問題を解決して企業パフォーマンスの向上に寄与したとされている一方，株式持ち合いが大きな割合を占める企業では，投資や事業再編の遅れをもたらしたとされている。

　第三に，機関投資家の存在は，配当の引上げに促進的であるほか，業績が悪化した場合の経営者の交替にも一定程度の影響を及ぼすことが指摘されている。実証分析によれば，日本においても，機関投資家比率の高い企業では，配当や自社株買いが促進された可能性が示唆されているほか，経営者の交替に関しても，メインバンクの影響力が低下し，ROE や株式リターンに反応する傾向がみられることが指摘されている。

　また，雇用保護規制の強さも，企業の収益性や投資行動などに影響を与えるとされている（蟻川・井上・齋藤・長尾［2017］）。具体的には，雇用保護規制の強化は，企業のリストラクチャリング費用の増加を通じてデフォルト費用を高めるため，それに備えて企業は負債比率を引下げる行動がみられることや，M&A の際の雇用調整を困難にすることで，M&A アナウンスメントの株価リターンが低下することが報告されている。このように，雇用保護規制は，雇用調整を困難にし，現在の収益性だけでなく，将来の企業の成長にも影響する可能性がある。

■ 日本企業の低パフォーマンスと企業統治・雇用制度の関係

　まず，2010年代のアベノミクスによる企業統治改革を経て，日本の企業の収益性がどうなったかを，米欧との比較で確認してみよう。図表4－1は，東京証券取引所が作成した資料をもとにグラフ化したものだが，これをみると，伊藤レポートで目標とされた自己資本利益率（ROE）8％を上回っている企業の割合は，日本が60％であるのに対し，欧米は80％を超えており，日本企業はなお資本効率が低い状況になっている。また，東京証券取引所が呼びかけた株価純資産倍率（PBR）が1倍を超えている企業の割合は，日本が57％であるのに対し，欧州は75％，米国は89％となっており，やはり日本企業では資本効率に関する株式市場の評価も低い傾向となっている。

　日本企業のリスク回避的な行動や国際的にみて収益性が低い状況が続いてきた背景について，企業統治・雇用制度との関連について分析した事例をいくつか見てみよう。

　企業統治・雇用制度と収益性の関係について，蟻川・井上・齋藤・長尾（2017）では，日本を含む27カ国1,548社の2006年から2012年のパネルデータを用いて定量的な分析を行っている。この分析に用いられたデータによれば，国際的にみて，日本企業のROA，売上高利益率，ROE，トービンのq（企業の市場価値と簿価との比率）は，いずれもサンプル中で最低グループにあり，また，リスクテイク指標（ROAの産業中央値からの差分の標準偏差）も最低水準

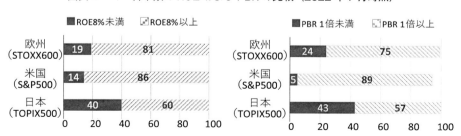

図表4－1　日米欧のROEおよびPBRの比較（2022年7月時点）

出所：東京証券取引所「市場区分の見直しに関するフォローアップ会議第一回」事務局説明資料2022年7月より作成。

にある。こうした日本企業の低収益の要因に関して，分析結果からは，日本企業の社外取締役比率の低さ，および日本の雇用調整の困難さが影響していることが示されている。ただし，この2つの要因だけでは日本企業の低収益性の一部しか説明できないため，企業サーベイに基づく企業経営者の楽観度指標を追加して分析すると，日本の企業経営者は相対的に悲観的であることが日本企業の低収益性にも反映されていることが示唆されている。こうしたことから，企業統治における外部からの監督の弱さや雇用保護の強さに加え，慎重で悲観的な経営者の態度が，リスク過敏につながり，収益性を改善するための投資が過小となった可能性が指摘されている。

　経営者のリスク選好と企業のパフォーマンスに関しては，密接な関係があることが実証分析でも示されている。福田・粕谷・慶田（2017）では，1997－2005年のデフレ期における上場企業の設備投資低迷の背景について，マクロ経済のファンダメンタルズ（基礎的条件）の悪化や不確実性の増大の影響だけでなく，当時の経営者のリスク回避的な姿勢が影響した可能性があることを指摘している。この分析によれば，社長が「大株主（オーナー社長）」，「非生え抜き」，「50歳以下」であるなど，リスクテイクに積極的な場合には設備投資にプラスの影響が認められ，「社長交代」があった場合のようにリスク回避的になる場合には設備投資にマイナスの影響が確認されたとしており，分析の対象となった1997－2005年の期間中に，社長が「大株主」，「非生え抜き」である比率が低下したため，設備投資が抑制された可能性が示唆されている。また，淺羽・青島（2023）は，バブル崩壊期に赤字に転落した企業は，その後の投資に消極的であったことなどから，大きな経済ショックに直面した企業経営者は，リスク回避的な行動に偏り，積極的な投資による成長よりも縮小均衡による利益ねん出に走るようになったこと等を指摘している。

　以上のように，1990年代後半から2000年代にかけては，経営者のリスク回避的な行動が設備投資の抑制や収益の低迷につながった可能性が示唆されるが，こうした状況を転換し，経営者のリスクテイクを促すことを目的として，2010年代には，スチュワードシップ・コードおよびコーポレートガバナンス・コードの2つを柱とするアベノミクスによる企業統治改革が行われた。こうし

たアベノミクスによる企業統治改革については，宮島・齋藤（2019）が，日本企業の行動や業績への影響を包括的に検証している。この分析によると，スチュワードシップ・コードの導入により，アセットオーナーの関与の増加，伝統的機関投資家（信託銀行・投資顧問）のエンゲージメント体制の強化，生命保険会社の「物言う長期株主」へのゆるやかな移行，アクティビストファンドの活動の再活性化がみられたとしている。コーポレートガバナンス・コードの導入の効果については，社外取締役の非連続な増加が生じるとともに，徐々に政策保有株の売却が促進されたとしている。他方で，企業統治改革が，企業のパフォーマンスに与えた影響については，配当や自社株に対して明確に引上げ効果を持ち，株主還元が進んだ反面，期待されたリスクテイクの促進効果や収益性への影響は限定的であり，設備投資，M&A，研究開発など実体的な投資への影響はいまだ確認できないとしている。このため，アベノミクス改革は，株主主権の方向への統治制度の改革には効果を持ったが，企業経営者のリスク態度を変えて投資を拡大するという点においては十分に成果を上げているとは言えないと指摘している。

▌企業行動が変わらない理由

　以上のような企業統治改革が企業のパフォーマンス向上に一定の効果を持っていることを前提とした上で，日本企業のパフォーマンスが国際的にみて低水準にとどまったことは，マクロ経済環境や人口減少といった外部環境の変化の影響以外にも，日本の企業統治構造に関してもいくつか問題が考えられる。

　第一に，企業統治の制度の改革は一定程度進んだものの，企業統治構造が，従来の日本的な構造を残しつつ部分的に市場志向型に変化することによって，調整コストが生じたり，補完性が失われたりしている可能性である（宮島[2011]）。第3章で述べたように，多くの日本企業は，所有構造が機関投資家などアウトサイダー中心になるなど市場志向側の外部ガバナンス構造を持つとともに，長期雇用の維持など関係志向型の内部構造を持つハイブリッド型となっている。こうしたハイブリッド化による調整コストとして，機関投資家などアウトサイダーの株主に対して自社の統治体制をアピールするためだけに社外

取締役を導入したことによって余計なコストが生じる場合や，経営陣が潜在的な買収の脅威に対応するためにコストを払って他社の株を保有し，持ち合いによる株主安定化を図るという場合が挙げられる。また，メインバンクとの関係の希薄化や株式持ち合いの解消といったリスクシェアリングの喪失は，事業環境の変化に伴う倒産リスクを高めるため，企業経営者が投資を抑制して負債比率を引き下げるといった行動をとることも考えられる。

　第二に，企業統治改革が形式上は進んでいるものの，必ずしも実効的な意味で企業統治が改善したとは言えないとする指摘もある（藤田［2023］）。その要因としては，①企業を監視する機関投資家に関して，日本の大手運用会社のほとんどは金融機関の子会社であり，親会社の影響による利益相反の問題や運用会社経営者の取締役による監視体制が十分でないこと（金融庁［2022］），②社業に詳しくない社外取締役が増えて，取締役会の専門性が低下した一方で，経営執行会議は社内の人材が中心であり，社外から経営の専門家を採用する例は限られていること，③日本の指名委員会は，社長やCEOに人事権を持たない上，経営人材の流動性が低いために，指名委員会は外部人材を探す余地が限られ，結果として内部登用がほとんどになっていること，が挙げられる。

　第三に，機関投資家を中心にした企業の所有構造の変化など，市場ベースの仕組みが浸透する中で，それと補完的な形での雇用のあり方が確立されていないことが，企業のリスクテイクや収益性を抑制している可能性がある。すでに見たように，日本では正社員についての雇用保護規制が強いことが，潜在的な雇用調整のコストを高め企業の収益性を押し下げている（前掲 蟻川・井上・齋藤・長尾［2017］）。また，次章で詳しくみるが，現状においては，多くの企業にとって雇用の流動性が若干高い方が，生産性が高まることが多くの実証分析によって示されている（山本・黒田［2016］など）。こうしたことからすると，企業のリスクテイクや収益性を高めるためには，企業統治制度の改革だけではなく，それと補完性を持つ経済システム全体の改革も念頭において考えることも重要だ。

2. 日本的雇用の呪縛がもたらす雇用の劣化

▌雇用面の課題

　大企業正社員の新卒一括採用，年功賃金，終身雇用を特徴とする「メンバーシップ型」雇用のあり方については，経済成長の低迷，少子高齢化と労働力人口減少の進行，グローバル化やITなど技術革新の進展といった経済・社会情勢の変化によって，さまざまな面で矛盾が生じていることが指摘されている。加えて，前章で述べたような企業と資本の関係が大きく変化する中で，それが企業と雇用の関係にも影響している。つまり，かつては株式持ち合いや間接金融への依存などによる「忍耐強い資本」の存在が，良くも悪くも従業員出身の経営者に裁量を与え，長期的に規模の拡大を目指す経営を可能とし，それが従業員のポスト増や福利厚生の改善を通じて長期雇用のインセンティブを生み出していた。しかし，1990年代初めのバブル崩壊や，急速に進んだグローバル化やITなどの技術革新に対応した企業の再編の過程の中で，同時に進んだ企業の株主における機関投資家や外国人投資家の割合の高まりにより，企業は株主に対して短期的にも一定の利益をあげることを求められ，それらの要因が複合的に重なった結果として，正規社員の採用や賃金の抑制，非正規社員の活用につながった。事実上，終身雇用は大企業の一部の正規社員（特に男性）にのみ適用され，賃金水準全体が抑制される中で年功賃金もフラット化し，就業者の3割にのぼる非正規社員は保障のない不安定な雇用状況に置かれることとなった。こうした「日本的雇用」の実質的な修正は，以下の問題を生み出している。

　第一は，勝ち組とも言える正規社員であっても，その組織や仕事へのエンゲージメントが大きく低下していることである。賃金を含めた処遇が大幅に悪化した一方で，労働時間や配属先などの面で無限定な働き方を引き続き強いられる従業員にとっては，日本的な雇用システムのメリットが低下していることは当然の帰結だ。企業の職業訓練費用も大きく削減され，社員の人材育成機会が限られる中では，従業員が将来のキャリア設計を思い描くことも難しく，

DXなどに必要とされる高い専門性を持った人材も育ちにくい。

　第二は，旧来の「日本的雇用システム」の事実上の枠外にある女性，高齢者や，非正規労働者が増加したにもかかわらず，そうした多様な労働者に対応した雇用システムが十分に構築されていないことだ。企業における長期雇用慣行と年功的な賃金は，従業員の企業特殊な技能形成を可能にし，加齢とともに増える生活費を保障する役割を果たすが，キャリア途中で退社する人（結婚・育児を契機に退社する女性など）や，そもそも新卒で正規雇用を選択しなかった人（若年非正規労働者），定年退職した高齢者は，正規雇用を前提としたシステムに入ることが困難であり，人材活用の観点から大きな非効率性を抱えている。

　第三に，労働力人口の減少が，今後さらに加速し，産業別の雇用構造が大きく変わることが見込まれる中で，日本的雇用システムが持つ硬直性は，柔軟な資源配分を困難にし，経済社会機能を維持することが困難になる可能性がある。

　以下では，これらの問題について，それぞれ少し詳しく整理する。

▌ 日本の労働者のエンゲージメントの低さ

　「エンゲージメント」という言葉は，日本でもすでに定着しているが，厳密には，ワーク・エンゲージメント（Work Engagement）と従業員エンゲージメント（Employee Engagement）がある。前者は，組織に関連するものではなく，仕事に関して肯定的で充実した感情および態度を指し，後者は，そうした態度的なエンゲージメントに加え，組織へのコミットメントなどの行動も含まれる。こうした概念整理を頭に入れた上で，日本のエンゲージメントの現状について，国際的な比較を行った調査の結果をみると，いずれの概念のエンゲージメントにおいても，日本は世界的に低い水準にある。まず，従業員エンゲージメントの最も代表的な国際調査である米ギャラップ社の職場における従業員意識調査の2022年の結果によれば，日本の職場でエンゲージしている従業員は5％であり，世界平均の23％を18ポイント下回り，サンプル数が少なくデータがない国を除けば，調査した145カ国の中でイタリアと並び最も低かった（図表4-2）。また，ワーク・エンゲージメントについては，ユトレヒト大学

図表4-2 エンゲージしている従業員の割合（％）

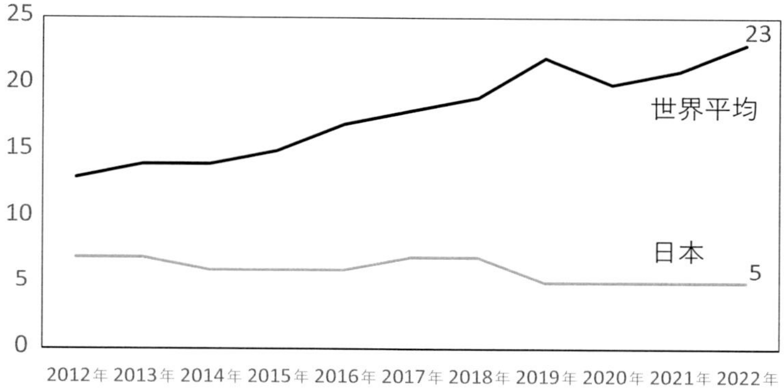

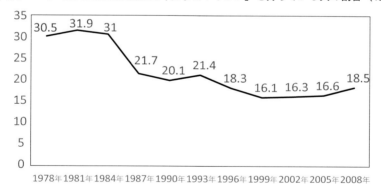

出所：2023年版ギャラップ職場の従業員意識調査。

図表4-3 国民生活選好度調査「仕事のやりがい」を持っている人の割合（％）

（備考）「やりがいのある仕事や自分に適した仕事ができること」についての回答のうち、「十分満たされている」「かなり満たされている」とする者の合計の割合。
出所：内閣府「国民生活選好度調査」。

の研究者が開発したユトレヒト・ワーク・エンゲージメント尺度[1]の短縮版を用いた得点国際比較において、日本は16カ国中で群を抜いての最下位となっている（Shimazu et al.［2010］）。

　こうした日本におけるエンゲージメントの低さは、いつ頃から生じたかについては正確には不明だが、内閣府がかつて実施していた国民生活選好度調査に

よれば，「仕事のやりがい」について満足と回答した人の割合は，1980年代前半まで30%以上あったが，80年代後半には20%台前半まで大きく低下し，さらに90年代に入って10%台後半まで低下している（図表4－3）。「雇用の安定」，「収入の増加」に関して満足と回答した人の割合も同時期に低下傾向を示していることからすると，1980年代の円高に伴う産業構造調整の進展や，1990年代のバブル崩壊後の企業のリストラの加速などを背景にした職場環境の変化が，エンゲージメントを低下させた可能性が考えられる。

ワーク・エンゲージメントがどのような要因によって規定されているかについては，これまでの研究では，職場環境（仕事の資源）と個人の自己管理能力（個人資源）が影響することが知られている（島津［2015］，橋場［2022］）[2]。具体的には，前者には，自身のパフォーマンスに対するフィードバックやコーチング，上司や同僚からの支援，良い労働条件（恵まれた賃金，雇用の安定性），キャリア開発の機会などが含まれ，後者には，自分を取り巻く環境を上手にコントロールできる能力やレジリエンス（ストレスに対応できる復元力）などが含まれる[3]。橋場（2022）では，日本の従業員エンゲージメントの低さの要因について，以下のような指摘を行っている。

第一に，職場を取り巻く環境の変化によって仕事の要求度が高まったことである。国際的な競争の激化やICTの発展に伴う職場状況の変化，顕著な人手不足，成果を求められる人事管理手法の普及などが，業務遂行に伴うプレッシャー，精神的・肉体的負担，役割の曖昧さや負担度など仕事の要求度を引き上げる方向に作用したとされている。

第二に，企業の人件費抑制等の影響である。バブル崩壊後の人件費削減や，人手不足の深刻化により，マンパワーが慢性的に不足している職場が多く，支援，フィードバック，コーチングを行う余裕がないことが指摘されている。また，職業訓練・技能開発のための経費削減により，技能の多様性やキャリア開発といった資源獲得の機会が従業員から奪われたことも影響しているとされている。

第三に，日本の労働条件が悪化したことである。日本の平均賃金は先進国の中で最低水準にあることに加え，バブル崩壊後の雇用の非正規化やリストラ等

によって安定した雇用の範囲が狭められたとされている。

　その上で，従業員満足度を向上させるためには，洗練された人事管理による人材の活用，職務拡大やジョブ・ローテーション，処遇の改善，教育・訓練機会の充実，労使間での情報共有などが必要としている[4]。

　こうした社員のワーク・エンゲージメントが実際にどのようなアウトカムに結び付いているのかについては，令和元年版労働経済白書により分析が行われている（厚生労働省［2019］）。まず，ワーク・エンゲージメントの状況として，男性よりも女性の方が高いこと，不本意非正規雇用労働者では正規雇用者と比べて低いこと，年収との間に明確な相関はみられないことが示されている。その上で，組織コミットメントの上昇は，従業員離職率の低下や顧客満足度上昇と正の相関関係がみられるとともに，ワーク・エンゲージメントの向上は，企業の労働生産性向上や，仕事中の過度なストレスや疲労を感じる度合いを低下させる可能性が示唆されている。また，久米・鶴・佐野・安井（2021）では，経済産業研究所が実施した WEB アンケート調査の個票データを用いてワーク・エンゲージメントの高い人の特性を分析し，外向性，勤勉性，開放性が高いことや，業務範囲が広く，スキルを高められる仕事をし，自律的に働いているといった点を見出すとともに，技能多様性やタスク重要性といった職務の特性とワーク・エンゲージメントとの正の相関があることを示している。

　以上のような研究成果からは，日本におけるエンゲージメントの低さは，労働者個人にとって生活満足度を大きく低下させるものであるだけでなく，企業にとっても生産性や顧客満足度を低め，従業員の定着率を低下させるものであり，喫緊の対応が必要な重要課題である。

▎日本人の Well-being について

　日本の雇用慣行は，働く人のエンゲージメントを低下させているだけでなく，日本人の Well-being にも大きな影響を与えている可能性がある。ここで，Well-being とは，国民の生活満足度や幸福度を示すものであり，その計測については，統計的に把握できる客観的な指標によって計測する手法と，個人へのアンケート調査を通じた主観的な満足度や感情を計測する手法がある。OECD

図表4－4　OECD Better Life Index における日本の順位

分野	OECD 諸国内の順位
所得と富	21
住宅	26
雇用と仕事の質	15
健康状態	35
知識と技能	14
環境の質	21
主観的幸福	31
安全	16
仕事と生活のバランス	37
社会とのつながり	32
市民参画	39

出所：OECD Better Life Index より作成。時点は2018年。

の Better Life Index（BLI）は Well-being の代表的な指標になるが，これは，所得・雇用・健康状態など現在の生活の質に関する客観的な指標とアンケート調査による主観的な指標を合わせた 11 の指標から構成されている。図表4－4は，BLI における各分野別に OECD 加盟国内の日本の順位を示したものだが，「知識と技能」，「雇用と仕事の質」，「安全」などは比較的上位にある反面，「市民参画」，「仕事と生活のバランス」，「社会とのつながり」などが低位にある。このうち，「仕事と生活のバランス」の得点が低いのは，日本では長時間労働している人の割合が OECD 平均よりも高いことと，1日当たりの余暇や身の回りのことに使う時間が少ないことによる。これまでの幸福度・満足度の研究成果からは，長時間労働は幸福度・満足度を下げることが検証されている。特に，女性の場合は，子育てとの両立などもあり，労働時間の長さは幸福度，満足度を大きく低下させることが知られている（大竹・白石・筒井［2010］）。また，「社会とのつながり」の得点が低いのは，1週当たりの社会的交流の時間が低いことと，困ったことがあった時に頼ることができる友人や親戚がいない人の割合が高いことによる。人とのつながりについては，米国のハーバード大学で

第4章 「カイシャ資本主義」の環境不適合が生む軋轢 | 127

同一の個人を80年にわたって追跡調査を行った成人発達研究でも，良好な人間度を考える上で重要な項目である（鶴見・藤井・馬奈木 [2021]）。日本で社会とのつながりが少ないことの一因は，ワークライフ・バランスとも大きく関わっており，仕事に多くの時間を割いているために，知人や地域の人との交流時間が少ない可能性が考えられる。言い換えれば，労働者がカイシャ中心の生活になっていることが，Well-being を引き下げていると言える。

▌非正規雇用者の増加

非正規雇用者が1990年代以降に急増した要因について整理すると，経済の長期低迷のほかにも，働き方，分業，雇用慣行，日本の労働市場機能の4点が挙げられる（阿部 [2010]）。

第一に，働き方や労働時間などの柔軟性を求めて，一部の労働者に非正規雇用が積極的に選択された面がある。具体的には，育児や家事との両立が必要な労働者だけでなく，長時間労働など労働環境が良くない正規雇用を避けて，あえて非正規雇用を選択する若年労働者も現れた。ただし，本来は正社員で働きたいのに非正規雇用を選択せざるを得なかった不本意非正規も1割から2割程度存在していることには留意が必要だ。

第二に，企業活動のグローバル化に伴う国際競争の激化や，サービス業の拡大，ICT技術革新などに伴い，正規雇用の代替として，あるいは補完的なものとして，非正規雇用が増加した。グローバル化は国際競争による人件費削減圧力を生じさせ，非正規雇用の活用を促すとともに，国内では研究開発などより付加価値の高い業務の重要性が高まったため，付加価値の低い業務の非正規雇用への代替も促進した。また，サービス業では，非正規労働者でも基幹的な業務を担うケースが増加するなど，人件費抑制のために非正規雇用が活用されている。さらに，ICT技術の革新も，熟練の仕事をICT機器に代替したり，アンバンドル化することにより，未熟練労働者でも遂行を可能にしたことで，非正規雇用を増加させた。

第三に，終身雇用にみられる日本的な雇用慣行の存在が，環境変化に対応できず，結果として非正規雇用を促進した面がある。従来の日本型雇用システム

では，企業特殊の技能を育成するために安定的な雇用関係と企業内教育がセットで行われてきたが，グローバル化やIT化により，企業特殊な技能が必要でなくなり，未熟練者でも遂行可能な業務が増加した。しかし，そうした企業内部での能力開発が必要のない業務を行う労働者を，正規雇用として企業内部に雇用する仕組みが存在していなかったために，その枠外である非正規雇用を活用するようになった。

　第四は，日本の労働市場のマッチング機能の脆弱性である。2000年に職業紹介事業が民間に開放されたが，民間職業紹介会社は，余分なコストをかけずにマッチングできる良質の求職者と求人企業を主に扱うようになり，結果として，民間企業が扱う人材とそうでない人材に労働者市場が分断されてしまった面がある。また，1999年の派遣労働者法の改正によって，例外を除いてすべての業務が派遣の対象となったことも，そうした傾向を助長したとされている。

▌非正規雇用の問題

　労働者の3割以上に達した非正規雇用の問題については，現役世代，女性，高齢者に分けて考える必要がある。

　まず，現役世代の非正規雇用の増加に伴う問題には，就職氷河期のような若年層の非正規固定化の問題，正規・非正規の処遇格差の問題，「雇止め」や「派遣切り」といった雇用の不安定性の問題，非正規雇用の貧困問題などがある（阿部・山本［2018］）。

　このうち，若年層の非正規固定化や正規・非正規の処遇格差の問題は，非正規雇用では人的資本蓄積が行われないことに起因する。つまり，正規雇用は勤続年数とともに職務内容が難しくなり，実務経験の蓄積や能力開発によって人的資本が高まるのに対し，非正規雇用の場合は単純な仕事が継続し，能力開発も行われないので，人的資本の蓄積が進まず，結果として，非正規から正規への転換が難しく，両者の処遇格差も拡大していくことになる。したがって，これらの問題を解決するためには，非正規雇用に対しても能力開発の機会を確保することが重要になるが，現在の日本型雇用システムの下では，流動性の高い

非正規雇用の労働者は企業の職業訓練の対象となっておらず，非正規雇用の労働者が能力開発を行う機会が限られている。

　また，非正規雇用の不安定性の問題や貧困問題については，非正規雇用で働く人の生活を安定させるための社会的なセーフティネットの整備が重要になる。この点については，従来の日本型雇用システムでは，正規雇用者は企業の長期雇用慣行の下で失業のリスクが少なく，非正規労働者は家計の補助的な立場にある女性が多かったために，生活を自分で支える必要のある非正規労働者の失業や低所得（ワーキング・プア）の問題に対応したセーフティネットの整備が十分に行われてこなかった。雇用保険に未加入の非正規労働者等の職業訓練と生活費を支援するための求職者支援制度が2011年に整備されたが，コロナ危機時でも，受給要件が厳しく使い勝手が悪いことなどもあって支援実績は限定的であり，そのためコロナ期間中には要件緩和などの措置がとられた（酒井[2022]）。求職者支援制度は，あくまで職業訓練の機会を提供しつつその間の生活費を賄うためのものであり，「第二のセーフティネット」として十分に機能するためには，他の制度との連携も含めて検討すべき課題が多く残されている。

▎女性・高齢者の雇用問題

　労働力人口が減少する中で，働く意欲のある女性や高齢者の就労を支援し，労働参加率を高めることは，経済成長だけでなく，個人の能力の発揮という面でも重要な課題だ。実際に，男女雇用機会均等法，育児・介護休業法，高年齢者雇用安定法の改正や，保育施設の拡充，残業時間規制などの政策が推進される中で，2010年以降の10年間で，女性や高齢者の雇用は500万人も増加した。

　女性の非正規労働の問題については，出産・育児等で離職した後に正規社員として復帰することは難しいという「L字カーブ」の問題や，一定以上の労働を行うと夫の社会保険から外れて被用者保険料の負担が生じるという「106万円・130万円」の就労調整の問題に加え，そもそも，正規社員も含め女性の職場での活躍が他の先進国と比べて限定であるという問題がある。このうち，就労調整の問題は，別途，社会保障の項目で扱うとして，残りの2つの問題は，

男性を中心に構築された日本的雇用システムの長時間労働，長期雇用，無限定な働き方といった特徴に伴う問題と考えることができる。

阿部・山本（2018）の分析によれば，正社員女性比率や管理職女性比率の高い企業の特徴として，①職場の労働時間が短い，②雇用の流動性が高い，③賃金カーブが緩く，賃金のばらつきが大きい，④ワークライフ・バランス施策が充実している，⑤利益率が高い，といった点が挙げられている。このことは，従来の日本的な雇用システムの特徴である，長時間労働，長期雇用，労働の固定費用の多さ，画一的な職場環境といったものが，女性活躍の阻害要因になっていることが示唆されている。

高齢者については，定年後に嘱託社員など非正規で働く場合が多いが，これは，終身雇用・年功賃金制の下では定年退職が必須であるためだ。そもそも，日本では定年年齢（あるいは継続雇用義務の年齢）の引上げが大きな課題となっているが，国際的にみると定年年齢が問題となっている国はあまりない。これは，日本の年功賃金制が「後払い賃金」という性格を持っているためである。つまり，若年期の労働生産性に比べて低い賃金を，中高年期の高賃金で取り返した後は，定年によって雇用を終了することで，労働者の生涯を通じた賃金と生産性を均等化する仕組みとなっている（Lazear [1979]）。こうした年功賃金と定年制の組み合わせの下では，定年年齢を引き上げるには，高齢層の賃金水準の一律の大幅な引下げが必要となるが，それは高齢層の労働インセンティブを押し下げることになり，高齢者の就業率引上げにつながらない可能性もある。こうした高齢者雇用の問題に抜本的に対応するためには，従来の年功賃金カーブを生産性に見合った形に見直すことや雇用の流動性を高めることなど，これまでの日本的雇用システムの見直しが求められる。また，高齢者の就業意欲は人によって差が大きいが，大企業で長期間働いている人の就業意欲は低い一方，専門的職業についている人の就業意欲は高いことから，労働者が現役のうちにキャリア意識をもって専門性を高めることも重要であることが指摘されている。

▌人口減少と日本的雇用システム

　日本の人口はすでに減少に転じているが，人口減少は今後より本格的になることが見込まれ，2040 年にかけて労働者が 900 万人近く減少することが見込まれている（JILPT［2019］）。こうした大幅な人口減少は，従来の日本的な雇用システムに 2 つの面で大きな修正を迫っている。一つめは，すでに述べた女性・高齢者の問題と重なるが，人口減少が加速することで，新卒男性を中心とする終身雇用制に適した労働力を十分に確保することは難しくなり，女性，高齢者，外国人労働者など多様な人材の活躍が必要となるため，より柔軟な雇用システムが求められることである。二つめは，人口減少に伴う人手不足や産業・職種別の労働需給のミスマッチに対して，日本的雇用システムの下では柔軟な調整が難しいことだ。人口減少や少子高齢化の進展に加え，デジタル化，脱炭素化の推進により，医療・介護や通信情報産業などの労働需要が増加する一方，建設業や製造業などの労働需要が減少するなど，産業別・職種別の労働需給が大きく変化することが見込まれる。しかし，日本では新卒採用と定年前後の転職以外のキャリア途中での労働移動が先進諸国と比べて少ないため，労働力の部門間・企業間での過不足の調整が迅速に行われないことが懸念される。JILPT「労働力需給の推計（2018 年版）」ベースライン推計によると，2040年にかけて，労働者が全体で 900 万人程度減少する中で，卸・小売業で約 240万人，鉱業・建設業で約 195 万人，製造業で約 100 万人の労働者が減少する一方，医療・福祉では 120 万人の労働者が増加することが見込まれており，大幅な産業間・職種間の労働需給調整が必要なことが示唆されている。こうした労働需給調整が円滑に進まない場合には，社会的に必要とされる公共サービスが提供されないなど，経済だけでなく国民生活全体に大きな支障が生じることが懸念されている（リクルートワークス研究所［2023］）。このため，労働移動を妨げている制度の見直しやリスキリングの機会の充実などが求められる。

3. 支えきれなくなった企業依存型の社会保障

■ 就業構造変化・人口減少がもたらす社会保障制度の課題

　戦後の日本の社会保障制度は，企業を保険の単位として組み込むことにより短期間で国民皆保険を達成した。さらに，日本の企業は，雇用維持を重視し，生活給的な年功賃金を支給し，福利厚生を整備することで，本来社会的に必要となる労働者の生活環境の改善やセーフティネット機能を肩代わりしてきた。しかし，1990年代以降，経済の低迷が続く中で，企業の雇用保障の及ばない非正規雇用の増加，正規社員の賃金抑制，企業年金や社宅提供などの福利厚生面の縮小・廃止が進んだ。加えて，少子高齢化の急速な進展により，そもそも社会全体として企業で働く現役世代の人口割合が低下したことから，かつてのように，社会保障的な機能の多くを企業に依存することは不可能な状況となっている。こうした中で，社会保障の持続可能性が問題となっているが，企業との関連で言えば，以下の2点が大きな課題である。

　第一は，本来はすべての国民に対してセーフティネットの役割を果たすべき社会保障に，働き方によって大きな格差が生じていることだ。そもそも企業部門で働く現役世代の人口が減少し，かつ，企業部門で働く人の中でも，従来の日本的雇用システムの枠外にあった女性，高齢者，非正規雇用の割合が高まり，フリーランスとして働く人も増加する中で，被用者保険を中心とした既存の枠組みでは十分にカバーされていない層に対するセーフティネットのあり方をどうするかという問題が生じている。

　第二に，少子高齢化が進む中で，社会保障の受給者が増える一方で，それを支える現役層が減っているため，このままでは社会保障制度が十分に機能する形で存続することが難しくなっていることだ。このことは，現役層の将来不安を高め，現役層の消費を萎縮させる可能性もあり，本来，社会保障が果たすべき労働者の安心感を高める役割とは逆の方向に作用してしまっている。以下では，これらの課題について，より詳しくみてみよう。

第４章　「カイシャ資本主義」の環境不適合が生む軋轢　｜　133

図表４－５　就業形態別各保険制度の適用状況

	正規雇用	非正規雇用 （短時間労働者）	自営業者・フリーランス （非被用者）
年金保険	○厚生年金（被扶配偶者にも適用）	△適用拡大（月額賃金8.8万円以上等の場合）	○国民年金（保険料未納・減免が多い）
医療・介護保険	○健康保険組合 ○協会けんぽ （被扶養配偶者や子ども等の一定の親族等にも適用 ○介護保険（第2号）	△適用拡大（月額賃金8.8万円以上等の場合）	○国民健康保険（保険料減免が多い） ○国民健康保険組合（医師・弁護士等） ○後期高齢者医療制度（保険料減免が多い） ○介護保険（1・2号）（保険料減免が多い）
雇用保険	○雇用保険	△短時間労働者に適用拡大（現行の20時間以上／週を2028年度に10時間以上／週に緩和予定）	×
労災保険	○労災保険	○労災保険	× （大工・建設・土木，個人タクシー，デリバリー請負，ITフリーランス等の個人事業主は特例加入可能）

出所：田中秀明（2023）。

▎就業構造の変化への社会保障の対応

　日本の社会保険の多くは，第２章でみたように，大企業などで導入されていた既存の制度を活用しながら，農林水産業従事者や自営業者へと対象を拡大することで，「国民皆保険」を実現してきた。このため，企業の正社員でもなく，自営業者でもない非正規雇用者が増加したことにより，十分な保障が受けられない層が発生している。図表４－５は，田中秀明（2023）掲載の表を一部更新したものだが，社会保険については，年金，医療，介護，雇用，労災の５つの保険制度があり，正規雇用者，非正規雇用者，自営業者・フリーランスに分けてその適用状況を示している。

　正規雇用者については，厚生年金，健康保険組合・協会けんぽ・共済，介護保険，雇用保険，労災保険がそれぞれ適用になる一方，非正規雇用者について

は，被用者保険として年金，医療・介護保険，雇用保険に加入するには，一定以上の労働時間や収入要件を満たす必要がある。ここで，被用者保険への非正規雇用者の加入問題について2つのケースに分けて考える必要がある。一つはサラリーマンの配偶者で第3号被保険者となっている場合と，もう一つは自分で国民年金・国民健康保険に加入している場合である。前者の場合には，配偶者の保険でカバーされるものの，逆にそのことによって，一定の就業時間を超えて第3号被保険者から被用者保険に移ると，保険料負担が発生し，手取り収入が減少するという106万円，130万円の壁の問題が生じている。後者の場合には，被用者保険に加入できるかどうかで，保険料負担の半分を雇用主に負担してもらえ，また受給面でも基礎年金に加えて報酬比例部分も受給できるなど，負担と便益に格差があるほか，雇用保険については，そもそも加入できなければ失業しても手当が出ないため，求職者支援制度など他のセーフティネットを利用する必要が生じる。こうしたことから，近年では被用者保険の適用拡大が進行しており，その適用要件として，週の所定労働時間20時間以上，賃金月額8.8万円以上などの条件を満たした場合には加入できるようになり，適用事業所の規模も50人以上まで拡大されてきた。雇用保険についても，所定労働時間が週20時間以上で31日以上の雇用見込みの場合となっているが，今後は週10時間以上まで拡大する方針が示されている。また，第3号被保険者の年収の壁による就労調整の問題については，労働者自身が就労を調整しているという面だけでなく，事業者が保険料負担を避けるために就労調整をしているという両面がある。こうしたことを背景に，政府は，50人以上の事業における106万円の壁について，保険料の労働者本人負担分相当の賃金上げを行った企業に助成する制度を導入するとともに，小規模事業所における130万円の壁について，一時的な所得増加であることを事業主が証明することで扶養認定が継続できる制度を2023年に導入した。

　自営業者・フリーランスについては，国民年金，国民健康保険，介護保険は適用になるが，雇用保険および労災保険は一部を除いて適用とならない。これは，自ら事業を営む自営業者には失業のリスクがなく，労災保険は労働基準法の適用がない者には適用されないためである。しかし，自営業者・フリーラン

第4章 「カイシャ資本主義」の環境不適合が生む軋轢 | 135

図表4－6 就業形態別公的年金加入状況（20～59歳）

(千人)

		第1号被保険者	第2号被保険者	第3号被保険者	非加入者
自営業者	1998年	5,223	248	198	462
	2022年	3,062	412	337	11
会社員・公務員	1998年	3,692	36,614	342	388
	2022年	5,018	39,613	3,119	53
うちパート・アルバイト	1998年	3,196	0	3,416	509
	2022年	2,045	3,027	2,686	39
非就業者等	1998年	7,027	54	7,590	1,013
	2022年	4,252	531	3,257	163

出所：厚生労働省「公的年金加入状況等調査」。

スについては，実態が大きく変化しており，カイシャに縛られない生き方として選択する人や，オンライン・マッチングを通じた短期請負契約でのギグワーカーとして仕事をする人も現れている。働き方が大きく変わる中で，こうした自営業・フリーランスの人たちのためのセーフティネットについては，これまで十分に整備されてこなかったが，近年は，労災保険については徐々に適用が拡大されつつあり，自転車等でデリバリーを請負う人やITフリーランス（IT関連のコンサルタント，エンジニア等），歯科技工士などが対象になっている。

　こうした働き方の変化は，公的年金の被保険者の属性も変化させている。図表4－6は厚生労働省の令和4年公的年金加入状況等調査の就業形態別の加入状況について，1998年と2022年を比較した状況を示している。これをみると，パート・アルバイトの公的年金加入状況については，1990年代と比べると，保険適用拡大の効果もあり，厚生年金等の被用者保険に加入している第2号被保険者の割合が大きくなっている。また，国民年金に加入している第1号被保険者については，2022年時点では，自営業者よりもパート等を含む会社員・公務員の加入者数が上回っており，実態が変化していることが伺われる。

▋社会保障の安全網と格差問題

　社会保険については，単に形式上の適用範囲を拡大するだけでは不十分であり，保険料が未納であったり，受給要件を満たさずに給付を受けられない者が一定数存在しているという問題も存在している。以下では，酒井（2020）による分析を引用しつつ，最近のデータで確認してみよう。

　保険料の未納問題は，被用者保険であれば，保険料は源泉徴収されるので生じないが，被用者保険の加入要件を満たさない非正規労働者，自営業者，無業者については，保険料の未納が一定の数に上っている。2023年度国民年金の加入・保険料納付状況によれば，国民年金第1号被保険者数1,387万人のうち，全額免除・猶予者数の596万人を除き，過去24か月の保険料未納者は79万人となっている。また，免除・猶予の月数を除いた納付対象月数に対する実際の納付月数を示す納付率は83%である。国民健康保険については，2021年度の保険料収納率は94%であり，保険料滞納世帯数は195万世帯である（「国民健康保険（市町村国保）の財政状況について」）。ただし，国民年金，国民健康保険とも，未納・滞納は近年減少している。

　こうした保険料の未納は，これまでの研究によれば，「流動性制約」の影響を受けることが確認されており，所得に対する保険料率が高いほど，失業率・無業率が高いほど，金融資産が少ないほど，未納が高くなる傾向にある。未納が生じる背景としては，保険料が所得比例となっている被用者保険と異なり，国民年金保険料は2024年度で月額1万7千円程度の定額となっており，国民健康保険の保険料も，所得や資産に応じた部分以外に，世帯人数にかかる「均等割」，世帯ごとの定額の「平等割」があるために，所得の低い人ほど保険料率が高まる逆進的な側面を持っていることが一因とされている。国民健康保険の場合には，滞納してもすぐに無保険となる訳ではないが，国民年金においては，減免等の措置を受けていない限り，10年間の最低拠出期間を満たさなければ無年金となり，それをクリアしても滞納期間があれば支給される年金額は減ることになり，老後にまで所得格差が持ち越されるという懸念がある。また，雇用保険については，累次の適用拡大により，非正規雇用者も含めて被保険者数は2023年度で4,479万人となり，全雇用者数6,080万人の7割強と増加

傾向にあるが，実際の失業給付の受給者数は40万人程度であり，完全失業者数180万人程度に対して2〜3割にとどまっている。こうした受給者割合が低い水準となっている背景には，雇用保険の被保険者であっても，受給資格期間などの受給要件を満たしていない者が増えている可能性が指摘されている。実証的な研究によれば，前職が非正規雇用者の方が正規雇用者と比べて失業給付を受給する確率が低いことが示されており，雇用が不安定な労働者ほどセーフティネットの支援がないという状況である。

　失業給付が受けられない人については，2011年より求職者支援制度が導入され，無料で教育訓練と就職支援を受けられ，所得要件を満たせば10万円の給付金も受給できるようになっている。ただし，こうした就労支援については，2008年のリーマンショック時や2020年のコロナ禍のような労働需要自体が大きく低下するような局面では，十分なセーフティネット機能を果たせないとの指摘もある。

　さらに，社会保険のほかに社会扶助も含めて日本のセーフティネットの有効性を考えると，日本の相対的貧困率および子どもの貧困率は国際的に高い水準にあり，安全網から漏れている人が存在している。特に，ひとり親世帯は，子どものいる世帯の1割程度に過ぎないが，半数以上が相対的貧困の状態にある。日本のひとり親世帯の特徴は，就業率が国際的にも非常に高いことであり，働いているひとり親世帯の貧困率は，米国が3割強，フランスやイギリスが1割前後に対して，日本は6割程度と突出して高い。この背景について，JILPT（2013）による分析では，養育費が十分に受給できていないこともあるが，日本のシングルマザーは，労働時間は短くないが正社員であっても賃金が低く，かつ属性だけでは説明できない要因によって低賃金がもたらされていることが示されている。こうしたワーキングプアの問題については，現状の制度では十分に対応できておらず，セーフティネットのあり方を考える上で重要な課題だ。

▌社会保障の持続可能性
　少子高齢化が進展する中で，社会保障を持続可能なものとすることは喫緊の

課題だ。少子高齢化は，社会保障を主に受給する高齢者層の増加と，その費用を負担する現役層の減少により財政的なひっ迫をもたらすだけでなく，社会保障を支える人手不足の問題や経済全体の成長鈍化をもたらすことで，さらにその持続可能性を難しくする。年金については，マクロ経済スライドの導入により，少子高齢化が進展すると，現役層の保険料負担の制約に合わせて高齢者層の給付が自動的に調整されるため，年金財政としては均衡するが，あまりにも少子化が急速に進んだり，経済成長や賃金の伸びが低下する場合には，高齢層の所得代替率（現役の平均手取り収入に対する年金額の比率）が低下し，低年金が問題となる可能性がある。政府は所得代替率が5割を割らないことを約束しているので，そのような場合には，何らかの制度改正が必要となる。ちなみに，厚生労働省の2024年「将来の公的年金の財政見通し（財政検証）」では，「成長型経済移行・継続ケース」では給付水準調整終了後の所得代替率が57%程度であり，過去30年間の全要素生産性（TFP）上昇率の分布を踏まえた「過去30年投影ケース」でも50%台を維持するとの推計が行われている。ただし，こうした財政検証の推計結果は，労働参加率が現状よりも上昇していくことや，合計特殊出生率が現状の1.2から1.36へ上昇する将来人口推計の中位推計を前提としていることから，これらの前提が実現しない場合には，代替率が50%を割る可能性があることには注意が必要だ。

　医療・介護については，高齢化の進展が需要を増大させ，その負担が増え続けることに加え，供給サイドでは人手不足がさらに顕著になり，必要な人に必要なサービスが提供できなくなる可能性も懸念される。したがって，医療・介護については，限られた医療・介護の人的資源を有効に使うためにも，過度な診療を抑制し需要面を適切にコントロールしつつ，地域における医療・介護の提供体制の効率化を図るなど供給面も含めて対応していくことが課題だ。しかし，日本の医療供給体制は，公的な病院が全体の2割，民間主体の病院が8割を占めるという世界でも稀な民間主体の医療提供体制が構築されており，そのために，医療機関の過当競争や医療資源の偏在が生じており，限られた人材を含む医療資源が効率的に活用されているとは言いがたい状況となっている。現在進められている地域医療構想では，各地域で2025年の医療需要や必要病床

数を想定して機能分化を図り，既存の医療機関の選択と集中を進め，高度急性期から在宅まで，医療と介護を一体的に連携させた地域医療システムを構築することを目指している。地域の人口減少と高齢化が進む中では，こうした取組を進めていくことが重要だ。

社会保険制度については，これまで述べてきたように，日本は職業によって分立した保険制度が構築されている点が特徴であるが，産業構造の変化や少子高齢化が進展する中で，各保険者の間で負担と給付に格差が生じているという問題がある。要するに，加入者が高齢者に偏っているような保険者の場合には，給付を受ける人が多く，負担する人は少ない一方で，加入者が相対的に若い層に偏っている保険者では逆のことが生じる。この点を是正するために，第３章でも論じたように，保険者間の財政調整が行われており，特に近年は，財政調整の必要額を各保険の加入者数で割った「加入者割」で行う方式から，各保険の加入者の報酬で割った「総報酬割」へという転換が行われ，保険者間の保険料格差を是正する方向で改革が行われている。とは言え，大企業が運営する 1,400 もの健康保険組合では保険料に大きな格差が存在している。被用者保険の一元化に関して，権丈（2017）では，医師と患者の情報の非対称性を緩和するための保険者による医療費のチェック機能（保険者機能）に注目し，一企業が運営する健康保険組合に任せるよりも，都道府県単位の協会けんぽに一元化した方が，保険者機能がより効果的に働く可能性があることが指摘されている。以上のような点に鑑みると，分立する日本の被用者保険については，保険料負担面だけでなく，保険制度自体についても将来的に一元化していくことも大きな課題だ。また，社会保障の財源としては，社会保険料と税で賄うしかないが，国際的にみて，日本は税と比べて保険料負担の割合が高いことが指摘されている。社会保険料負担については，所得再分配の観点からは，所得税のような累進的な設計になっていないという弱点があるため，税と保険料のバランスをとりながら，負担水準を引き上げていくことも検討していく必要がある。

4. 先端技術で遅れをとるイノベーション力

▎日本のイノベーション・システムの課題

　日本の官民合わせた研究開発投資はGDP比でみても増加傾向にあり，国際的にも高い水準を維持しているが，それがGDPの増加に寄与していないという問題がある。特に，漸進的な技術改良は活発であるものの，革新的なイノベーションが必ずしも十分に行われず，デジタル・トランスフォーメーション（DX）においては国際的に遅れをとっている。

　第一は，依然として残っている日本的な経営・雇用システムが，急速な技術革新の潮流の変化に追いついていないという面がある。研究者の長期雇用慣行については，チームワークで企業の漸進的なイノベーションに貢献するという強みがある一方で，デメリットとして技術戦略の閉鎖性があり，社内の科学研究者の割合が技術者に比べて少ないことも，外部の先端的な知識の吸収力を低め，日本企業のオープン・イノベーションへの取組を遅らせた。また，従業員全体に対する企業内教育訓練の縮小や非正規社員の増加も，カイゼンへの貢献を通じたボトムアップの持続的イノベーションを弱めている可能性が指摘されている。

　第二に，日本においては，リスクマネーの供給が十分でなく，ベンチャー企業がイノベーション・システムに果たす役割は依然として小さい。従来から，長期雇用慣行や間接金融中心の資本市場といった日本的なシステムの特徴から，リスクの高い事業の起業になじまなかった面があるが，資本市場で直接金融への転換が生じても，こうしたトレンドは大きくは変わらなかった。

　第三に，日本的な雇用システムでは，IT技術者など汎用的な技能を持った専門人材を十分に育てることができず，また，博士号取得者が企業部門で活躍する場が限られてきた。こうしたことに加え，DX人材を他の人材と異なる基準で評価するといった処遇も行われず，DX人材が質および量ともに不足しており，企業のDXの進展は，欧米と比べて遅れをとっている。

　以下では，これらの課題を詳しくみていく。

■ オープン・イノベーションの遅れ

　日本の大企業を主体としたイノベーション・システムは，「自前主義」を一つの特徴としており，1980 年代までは，日本の企業は「ブラックボックス化戦略」とも呼称される知的財産管理を優先し，徹底的に自社技術を保護する戦略をとっていた（JOIC［2018］）。しかし，1990 年代以降は，IT 技術が急速に発達する中で，自前主義を維持することは困難となった。例えば，スマートフォンなどのデジタル製品は，さまざまな機能が複合され，すべてを自前技術で揃えることは難しくなるとともに，それぞれの機能がモジュール化され，製品に組み込むことが容易になったため，新興国企業でも急速なキャッチアップが進み，グローバルな競争が激しくなった。こうした中で，オープン・イノベーションと呼ばれるアプローチにより，組織内部と外部で，研究資源・人材の交流を通じて技術やアイデアなどのやり取りを行うことで，企業内のイノベーション創出に役立て，それをまた組織外でも生かす取組が重要になっている。日本でも，企業と大学の連携や，大企業とベンチャー企業との連携が緩やかながら進むとともに，海外拠点における研究施設の設置など，国際的な連携も進みつつある。科学技術指標 2023 によると，企業の外部支出研究費は，2000 年の約 1.4 兆円から 2021 年には約 2.3 兆円に増加し，そのうち，国内大学が 6 百億円程度，海外大学が 80 億円程度で，残りは国内外の企業間での移転となっている。

　日本企業と欧米企業のオープン・イノベーションの取組を比較した調査（2014 ～ 15 年実施）によると，日本企業のオープン・イノベーション活動の実施率は 48％ で，欧米企業の 78％ を大きく下回っている（米山・渡部・山内・真鍋・岩田［2017］）。また，オープン・イノベーションを行う社外のパートナーとしては，大学・公的研究機関の割合は欧米と日本で大きくは変わらないが，起業家・ベンチャー企業の割合が，欧米と比べて日本では低いことが特徴となっている。こうした日本企業によるオープン・イノベーションの取組の遅れについては，イノベーション・エコシステムの違いも背景の一つにある。米国では，シリコンバレーに代表される大規模な企業集積が行われており，ドイツでは「フラウンホーファー」と呼ばれる産学の橋渡しを行う機関が存在し，公的

研究機関を中心とした大学や産業界との連携体制が構築されている。日本でも，こうしたプラットフォームの構築は大きな課題だ。

▍ベンチャー企業の不足

　日本でも，第二次大戦後には，ホンダやソニーといったベンチャー企業が大きく成長したが，全体としてみると，ベンチャー企業が国際的にも少ないことが特徴となっている。既存の事業所数に対して，新たにその年に設立された事業所の割合を示す開業率は，日本は 2000 年代以降，ほぼ 5 ％前後で一定しており，欧米諸国が 10% 前後となっていることと比べると，半分程度にとどまっている。イノベーションの観点からすると，既存企業と比べて，ベンチャー企業は革新的なイノベーションを起こす可能性が高いことが知られている（Aghion et al. [2020]）。これは，既存企業では，自社の既存製品と競合するような革新的なイノベーションに基づく製品を開発することには慎重であるからだ。ただし，多くのベンチャー企業には，資金的な制約があるため，革新的なイノベーションを起こすには，外部からの資金支援が必要となる。ベンチャー・キャピタルは，ベンチャー企業に出資することで，その株式持ち分を取得し，最終的には IPO や M&A の際に株式を売却して利益を得るが，同時に，起業に関するノウハウも提供することで，ベンチャー企業の成長を促す役割を果たしている。実際に，日本のベンチャー企業のデータを用いた分析では，ベンチャー企業の約 4 割が特許出願を行っており，既存企業の出願割合を大きく上回っているほか，ベンチャーキャピタルによる資金提供があった企業の 6 割近くで，比較対象企業に比べ，特許出願件数が有意に増加したことが示されている（鷲見 [2021]）。ただし，日本におけるベンチャー・キャピタルによる投資額は 2021 年で 1,400 件，金額は 2,300 億円程度であり，米国の 1.7 万件，金額 36 兆円と比べると，大幅に低い水準にとどまっている。

　このように，日本で起業（スタートアップ）が低い水準にとどまってきた背景には，これまでの日本的な経済システムがスタートアップに抑制的に作用してきたことが指摘されており，具体的には以下のような点が挙げられている（鈴木・安田・後藤 [2021]）。

第４章 「カイシャ資本主義」の環境不適合が生む軋轢 | 143

　第一に，日本的な雇用慣行が制約になっていることである。長期雇用慣行の下では，人材の流動性が低いために，ベンチャー企業はスキルを持つ人材を外部労働市場から集めることは難しい。また，大企業から独立する形での起業の場合でも，親元の企業との関係が残るスピンオフの場合は従業員を引き抜くのは困難であるため，親元企業との関係を断つスピンアウトの形態をとる必要がある。

　第二は，日本的な固定された企業間取引の形成が制約になっていることである。サプライチェーンにおける「系列」といった長期的な取引関係が構築されている場合には，独立系のベンチャー企業が取引に加わるのは容易ではなく，この観点からは，親元企業との関係が残るスピンオフ等による起業が有利である。

　第三に，ベンチャー・キャピタルが十分に機能しなかったことである。1990年代以前には，ベンチャー・キャピタルには投資先企業への役員派遣が禁止され，ハンズオン型の支援が困難であったことや，ベンチャー・キャピタルが投資資金を銀行借入で調達していたため，ハイリスクな投資に慎重であり，かつ融資業務も行っていたことから，ベンチャー企業にとってはベンチャー・キャピタルの魅力が薄かった。

　以上のような過去の経緯もあり，日本では，国民のスタートアップに関する意識は国際的にも低い。また，銀行融資に伴う経営者の個人保証の存在が失敗した際のリスクを大きくしていることや，機関投資家によるベンチャー・キャピタルへの投資が限定的であることなど，さまざまな要因が指摘されている。政府は，2022年11月に「スタートアップ育成５か年計画」を決定し，公的ファンドを含め１兆円規模の予算を充てており，今後の動向が注目される。

▌汎用性の高い技能を持った人材の不足

　日本の長期雇用慣行の下では，デジタル技術のような汎用性の高い技能を持った人材は育成が難しいこともあり，企業のデジタル人材不足は深刻化している。

　独立法人情報処理推進機構（IPA）『DX白書2023』による日米比較調査によ

図表 4−7 日米の DX 人材確保に関する調査結果

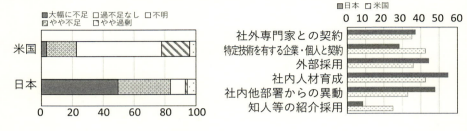

出所：「DX白書2023」独立行政法人情報処理推進機構。

れば（図表4−7），日本企業ではDX人材の量および質が不足している企業はともに8割に達しており，米国企業は量の不足が2割，質の不足が4割となっているのに比べて，不足感が著しい。DX人材の獲得・確保の手段については，日本企業では「社内人材の育成」，「社内他部署からの異動」の割合が5割前後で，米国と比べても高くなっており，「外部採用（中途採用）」と「社外専門家との契約」が4割前後となっている。

　日本企業におけるDX人材の育成方法については，そもそも実施・支援なしという企業の割合が多く，DX案件を通じたOJT，デジタル研修，資格取得などの支援を行っている企業が2割程度に過ぎない。これに対し，米国企業では，DX案件を通じたOJTで支援している企業が6割，デジタル研修が4割と，企業が育成に力を入れている。IPA（2016）「IT人材動向調査・IT技術者調査」によると，IT人材がレベルアップのために行っている取組としては，「資格取得」，「雑誌や書籍，ウェブサイトを通じた独学・情報収集」が多く，企業内外の研修を大きく上回っている。また，同調査によると，IT人材の転職経験者は，IT企業，ユーザー企業とも半分程度で，より良い条件があれば転職を考えてもよいとする人の割合は，ともに6割を超えており，相対的に流動性の高い人材であると考えられる。こうしたことから，日本的な雇用慣行を持つ企業では，流動性の高いDX人材に対して社内で大きな投資をするインセンティブが起きにくいという問題が生じている可能性も考えられる。DX人材の処遇について

第４章 「カイシャ資本主義」の環境不適合が生む軋轢 | 145

図表４−８ 人口100万人当たりの博士号取得者数の国際比較

国名	博士号取得者数（人口100万人当たり人）				
	年度	計	人文・社会科学	自然科学	その他
日　　本	2008	131	17	101	13
	2018	120	13	94	13
米　　国	2008	205	48	123	33
	2018	281	56	181	44
ド　イ　ツ	2008	312	79	225	8
	2018	336	74	254	7
フランス	2008	169	65	103	1
	2018	172	58	112	2
英　　国	2008	286	81	192	11
	2018	375	109	249	17
韓　　国	2008	191	53	115	23
	2019	296	95	172	29
中　　国	2008	32	−		
	2019	44	−		

出所：文部科学省　科学技術・学術政策研究所, 科学技術指標2021, 調査資料-311, 2021年8月。

も日米の格差は大きい。DX白書2023によると，DX人材の評価基準について，米国では6割の企業で基準があるとしているのに対し，日本で基準がある企業は12％にとどまり，8割以上の企業ではDX人材を他の人材とは異なる基準で評価するシステムになっていない。このように，従来の日本型雇用システムの下では，DX人材の育成面，処遇面ともに，硬直的な対応しかできておらず，DX人材不足の解消は難しいものとなっている。

　日本的雇用が大きな壁となっている一つの事象として，高度な教育を受けた人材が企業で活躍する場がないという問題がある。1990年代後半から大学における博士号取得者を増やす取組が行われてきた一方で，その就職先が少なく，安定した職に就けないというポスドク問題が生じている。研究者に占める

博士号取得者の割合は，米国や欧州諸国では10％程度であるのに対し，日本では4％台にとどまっており，非常に低い水準にある。民間企業が博士課程修了者を研究開発者として採用しない理由については，科学技術・学術政策研究所「民間企業の研究活動に関する調査報告2012」によると，「企業内外（大学院含む）での教育・訓練によって社内の研究者の能力を高める方が博士課程修了者を採用するよりも効果的だから」と回答した企業が58％，「特定分野の専門知識は持つが，企業ではすぐに活用できないから」と回答した企業が57％となっている。こうしたこともあり，世界的には博士号取得者数が増加傾向にあるのに対し，日本における博士号取得者は減少傾向にあり，また，人口百万人当たりの博士号取得者数も，日本は120人（2018年）にとどまり，イギリス375人，米国281人，韓国296人と比べると大幅に低い水準となっている（図表4－8）。博士号取得者といった高度な専門人材が企業で少ないことは，結果として，社内においてエンジニアが多く科学研究者が少ないことにもつながり，外部の先端的な知識の吸収能力が低いという状況をもたらしている。企業と大学の相互作用がうまく働いていないおそれがある。

5．まとめ

本章では，「企業主導型」のコア部分を残しつつ転換を図りつつある「カイシャ資本主義」が，変化する外部環境との間で引き起こしているさまざまな軋轢について，分野ごとに課題を指摘した。

企業統治については，2000年代以降，取締役制度の改正や企業再編に関する制度改正などが行われ，さらには2010年代のアベノミクスにおいても，スチュワードシップ・コードおよびコーポレートガバナンス・コードの導入などが行われてきた。こうした企業統治改革は，ROE重視の経営，リスクテイクの促進，株主重視の経営方針の採用を促すことが期待される。ただし，こうした制度改正が，ただちに日本企業のパフォーマンスの改善につながっている訳ではない。その背景には，従来型の日本企業では，アウトサイダー中心の所有構造への転換に伴って制度改革を行った企業でも，なお残る従来型の関係志向

型の内部統治構造との間で，調整コストや補完性の喪失が生じたりしている可能性が考えられる。また，日本では，形式的に米国型の制度を導入したものの，その前提となる流動性の高い経営人材が豊富には存在せず，企業を外部から監視する能力を持った機関投資家も限られているため，結果的に，経営者の内部昇進・年功序列といった従来型の日本的経営スタイルが大きくは変わっておらず，それが依然として日本企業の低いパフォーマンスにつながっているという指摘もある。

　雇用面については，バブル崩壊以降の日本的雇用の修正は，従業員のエンゲージメントの低下，女性や高齢者などを中心に増加した非正規労働者の問題をもたらす一方で，引き続き残る雇用調整の硬直性は，今後見込まれる人口の大幅な減少に伴う産業間の柔軟な資源配分調整を困難にする可能性が懸念されている。従業員のエンゲージメントの低下の背景については，成果主義的な人事管理による仕事の要求度が引き上げられる一方で，人員や経費削減によりコーチングやキャリア開発などの機会が従業員から奪われたことなどが指摘されている。労働者の３割以上に達した非正規雇用の問題については，若年層の場合には，人的資本の蓄積が進まないこと，女性の場合には，出産・育児等で離職した後の正規社員として復帰が難しいことや，「106万円・130万円」の就労調整の問題など，女性の職場での活躍が制約されること，高齢者については，賃金水準が一律に大幅に引き下げられ，就業意欲が阻害されることなどが大きな問題となっている。また，今後，長期的に労働者の大幅な減少が見込まれる中で，必要となる産業間・職種間の労働移動を円滑にすることも重要な課題である。

　社会保障制度については，日本では企業に依存している面が大きいが，1990年代以降は，企業の保障が及ばない非正規雇用が増加し，少子高齢化によって現役世代の働く人口の割合も低下したことから，かつてのように，社会保障的な機能の多くを企業に依存することが難しくなっている。非正規雇用者の被用者保険のカバレッジについては，近年，逐次拡大が進められており，また，自営業者・フリーランスについても一部労災加入が可能になっている。ただし，これらの改革が，実態面で，非正規雇用者の不安をどの程度解消できるのか，

また，第3号被保険者の就労時間調整が緩和されるのかは，まだ明らかではない。社会保障の持続可能性については，今後見込まれる少子高齢化の一層の進展により，年金給付水準の低下，人手不足による医療・介護の供給制約や税・保険料のさらなる引上げなどが不可避であり，抜本的な対策が必要であることは明らかだ。また，片親世帯など相対的貧困対策も喫緊の対応が必要な状況にある。

イノベーションの課題については，日本の研究開発投資は国際的にも高い水準を維持しているが，それがGDPの増加に寄与していないという問題がある。特に，漸進的な技術改良は活発であるものの，革新的なイノベーションが必ずしも十分に行われず，DXにおいては国際的に遅れをとっている。日本的な長期雇用慣行については，研究者がチームワークで企業の漸進的なイノベーションに貢献するという強みがある一方で，デメリットとして技術戦略の閉鎖性があり，外部の先端的な知識の吸収力を低め，日本企業のオープン・イノベーションへの取組を限定的なものにしている。また，資本市場が大きく転換しているにもかかわらず，ベンチャーなどリスクマネーの供給は十分でなく，ベンチャー企業がイノベーション・システムに果たす役割は依然として小さい。さらに，日本的な雇用慣行を持つ企業では，流動性の高いDX人材に対して社内で十分な投資が行われておらず，DX人材の処遇や人事評価も定まっていない企業が多く存在している。

以上のような課題については，相互に連関しているものも多く，部分的な対処療法では抜本的な解決が難しい。そこで，次の最終章では，日本経済がさまざまな構造的課題に柔軟に対処できるようにするため，日本的な資本主義のあり方についての包括的な見直しを行うことを検討する。

【注】
1) ユトレヒト・ワーク・エンゲージメント尺度（Utrecht Work Engagement Scale: UWES）は，オランダ・ユトレヒト大学のシャウフェリらによって開発された尺度であり，3つの下位因子（活力，熱意，没頭）を17項目で測定している。
2) 仕事の資源とは，仕事上の要求やそれに伴う身体的・心理的コストを低減し，目標の達成を促進し，個人の成長や発達を促す働きを持つ物理的・社会的・組織的要因とされる。具体的には，自

第4章 「カイシャ資本主義」の環境不適合が生む軋轢 | 149

身のパフォーマンスに対するフィードバック，技能の多様性，上司や同僚からの支援，上司によるコーチング，良い労働条件（恵まれた賃金，雇用の安定性），役割の明確さ，意思決定への参加機会，キャリア開発の機会等が仕事の資源に含まれる。他方，個人資源とは，自分を取り巻く環境を上手にコントロールできる能力やレジリエンス（ストレスに対応できる復元力）と関連した肯定的な自己評価とされ，具体的には，楽観性，自己効力感，レジリエンス，自尊心といった心理状態を指す。

3）これらの規定要因がどのようにワーク・エンゲージメントと関連するかについては，それを理論的に示した「仕事の要求度─資源モデル（Job Demands-Resources Model：JD-R モデル）」がある。これによれば，仕事の資源については，仕事の要求度が高く，仕事の資源が制限されている場合はストレスが高くなるが，仕事の資源が豊富にあれば，それが緩衝材となり，逆にワーク・エンゲージメントが高くなる可能性もある。個人資源は，仕事の資源からワーク・エンゲージメントへの影響を媒介するだけではなく，仕事の資源と相互に強化し合う関係にもある。例えば，上司からの的確なフィードバックが得られること（仕事の資源付与）によって，ワーク・エンゲージメントが向上した従業員が，意欲を高めて精力的に励み，目標を達成できるという信念を高める（個人の資源の増大）といった形で作用する可能性が考えられる。また，仕事以外の要因として，ストレスによって損なわれた仕事の資源や個人の資源を取り戻す契機としてリカバリー経験，すなわち余暇中における仕事からの解放も重要な役割があることが指摘されている。

4）欧米で「高業績作業システム（High Performance Work Systems：HPWS）」と呼ばれる洗練された人事管理手法として，1）革新的雇用慣行（採用試験を用いた慎重な採用，雇用保障，内部昇進），2）革新的作業慣行（職務拡大・拡充，ジョブ・ローテーション，チーム制度，クオリティ・サークル，総合的品質管理，提案制度），3）革新的報酬慣行（相場より高水準の賃金，業績・技能・能力・貢献度などと連動した変動給／奨励給，利潤分配制度，従業員持株制度），4）充実した教育・訓練機会の付与，5）革新的労使関係慣行（労使間での情報共有，地位的格差の縮小＝シングル・ステイタス化，態度調査，苦情処理手続，労働組合や従業員側代表による意思決定参加）が挙げられている。

第5章

「カイシャ資本主義」から「全員参加の資本主義」へ

　少子高齢化の進展，グローバル化の進展と変質，デジタル化・脱炭素化など技術革新といった課題に対し，「カイシャ資本主義」を特徴とする日本的な経済システムは，柔軟な対応ができず，その結果として，第4章でみたようなさまざまな軋轢が生じている。これらの課題に柔軟に対応できる経済の仕組みを再構築することで，持続的な経済成長を実現し，社会保障制度などを含めた経済の持続可能性を維持していくことが，日本経済の喫緊の課題である。本章においては，その解決の一つの方向性として，「カイシャ資本主義」のあり方を見直し，企業がこれまで担ってきた社会的なさまざまな面での役割を，公的部門がより多くを分担するような形に転換することにより，性別・年齢に関わりなく働く意欲を持った人が全員参加できる「全員参加の資本主義」を目指していくことが重要であることを述べる。

1. 日本の資本主義の変革の方向性：「全員参加の資本主義」

▌なぜ日本型の資本主義では成長できないのか

　これまで見てきたように，日本の資本主義のあり方は，時代を超えて固定されたものではなく，その時代の経済を取り巻く環境に合わせて，変化を遂げてきたものだ。したがって，日本の資本主義の将来の姿を考える際には，その前提として，少子高齢化の進展，グローバル化の進展と変質，デジタル化・脱炭

第5章 「カイシャ資本主義」から「全員参加の資本主義」へ | 151

図表5－1 資本主義の経済成長メカニズム

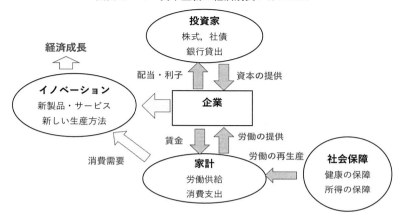

素化など技術革新といった環境変化に対応し得るものでなければならない。それと同時に，もう一つの課題として，資本主義が本来持っているダイナミックな成長力を取り戻す必要がある。現在の日本経済の停滞の要因について整理するためには，第1章で論じた資本主義の成り立ちに戻って考察することが有効だ。資本主義の成長メカニズムを図式化すると，図表5－1のようになる。資本主義の成長のエンジンは，イノベーションであり，さまざまな制約条件を克服し社会的課題を解決するために新たな製品・サービス・生産方法などが考案され，それが経済を拡大させる。イノベーションを生み出すのは企業であり，外部から資本を調達し，労働者の知識・技能を高め，新たな付加価値を創造する。投資家は資本の提供を通じて，企業が創造的な生産を行うインセンティブ付けと監視を行い，家計は企業に労働を提供する見返りに賃金を獲得し，それが企業の産出物を購入する消費需要となる。社会保障は，労働者の健康と所得の安定を保障し，労働の再生産を支援する。こうした各パーツがお互いに補完性をもって機能することで，経済が持続的に成長する。

では，この図に現在の日本経済の課題を反映させてみよう（図表5－2）。日本のイノベーションが経済成長のエンジンとして十分に機能していないのは，日本の不得意なモジュール化を特徴とするデジタル化がますます重要となる中で，オープン・イノベーション，スタートアップ，DX人材の育成のいずれも

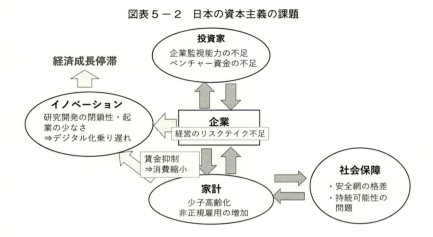

図表5-2　日本の資本主義の課題

対応が十分にできていないことがある。その背景には，日本的な長期雇用制度の下で労働市場が流動性を欠いていることに加え，企業間取引の閉鎖性やベンチャー・キャピタルによる資金供給不足などが起業の制約となっている面がある。また，イノベーションにおけるリスクテイクの経営判断を促すはずの企業統治制度についても，形式的な変化にとどまる企業もあり，実効的に機能していない。その背景には，新たな企業統治制度と既存の内部組織との調整が十分に進んでいないことや，流動性の高い外部経営人材や監視する能力を持った機関投資家の不足といった問題も存在している。加えて，企業内外の変化に際して，内部昇進の経営陣が萎縮しリスクテイクに慎重になっている可能性もある。リスクテイクを避けて利益率を向上させるには人件費や諸経費の削減が近道であり，結果として，賃金が抑制されてきたことによって，経済成長のもう一つのエンジンである消費も抑制された。労働者は，賃金が抑制されただけでなく，非正規化により雇用の安定が失われ，正規社員についても，成果主義による要求度の高まり，能力開発機会の削減，マンパワー不足による周囲のサポートの喪失などによってエンゲージメントが弱まり，生産性を低下させた。こうした労働者のダメージに対して，本来，その緩衝材となるべき社会保障については，制度の枠外にあった非正規雇用の増加に対して十分なセーフティネットを供給できなかっただけでなく，少子高齢化の進展によってその持続可能

第5章 「カイシャ資本主義」から「全員参加の資本主義」へ │ 153

性に懸念が持たれている。

　このように，相互に絡み合った経済低迷の要因をいかに解きほぐし，資本主義の成長のエンジンを再起動させるかを考えることは，容易ではないが，以下では，資本主義の各コンポーネントに分けて，その方向性を検討する。

▌日本の資本主義を構成する各要素の変革の方向性

　第1章で紹介したセーレンによる制度変化の議論を日本の資本主義の現状に当てはめてみることで，改革の方向性を考えてみよう。セーレンによれば，制度変化のパターンとして，①古い制度が新しい制度に置き換わる「置換」，②新たな制度が付け加わることで既存の制度の機能や役割が変質する「重層化」，③環境変化に制度が対応せず，その機能が喪失していく「漂流」，④既存の制度が異なる目的へ利用される「転用」，⑤時間とともに制度の前提条件が失われ，制度が機能しなくなる「消耗」の5つが挙げられている。これに基づき，従来の日本的な資本主義の特徴となっていた事項について，それぞれの変化の方向性を考えてみよう（図表5－3）。

　第一に，企業と資本の関係に関して，外部ガバナンスについては，従来の銀行借入れ・株式持ち合いを基礎とした安定的な関係は，機関投資家・外国人投資家を中心にした緊張感のある関係にほぼ「置換」されたと考えてよいだろう。つまり，後戻りの可能性は低いということだ。これに対して，企業内部のガバナンスについては，引き続き内部出身者の経営者が大勢を占め，取締役の執行と監督の分離，外部取締役の導入など米国型の制度は導入されたものの，十分に効果が発揮されていない状況にあり，外部ガバナンスとの補完性を考えれば，米国型への「置換」まではいかなくとも，日本型と米国型の「重層化」を定着させる必要がある。特に，企業のリスクテイクを促すには，それをアドバイスできる外部経営人材や機関投資家の層を厚くすることが急がれる課題だ。そのためにも，経営人材あるいは金融・財務の専門人材の流動性をもっと高めることが必要であろう。

　第二に，企業と労働の関係については，従来の長期雇用・年功序列とそれに伴う無限定な働き方は，現在でも正規社員の一定割合に根強く残っている一方

図表 5 - 3　日本の資本主義を構成する各要素の現状と課題

	日本的な経済システムの特徴	現状	課題
企業と資本の関係	○外部ガバナンス 　銀行借入れ・株式持合いを基礎とした安定的な関係 ○内部ガバナンス 　内部出身者の経営者	「置換」 　機関投資家・外国人投資家を中心にした緊張感のある関係 「重層化」 　取締役の執行と監視の分離，社会取締役の活用	「重層化」 ・企業にリスクテイクを促す外部経営人材や機関投資家の層の強化 ・経営人材の流動性
企業と労働の関係	長期雇用・年功序列とそれに伴う無限定な働き方	「継続」 　正社員については存続 「漂流」「消耗」 　非正規化の進展，エンゲージメント低下	「置換」「重層化」 ・ジョブ型・限定正社員など無限定でない働き方 ・労働時間・場所など柔軟な働き方 ・外部労働市場の強化
社会保障	企業を単位とした社会保険制度	「漂流」 ・非正規雇用者などの増加 ・少子高齢化による持続可能性の問題	「重層化」 ・公的部門による包摂的な制度の構築 ・70歳までの労働継続による持続可能性の強化
イノベーション・システム	企業の研究開発を中心にしたチームワークによる「擦り合わせ」	「漂流」 ・デジタル化への対応の遅れ	「重層化」 ・オープン・イノベーションやスタートアップの促進 ・研究人材の流動性

で，その枠外にある非正規社員，女性，高齢者といった人材や，正規社員でもエンゲージメントを失っている労働者にとっては，日本的雇用は「漂流」ないし「消耗」している。したがって，日本的雇用慣行で守られている前者については，その目的が潜在的な経営人材の育成なのか，なお高い競争力を保つ現場力の維持なのかを見定めた上で，適用の範囲を限定するとともに，日本的雇用がむしろ妨げとなっている後者については，新たな制度で「置換」するか，少なくとも「重層化」する必要があろう。ジョブ型の雇用，限定正社員など，これまでの無限定な働き方ではない形態の雇用契約の導入や，リモートワーク，フレックスなど柔軟な働き方をさらに進めていく必要がある。また，後者の人

材については，必然的に雇用の流動性が高まることが想定されるので，それに合わせたマッチング機能の強化，企業外部でのリスキリング機会の充実やセーフティネットの強化を，企業に代わり政府が責任を持って担う必要がある。さらに，人口減少に対応するためには，女性・高齢者の労働参加を一層高めるとともに，外国人労働者の定着を図る必要があり，それを妨げている制度については，「置換」していくことが重要だ。

　第三に，社会保障制度については，企業を単位とした社会保険制度のあり方は，その枠外にある非正規雇用者などの増加や，少子高齢化の急速な進展により「漂流」している。社会保障制度は，正規社員として企業で働く人を前提とした制度から脱し，非正規雇用者など多様な人材を包摂するような制度に発展させていく必要がある。ただし，これまでの社会保障の歴史をみると，既存の制度の上に新たな制度を追加していく「重層化」の形で進化してきた経緯がある。社会保障制度については，年金制度のように負担が始まり給付をもらうまで数十年を要するものもあり，経路依存的にならざるを得ない面があることを踏まえれば，企業を前提とした制度で対応が十分でないところを，政府がピンポイントの「重層化」で補うという現実的選択肢を検討する必要があろう。特に，低所得者については保険原理だけではなく公的扶助によって補完することが重要であり，低所得者への所得保障が十分にできれば，消費税率の思い切った引上げなど税財源の拡充も可能になる。また，少子高齢化に伴う社会保障の持続可能性の問題については，近年の高齢者の健康状態の改善を踏まえて，70歳前後まで働く環境を整備することを前提とすれば，新たな制度を導入せずとも，年金については多くの問題が解決される可能性がある。医療・介護については，供給面での人手不足の深刻化を踏まえれば，需要・供給面とも効率的な体制の構築が必要だ。

　第四に，イノベーション・システムについては，デジタル化の進展などに十分対応できず，日本のシステムは「漂流」している。日本の得意とするチームワークによる「擦り合わせ」技術が生きる分野では，日本は引き続き国際競争力を持っており，それは維持すべきだ。その上で，AIの活用などデジタル化の一層の進展や，脱炭素化に向けた技術革新に向けて，オープン・イノベーシ

ョンやスタートアップを促進するための「重層化」を図ることが喫緊の課題であり，研究者の流動性も一定程度高める必要がある。また，企業部門のイノベーション・システムが大きく変わらないのであれば，革新的なイノベーションについては政府部門がリスクを負担するといった役割分担も必要であろう。実際に，ムーンショット型研究開発制度など，政府が主導して「破壊的」イノベーションの創出を目指す取組も始まっており，政府がこの分野で「重層化」の役割を果たすことが期待される。

■ 日本が目指すべき全員参加の資本主義

少子高齢化の進展，グローバル化の進展と変質，デジタル化・脱炭素化といった技術革新が同時に進む中で，日本経済に求められるのは，経済成長，包摂性，持続可能性をすべて同時に目指すことだ。経済成長は必要ないとの意見は常にあるが，より少ない現役世代の人口で，社会的に必要とされる財・サービスを供給する能力を持ち，かつ高齢化に伴う社会保障支出の増加や財政負担に耐えるためには，一人当たりの生産性を高め，経済成長を実現しなければならないのは明らかだ。その上で，公的部門がより積極的に関与することで，格差の少ない，年齢・性別を問わず多くの人が労働に参加できる社会を構築する必要がある。

そうした経済の姿を支える日本の資本主義の枠組みにおいて，さまざまな調整の結節点となるのは企業，カイシャの存在であり，そこで働く人材だ。少子高齢化が進む中では，高度成長期に形成された「現役男性中心のカイシャ資本主義」はすでに「消耗」しており，持続可能ではない。少子高齢化の急速な進行に加え，グローバル化の進展，デジタル化・脱炭素化といった技術革新が進む中で，取り残されそうな人達を再び労働市場で活躍できるよう取り込み，持続可能なシステムを作るためには，「性別・年齢に関わりなく働く意欲を持った人による全員参加の資本主義」へと転換を目指していくことが重要だ。それと同時に，リスクをとることに対して寛容な社会を作ることで，経済を成長させ，社会的課題を克服していくイノベーションを再活性化させる必要がある。その両方の鍵を握るのは，日本的な長期雇用・年功序列の雇用システムをどう

第5章 「カイシャ資本主義」から「全員参加の資本主義」へ | 157

考えるかだ。日本的な雇用システムは，男性正社員を中心にした雇用を守り，継続的な技能蓄積を可能にすることで漸進的イノベーションの分野で日本を世界トップクラスに押し上げたが，その反面で，企業がリスクをとることを躊躇させ，保護の枠外にある非正規雇用，女性，高齢者の活躍や外国人労働者の定着を妨げており，このトレードオフのバランスをいかにとるかは難しい課題だ。また，日本的な雇用システムは，ある意味で，国民の生活を保障し，人的資本を強化する役割を企業が担ってきたとも言える。しかし，このシステムでは，多様化する働く人を包摂し，働く人のやりがいや満足度を高めることには，もはや限界がある。そこで，全員参加の資本主義を実現するには，企業部門に代わり，公的部門が主体となって，より幅広く国民の生活を保障し，人的資本の育成を担う必要がある。

　以下では，「全員参加の資本主義」実現の鍵を握る日本的な雇用システムについて，雇用の流動性や年功序列型の賃金が，雇用者，企業，マクロの経済パフォーマンス，イノベーションにどのような影響を与えているかについて概観するとともに，変化の方向性を検討する。

2. 日本的な雇用システムの再考

▌雇用の流動性の現状

　一般論として，一国経済全体についてみると，雇用の流動性は，企業や市場の特性・環境に応じて内生的に決まるものであり，流動性の高低について，どちらが望ましいとは必ずしも言えない。例えば，米国では雇用の流動性が高く，短期的な利益拡大を目指した企業戦略の素早い転換が行われる一方，日本では雇用の流動性が低く，企業が長期的な視点で収益確保を目指す戦略がとられている。どちらの場合も，労働市場と企業戦略・経済システムとの間には補完性が生じており，一概にどちらのモデルが優れているとは言えない。日本の場合には，企業特殊な技能の蓄積を重視するため，長期的な雇用慣行を維持することにより，企業にとっては従業員が途中退職するリスクが小さいため安心して教育訓練投資を行うことができる一方，従業員にとっても途中解雇を心配せず

に，他社では役に立たない企業特殊な技能を安心して習得することができるようになる。このことによって，日本企業は，現場での「改善」などによって漸進的な技術改良を得意とする。ただし，すでに第3章，第4章でみたように，グローバル化の進展やデジタル・グリーンなどの分野での技術革新が急速に進む中で，従来の企業特殊な技能が陳腐化しやすくなる一方で，デジタル技術など一般的技能の重要性が増しており，その意味では，日本的雇用システムの意義は薄れつつある。

とは言え，これまでのところ，日本の労働市場の流動性が大きく高まっているわけではない。国際的に労働者の平均勤続年数を比較すると，2021年で，日本は12.3年となっており，ドイツやフランスなど大陸欧州諸国が10年程度，イギリスが7.8年，米国が4.1年であることと比較すると，依然として長く，特に，男性では13.7年に達している（JILPT「データブック国際労働比較2023」）。これは，第3章でみたように，大卒男性労働者については，引き続き長期雇用慣行が残っていることを示している。また，転職者の動向についても，コロナ期の一時的な落ち込みとリバウンドを除けば，大きな変化はみられていない。総務省「労働力調査（詳細集計）」によると，2023年の転職者数は328万人と，コロナ前の2019年の353万人を下回っている（図表5－4）。ただし，2021年

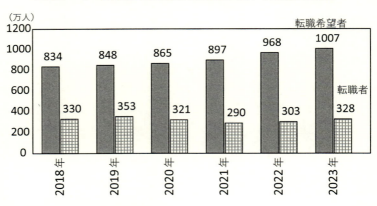

図表5－4　転職理由と勤務先の満足度に関する国際比較調査

出所：総務省「労働力調査（詳細集計）」。

以降は，転職希望者数が大きく増加しており，2023年には1,007万人と過去最高となった。こうした転職希望者の急増の背景には，若年層のキャリア観が，私生活を重視し，会社にとらわれずに自分のキャリアを追求する姿勢に変化していることや，若年層がキャリアアップのための転職を念頭に他企業でも通用するスキルの訓練を志向しているといった指摘もある（太田［2023］）。こうした転職予備軍が増加していることからすると，今後は労働市場の流動性が徐々に高まっていく可能性は十分に考えられる。

　以下では，雇用の流動性が高まり，年功的な賃金・昇進制度が徐々に緩やかになることによって，日本経済にどのような影響が生じ得るのかについて，従業員満足度，女性活躍，高齢者雇用，外国人労働者，企業収益，マクロの生産性の観点からそれぞれ考察するとともに，日本の雇用システムに埋め込まれている雇用の流動性を抑制する制度的な要因について，その役割を再検討する[1]。

▌従業員の満足度の観点

　本来は，長期雇用を特徴とし，従業員を大切に育ててきた日本企業では，エンゲージメントの高い従業員が多いはずだが，第4章でみたように，現実は世界的にも最も低い方になっていることは大きな問題だ。これは，正社員の長期雇用を維持しつつも，人件費や人員の無理な抑制を図ったことが大きな原因であり，これでは，従業員からすれば，長期雇用のありがたみが薄れても仕方がない。正社員は，人件費抑制に伴う成果主義の導入によって要求度を高められる一方，賃金や教育・訓練投資は手控えられ，職場のマンパワーも慢性的に不足するという中で，長期雇用慣行の下で無限定な働き方を強いられている。したがって，この問題に対処するためには，企業が人的資本を大切に育てるという姿勢を取り戻し，職場環境や処遇を改善することが基本的には重要だ。しかしながら，デジタル化の進行等により，かつてのような企業特殊なスキルよりも汎用的なスキルの重要性が高くなる中で，企業側が人的資本への投資を大きく増やすインセンティブは高くない。また，労働組合の組織率が低下する中で，労働者側から企業に強く働きかけるのも限界がある。そこで，労働者が自ら状況を改善する手段の一つとして，職場環境のより良い仕事に転職するというこ

図表 5 − 5 　転職理由と勤務先の満足度に関する国際比較調査

	勤務先の満足度	転職経験	転職したい理由	転職へのイメージ
日　　本	41.5%	59.7%	職場に不満 40.9% 自分にとってプラス 30.2%	①新しいことにチャレンジできる ②職場環境を変えられる ③スキルアップ・経験を積める
米　　国	85.2%	90.1%	自分にとってプラス 47.4% 職場に不満 28.2%	①給与が上がりやすい ②スキルアップ・経験を積める ③経歴を良くできる
イギリス	79.6%	92.7%	自分にとってプラス 46.9% 職場に不満 28.6%	①給与が上がりやすい ②スキルアップ・経験を積める ③新しいことにチャレンジできる
ド イ ツ	77.3%	84.2%	自分にとってプラス 47.8% 職場に不満 24.5%	①スキルアップ・経験を積める ②給与が上がりやすい ③新しいことにチャレンジできる
韓　　国	70.2%	75.8%	自分にとってプラス 46.4% 職場に不満 26.4%	①給与が上がりやすい ②スキルアップ・経験を積める ③新しいことにチャレンジできる

出所：Indeed 社「転職に関する 5 か国比較調査」2023 年 6 月，就業中の 20 ～ 50 代の正社員 8,848 名に調査。

とが考えられる。つまり，労働者にとって，雇用が流動化することのメリットには，現状の職場とのミスマッチの解消やキャリアアップを図る機会が増えることが挙げられる。日本の労働者が転職に関してどのような意識を持っているかについては，Indeed 社が 2023 年に実施した国際比較調査において，興味深い結果が示されている（図表 5 − 5）。日本の労働者は他国と比べて転職経験が少なく，また，現在の勤務先に関する満足度については，日本は 4 割程度の労働者しか満足しておらず，ギャラップ社の調査と同様に，他国の労働者の満足度と比べて非常に低い状況にある。転職したい理由については，日本の労働者は「職場に不満を持っているから」が 4 割で最も多いのに対し，他国の労働者

第5章 「カイシャ資本主義」から「全員参加の資本主義」へ | 161

は，「職場に不満はないが自分にとってプラスになる」との理由が最も多くなっている。このように，日本では転職の動機として，キャリアアップというよりも，現在の職場とのミスマッチの解消という意味が大きいと考えられる。ただし，転職へのイメージについては，「新しいことにチャレンジできる」，「スキルアップ・経験を積める」といった前向きの回答が日本でも多い。

厚生労働省の転職者実態調査でも，転職後には7割の人が仕事内容に満足し，6割の人が人間関係に満足と答えるなど，転職によって職場の満足度が高いものとなっている。また，筆者も調査票作成に参加した日本生産性本部の若者の労働移動に関するアンケート調査結果によれば，転職前に仕事内容や働き方などに不満を感じていた人であっても，転職後には3割程度の人が不安・不満を感じなくなることが示されている[2]。このように，労働者のワーク・エンゲージメントが高まることは，労働者の生産性の向上にもつながる。黒田・山本・島津・シャウフェリ（2021）の研究では，大手小売業1社の従業員調査データを分析し，従業員のワーク・エンゲージメントの平均値が高い売り場では，売上高が高くなるとの結果を得ており，客観的指標を用いた分析でも，平均的にワーク・エンゲージメントが高い職場では生産性が高くなることが明らかにされている。こうしたことからすると，日本でも転職が増えることは，現在の職場でミスマッチを感じている労働者が新たな職場で自分の能力を発揮できるようになる機会を増やし，ひいては労働者の生産性を高めることが期待できる。

▌ 女性活躍の観点

日本的な雇用システムが女性の労働市場での活躍にどのように影響しているかを再度整理してみよう（原［2017］）。日本的な雇用システムでは，企業における多くのポストは外部労働市場ではなく内部の労働者を昇進・異動させて充てる仕組みとなっている。このため，さまざまな職種・職務へ内部労働市場から人材を供給するには，職務が限定的でないジェネラリストとしての働き方が主流となり，また，チームワークで専門性を補い合うため労働時間管理が個人単位では難しいという職場の特徴を持っている。こうした無限定で長時間労働

を強いられる働き方が，子育てや家事等の家庭労働との両立を困難にし，特に女性にとって無限定な働き方としての正社員を選択することを難しくしている。また，人的資本理論に基づいて考えると，一般的技能と企業特殊な技能の2つの分類のうち，日本的な雇用慣行は，1企業における長期継続雇用を通じて後者の企業特殊な技能の蓄積を促すものである。企業特殊な技能を労働者が身に付けるには，企業側の教育訓練投資が必要となるが，その教育訓練投資の収益を企業が回収するには，労働者がなるべく長期間継続して働いてくれることが必要となる。この点において，出産・子育て等のために離職する確率の高い女性は，男性と比べて企業にとって収益回収が難しくなるため，企業の採用において女性は不利な立場となる。以上は，日本的雇用システムと関連した要因を挙げたが，女性活躍を阻む要因には，この他にも，女性は家を守るべきという性別による役割分担意識，そもそも就労意欲があっても保育施設の制約などのために子育てと両立が難しいといったことがある。

　次に，女性の活躍について実証的に分析した例として，山本（2018）を取り上げて少し詳しくみてみよう。この分析では，経済産業研究所が2011年度と12年度に行った企業・従業員調査の個票データを用い，正社員女性比率および管理職女性比率といった企業における女性活躍を示す指標に対し，職場の労働時間，雇用の流動性，賃金構造，ワークライフ・バランス（WLB）施策の4つがどのように影響しているかを分析している。その際，労働時間や雇用の流動性については，女性従業員が多いために，労働時間が短く雇用の流動性が高くなるという逆方向の因果性が生じる可能性を考慮して，これらの変数については男性のデータが用いられている。これらの変数に，その他のコントロール変数を加えた二時点間のパネルデータ推計の結果によると，女性の活躍が進んでいる企業では，①職場の労働時間が短いこと，②雇用の流動性が高いこと，③年功賃金カーブが緩く，賃金のばらつきが大きいこと，④育児・介護休業や短時間勤務制度などWLB施策が充実していること，といった特徴があることが示されている。これらの推計結果は，理論的な考え方と整合的であり，労働供給面からみれば，長時間労働が常態化し，柔軟な働き方が整備されていない企業では，女性労働者が就労しにくいということが示されている。また，労働

第 5 章 「カイシャ資本主義」から「全員参加の資本主義」へ ｜ 163

需要面からみると，長期雇用慣行や急勾配の年功賃金カーブを持つ企業では，企業特殊な技能に重点を置いていることから，就労が中断しやすい女性に対する労働需要が低いということが示されている。

こうした分析を踏まえると，従来のような日本的雇用慣行が強い企業では，女性は活躍しにくいということは否定できない。女性活躍のためには，キャリア途中で一時的に職場を離れた人や外部からの転職者でも，再びキャリアパスに復帰でき，柔軟な労働を可能とするような業務分担や人員配置が整備されていることが重要なポイントになる。

■ 高齢者雇用の視点

長期雇用と年功賃金といった日本的な雇用システムと高齢者雇用のあり方とは，表裏一体の関係にあると言える。初めに，定年制に関する現行制度について整理すると，高年齢者雇用安定法に基づき，定年年齢は 60 歳以上とされ，定年を 65 歳未満に定めている事業主には，65 歳までの希望者全員の雇用確保措置が義務化されており，さらに，2021 年からは，70 歳までの就業機会確保が努力義務とされている。厚生労働省の就労条件総合調査によると，2022 年時点で，日本企業の 94％が定年制を持っている。そのうち，一律定年制を採用している企業の 72％が 60 歳定年となっており，94.2％の企業は定年後の勤務延長制度または再雇用制度もしくは両方の制度を持っている。

こうした定年制のあり方は高齢者の就業に大きな影響を及ぼしている。日本的な年功賃金カーブの下では，労働者は，若年期に自分の生産性と比べて低い賃金で働く代わりに，経験を重ねた中高年期には自分の生産性以上の賃金を受け取ることになるので，あたかも，雇用の初期段階で企業へ「預け金」をして，後年に「払い戻す」形になっており，預け金がすべて払い戻し終わった時が「定年」となる（Lazear [1979]）。したがって，定年時点よりも長く雇うと，企業としては過払いになってしまうので，定年制は，長期雇用・年功賃金を維持するために必要不可欠となる。また，年功的な昇進制度の下では，年長者が退職しないと後任を処遇できないので，その意味でも定年が必要となる。加えて，日本では解雇権が制限されているため，日本企業にとっては定年制が貴重な雇用

調整手段となっており，雇用削減は定年退職者の後任を採用しないという形で行われることが多い。このように，定年制は年功的な賃金・昇進制度を成立させるための必要不可欠な存在だが，高齢者就業に関しては，定年制は，後に述べるように，その後の就業意欲を低下させることが知られている。また，年功的な賃金・昇進制度の下では，企業は中高年を中途で雇用するインセンティブが低くなるが，その理由としては，若年期に「積み立て金」の貢献をしていない中途採用の中高年労働者にも，生産性を上回る高い賃金を支払わなければならないことが挙げられる。

高齢者就業に関する実証的な分析例について整理した清家・山田（2004）によると，定年経験は，60歳代の男性の就業確率をおおむね2割程度引き下げる効果を持つとされている。その理由としては，①定年をきっかけに就業からの引退意思を持つようになるという留保賃金の引下げ効果があること，②定年後には受け取ることのできる市場賃金が引き下げられる効果があること，という2つの相乗効果で就業確率を低下させるためである。また，後者の定年後に受け取る賃金の低下については，そもそも定年前の賃金水準が生産性を上回っていたことの修正という面があるが，加えて，定年後には本人の能力を十分に活かせない職場で働かざるをえないという面がある。このように，定年制度は，定年を機に引退を誘発するという意味で，高齢者の人的資本の量的な活用を阻害するだけでなく，定年後に働く場合にも本来の経験や能力を活かしにくくするという意味で，その質的な活用も阻害することが指摘されている。

図表5-6は，令和元年度経済財政白書（内閣府（2019））で行った個人意識調査の結果を示しているが，これによれば，65歳以降も就業意欲のある雇用者は一定程度存在しているものの，30～50代の正社員の半数以上は65歳を超えて就業することを希望していない。しかし，現状では65歳超の就業を希望していない30～64歳の者に対して，どのような変化があれば65歳以降も働いても良いと感じるようになるかについて尋ねた回答結果をみると，9割程度の人は何らかの環境変化があれば65歳以降も働いてもよいと回答している。具体的な65歳以上の就業のための条件についての回答割合は（複数回答あり），「定年後の賃金が大きく減らないこと」が59%で最も高く，次いで，「残業なし」

図表 5－6 高齢期の就業意欲に関する調査結果

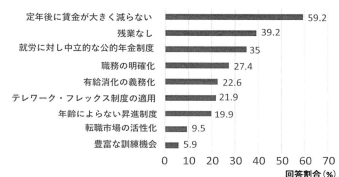

出所：内閣府（2019）「就業期間の長期化に関する意識調査」。

が39%,「就労に対して中立的な公的年金制度」が35%となっている。

以上の分析を踏まえれば，高齢者雇用を促進するためには，現在のような形での定年制のあり方や，それと密接に関係する年功的な賃金・昇進制度のあり方については，何らかの修正が必要である。

▎外国人労働者と日本的雇用

日本は，外国人労働者の受け入れに関して，基本的に，専門的・技術的分野の外国人は積極的受入れ，それ以外は慎重にというスタンスをとってきたが，外国人労働者の数は，1990年の26万人から大幅に増加し，2023年10月時点で200万人を初めて超えた。日本における外国人労働者が1990年以降に増加し始めた背景には，1990年に施行された改正出入国管理法により，就労のための在留資格が増加したことや，1993年に技能実習制度が創設されたことなどがある。しかし，最近では，人手不足が深刻化する中で，労働力確保の観点がより重視されるようになっており，2019年に特定技能制度が創設され，人材を確保することが困難な状況にある産業分野に限り，一定の専門性・技能を有し即戦力となる外国人を受け入れる制度が導入されたほか，外国人労働者の技能実習制度に代わる「育成就労」の新設等を柱とする改正出入国管理法が2024年に成立した。

長期雇用や年功型賃金を特徴とする日本型雇用システムの下では，外国人労働者は，メインストリームから排除された周縁労働者として扱われているとのイメージを持ちがちであるが，国際労働市場の実態を分析した是川（2022）の研究では，日本で安定的な経済的地位を築いている外国人労働者が着実に増加していることが示されている。具体的には，永住資格を持つ外国人労働者は2割程度で安定しており，かつその人数も着実に増加している。賃金水準についても，永住者の間では専門的・技術的分野で働く者を中心に，日本人と完全に同等とまでいかずとも着実に経済的同化が進んでいる。また，アジアの送り出し国側からみても，アジア諸国から日本を目指す者は中－高学歴かつ所得が高い者に多い傾向が見られることから，単に日本との経済格差によって国際労働移動が生じているというよりも，むしろ「潜在能力意欲モデル」が想定するように，送り出し国の経済成長に伴って国際労働移動への意欲やそれを可能にする能力が高まったことが背景にあることが指摘されている[3]。このことは，日本とアジア諸国との経済格差の縮小にもかかわらず，日本を目指す外国人労働者が増加している事実をうまく説明している。また，外国人労働者を受け入れている日本側でも，技能を身に付けた外国人労働者が継続して就労することを希望する企業が多く，周縁人材というよりも，むしろコア人材としての役割を期待されている面がある。他方で，日本にいる外国人労働者が差別的な扱いを受けているのは，長期雇用や年功型賃金を特徴とする日本的システム自身に起因しているところが大きいことも指摘されている。こうしたことを踏まえると，日本企業の雇用の流動性が高まり，年功型賃金から生産性を重視した処遇が可能となれば，コア人材としての外国人労働者が定着する可能性が高まる可能性がある。

▮ 企業業績と雇用の流動性

雇用の流動性が企業業績等に与える影響については，これまでの研究成果では，企業によって雇用の流動性の最適水準が異なり，その最適水準を下回っても上回っても企業業績は悪くなることが指摘されている。このため，雇用の流動性と企業業績の間には「逆U字」の関係が生じることが知られている。日

本企業を対象とした山本・黒田（2016）の研究では，経済産業研究所が実施した企業調査の個票データを用いたパネルデータ分析により，雇用の流動性が高まるほど企業の利益率が高まるが，流動性が高すぎると利益率は低くなるという逆U字の関係性がみられることが示されている。また，この研究では，雇用の流動性の影響がどのような企業でプラスになりやすいかを調べるため，企業をその属性によって類型化した上で，それぞれの企業類型別に雇用の流動化の影響を推計した結果も示されている。具体的には，定着率が高く，メンタルヘルスがよく，年功賃金の割合が中程度で，教育訓練を重視している，いわゆる「日本的企業」に類型される企業では，中途採用のウエイトを高める形で雇用の流動化を進めると，利益率や労働生産性が上昇する傾向があることが示されている。このことから，日本的雇用慣行に近いタイプの企業では，環境変化によって雇用の流動性の最適水準がシフトしてきており，現在の中途採用の活用度合いは最適とは言えず，中途採用を多く活用するように行動を変えている企業ほど，業績がよくなっている可能性が示唆される。他方，定着率が低く，メンタルヘルスが悪く，年功的な賃金体系で，教育訓練の重視度合いが低いという特徴を持つ「ブラック企業」に近いタイプの企業では，中途採用のウエイトや離入職率を高めると，利益率や労働生産性の低下を招く可能性があることが示されている。これについては，ブラック企業に近いタイプの企業では，雇用の流動性が最適水準よりも高くなり過ぎており，離入職率を低くしたり，中途採用のウエイトを低くしたりすることが，望ましい行動であることが指摘されている。以上のような分析結果は，少子高齢化やグローバル化といった環境変化の下で，日本企業にとって望ましい雇用の流動性の水準が変化している可能性があることを示唆している。また，鶴・滝澤（2023）によれば，上場企業800社超を対象にした「日経スマートワーク経営調査」のデータを用いた分析では，離職率と企業業績の間に逆U字型の関係が確認されているが，逆U字に反転する離職率の水準は高いため，ほとんどの企業では離職率と企業業績には正の相関があるとしており，やはり現状よりも高い雇用の流動性が望ましいことが示唆されている。

マクロの生産性と産業間の労働移動

　一般に，雇用の流動性を高めることで，低生産性部門から高生産性部門への労働移動を図ることにより，経済全体の生産性を高めることができるとされているが，実際には，労働の産業間移動による生産性向上効果は極めて限定的だ。図表5－7は，筆者がEU KLEMSの産業別の労働生産性データを用いて労働移動の影響を整理したものだ（茨木（2024b））。具体的には，日本，米国，ドイツ，スウェーデンの4カ国について，2000年〜2007年，2010年〜2018年の2つの期間における一国全体の労働生産性の変化を，各産業内での労働生産性の変化によるもの（棒グラフの波線部分）と，産業間の労働移動を含む産業構造変化によるもの（棒グラフの黒・灰色の塗りつぶし部分）に要因分解を行った。これをみると，いずれの国においても，またいずれの年代においても，産業内での労働生産性の伸びがマクロの労働生産性の伸びの大半に寄与しており，産業間の労働移動を含む産業構造変化の影響は限定的となっている。これは，労働生産性の水準や伸び率が相対的に高い製造業のシェアが低下傾向にある一方で，労働生産性の水準や伸び率が相対的に低いサービス業のシェアが増加傾向にあるためで，先進国では不可避的なものだ。今後も高齢化の進展により医療・介護

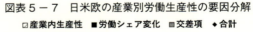

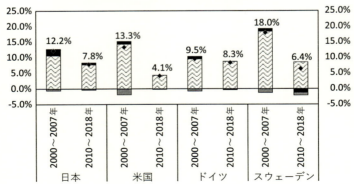

（備考）EU KLEMSのデータを用い，19産業分類の労働生産性を，産業内（生産性差分＊期首労働シェア／期首全体生産性），シェア変化（期首生産性＊労働シェア差分／期首全体生産性），交差項（生産性差分＊労働シェア差分／期首全体生産性）に分解した。

第5章 「カイシャ資本主義」から「全員参加の資本主義」へ │ 169

などのサービス産業の割合は高まると見込まれることから，こうした傾向が続くことが予想される。したがって，生産性という面では，各産業内での生産性向上が重要であることが示唆される。

▌労働移動とイノベーション

　日本は，国際的にみても研究者の労働移動が少ないのが特徴であるが，そうした日本の雇用の特徴がイノベーションの結果にどのように反映されてきたか，また，今後，雇用の流動性が高まることによって，どのような変化が生じ得るであろうか。この点について，清水（2019）では，以下のような分析が示されている。

　企業で働く研究者のうち，転職経験者が占める割合は，米国，イギリス，ドイツでは3割から4割超となっているのに対し，日本は5％強程度と極端に低くなっており，特にコア人材ほど転職率が低い傾向がある。また，人材の流動性とベンチャー・キャピタルの活発さとは密接に関連しており，雇用保護が強い国では，ベンチャー・キャピタルの投資が低いという負の相関がみられる。これは，人材の流動性が高い社会では，新興企業が，既存企業から優秀な人材を引き抜くことが容易であり，ベンチャー・キャピタルも資金提供に積極的になるためだ。このように，人材をはじめとした経営資源の流動性が低いため，日本の場合には，スピンアウトがあまり見られず，イノベーションは既存企業の社内で行われることになる。そうなると，既存企業の競争力の源泉を壊してしまうような破壊的なイノベーションは少なくなる一方，現在の競争力の源泉をさらに補強するような累積的なイノベーションを生み出す傾向が強くなる。実際に，クォーツ式時計や半導体レーザ，光ファイバーの製造方法など日本を代表するプロダクト・イノベーション，プロセス・イノベーションの多くは，その起源が海外にあり，日本企業が累積的な改良を重ねて磨いていったものである。

　他方，人材や資金の流動性を高めるほどイノベーションが促進されるかというと，必ずしもそうではないということが指摘されている。その理由としては，経営資源の流動性が高まっていくと，研究開発を進めていた研究者が，途中で

スピンアウトし，関連技術を応用できるサブマーケットの開拓に向かう傾向が高まる結果，研究者が抜けてしまった既存技術の研究開発の生産性が低下し，その成果も当初見込みよりも小さくなるためである。こうしたスピンアウトによる出し抜き競争が激しくなると，累積的なイノベーションの成果が小さくなるだけでなく，破壊的イノベーションを社会に普及させていくための改良や補完的技術の開発にも影響することになる。さらに，経営資源の流動性の高い社会では，他の研究者に先駆けて魅力的なサブマーケットの開拓を行う傾向が生じ，追加的な投資が小さくて済むような「手近な果実」を狙った市場開拓が進むため，社会全体に役立つような汎用性の高いイノベーションが育ちにくくなることも懸念される。実際に，米国でも，近年は汎用性の高い技術の開発が生み出されず，「手近な果実」を狙った技術革新が多いとの指摘がある。ただし，米国の場合には，国防高等研究計画局の研究資金によって，基礎的な研究が行われ，その技術が民間企業にも活用されるという国全体のイノベーション・システムが構築されている。

　以上のような分析を踏まえれば，革新的なイノベーションやベンチャー企業を創出するためには，労働市場の流動性が高まることが望まれるが，それだけでは十分でない。日本のように国の研究開発資金が小さく，企業の研究開発に大きく依存したイノベーション・システムにおいては，幹の太いイノベーションは生まれない可能性もあり，長期的な視点に立って，国や大学による革新的な研究を充実させることも同時に重要である。

▎労働移動を抑制する日本的雇用システム

　日本的な雇用システムは，企業特殊な技能の蓄積を重視し，長期間勤続するほど有利になるように，年功的な賃金・昇進制度や退職金制度が設計されている。したがって，キャリア途中で転職する場合には，賃金面やポストの処遇面などで不利になることが知られている。転職による賃金の増減に関して，令和4年度労働経済白書によると，男女ともに15－35歳では転職後に賃金が上がった人の割合が下がった人の割合を上回るものの，36－59歳については，男性では賃金が低下した人の割合の方が高くなり，女性でも上昇と低下がほぼ

第 5 章 「カイシャ資本主義」から「全員参加の資本主義」へ ｜ 171

図表 5 － 8　転職による生涯賃金・退職金減少率（2019 年）

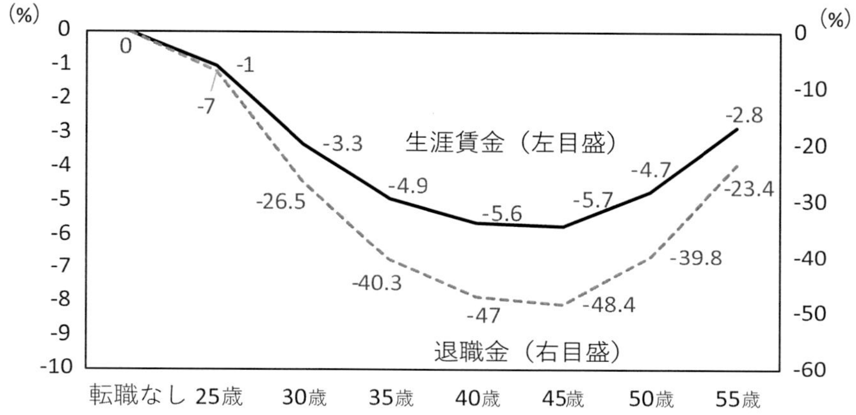

(%)

0
-1
-2
-3
-4
-5
-6
-7
-8
-9
-10

(%)

0
-10
-20
-30
-40
-50
-60

0
-1
-7
-3.3
-26.5
-4.9
-40.3
-5.6
-47
-5.7
-48.4
-4.7
-39.8
-2.8
-23.4

生涯賃金（左目盛）

退職金（右目盛）

転職なし　25歳　　30歳　　35歳　　40歳　　45歳　　50歳　　55歳

出所：JILPT ユースフル労働統計 2022，大卒の場合の賃金。

半々となっている。さらに，転職によって生涯賃金がどの程度の影響を受ける
かについて，労働政策研究・研修機構（JILPT［2022］）は，製造業 1,000 人以
上規模企業の男性大学卒（管理・事務・技術労働者，総合職相当）のデータに基づ
き試算している（図表 5 － 8）。これによると，転職を経験せず同一企業に勤続
した場合の生涯賃金と比べて，一度だけ転職を経験した場合には，転職による
生涯賃金の減少率は年齢が上がるにつれて大きくなり，45 歳で転職した場合
に 5.7% 減と最も大きくなり，それ以降は年齢とともに減少率は縮小していく。
同様に，転職による退職金の減少率についても，年齢が上がるにつれて大きく
なり，大卒の場合は 45 歳で転職した場合に 48.4% 減と最も大きく，それ以降
は減少率が小さくなる。これは，40 〜 45 歳で転職すると，その前後で勤続年
数がほぼ二分されてしまうために，どちらの企業での勤続年数もそれほど長く
ならず，勤続年数増加に伴う賃金上昇効果が小さく，かつ退職金の減少率が大
きくなるためである。

　そもそも年功的な賃金は，第 2 章でもみたように，従業員の引き留めのため
に，戦前から製造業の大企業を中心に導入されてきたものだが，経済学的には
2 つの大きな意味付けがあり，また，日本における年功制導入の経緯的な説明
も存在している（清家［2004］）。

理論的な説としては，第一に，ゲーリー・ベッカーの人的資本理論によるものがある。人的資本理論は，教育や訓練を投資と捉えるものであり，企業による労働者への教育や訓練の結果，仕事能力が向上するにしたがって賃金が上昇する年功賃金がみられるようになると考えるものである。

　第二は，すでに述べたエドワード・ラジアーの「後払い賃金」の契約理論によるものだ。この理論によると，労働者は，若年期には自分の生産性を下回る賃金で我慢することにより「積立金」を企業に預託し，中高年期には自分の生産性よりも高い賃金を得ることでそれを「払い戻し」，定年の時にちょうど企業への貢献総量と賃金の支払い総額がバランスするような暗黙の契約を結んでいると考えるものである。そして，退職金は，生産性よりも高い賃金を受け取る中高年期において，労働意欲を維持するためのインセンティブの役割を果たし，後払い賃金として，事後的に労働パフォーマンスを勘案して支給される。

　また，年功賃金が導入されてきた過程において用いられた説明に，生活給という考え方がある。これは，労働者個人やその家族の食費など生計費を積み上げ，それが世帯主の年齢とともに上昇することから，それにあわせて賃金を上昇させていくのが年功賃金であるという考え方である。

　これらの年功賃金に関する考え方を踏まえて，なぜ転職によって生涯賃金が低下するかを考えてみよう。まず，年功賃金を生活給として捉える考え方によれば，そもそも転職によって，その労働者が必要とする生計費が変わるわけではないので，この考え方では合理的な説明ができない。人的資本理論に基づいて考えると，転職前の企業において教育・訓練によって仕事能力を身に付けた労働者であれば，転職後においても同じ仕事能力を発揮することができれば賃金が下がることはないが，日本の場合は，その企業でしか役に立たない企業特殊な技能の蓄積が重視されるので，その観点からは，離職した労働者の仕事の能力は他社ではそれほど役に立たないため，賃金が低下するのはやむを得ないことになる。また，ラジアーの「後払い」理論に基づけば，若年の労働者であれば，もともと賃金水準が生産性を下回っているので，転職による賃金変化は大きくないものの，中高年の労働者の場合には，若年期の「積立金」によって生産性を上回る賃金を得ているので，転職した場合には，その企業での「積立

第5章 「カイシャ資本主義」から「全員参加の資本主義」へ │ 173

金」がゼロとなるため，賃金は当然，低下する。

　ただし，転職に伴う賃金低下の問題については，グローバル化の進展やデジタル化などの技術革新を反映して，企業特殊な技能の重要性が低下し，一般的な技能の重要性が高まるにつれて，次第に縮小に向かう可能性が高い。人的資本理論の観点からは，一般的な技能は，転職しても新たな企業で仕事能力を発揮できるため，賃金水準は保たれるはずである。特に，労働者が一般的な技能を保有していることを，資格などで証明することができれば，転職に伴う賃金低下の防止に役立つ。また，「後払い賃金」論の観点からも，そもそも企業特殊な技能の重要性が低下すれば，年功賃金で長期雇用を促す必要性自体が低下するので，労働者のその時々の生産性に見合った賃金水準に近づいていく可能性があり，そうなれば，転職による中高年の賃金低下も緩和されるであろう。

▍退職金の労働移動阻害効果

　退職金については，後払い賃金として長期間働いた人に払われるものであり，すでに見たとおり，途中退職した場合には不利な扱いとなるため，労働移動を阻害する効果を持っている。退職金については，法律による設置の定めはないが，人事院の調査によれば，退職給付制度がある企業は全体の9割以上であり，制度がない企業は7％程度となっている。退職金がある企業のうち，約半分が退職一時金制度のみで，残りの4割弱が一時金と企業年金制度の併用，1割が企業年金制度のみとなっている。転職した際に，こうした退職金が持ち運べるかどうかについては，退職一時金の場合は，企業ごとに積み立てて支給する方式では難しいが，中小企業退職金共済の場合は転職先の企業が同じ共済であれば通算可能となっている。また，企業年金の場合には，企業型確定拠出型年金（DC）では，転職先がDC型であれば資金移管が可能だが，DC型でない場合には個人型確定拠出年金（iDeCo）に移管するケースが多い。このように，退職金については，企業年金であれば，近年DCの増加によって転職に伴う移管が可能な場合が増えているが，一時金の場合には移管が難しいため，いったん支給を受ける必要があり，そのため，転職が多いと積立て年数不足で生涯支給額が少なくなる。

退職金のポータビリティについては，それが低いほど転職を抑制する効果があるが，ポータビリティの低さは経済全体の生産性を低下させる可能性があることが指摘されている（大竹［2001］）。経済理論的には，転職時のポータビリティがない退職金制度は，従業員が怠けたりしたことが発覚した場合に退職金を減額することによって，従業員の勤労意欲を高める効果や，転職に不利な制度設計とすることで，企業が安心して従業員の教育訓練に投資を行うことができるという生産性効果がある。しかしながら，技術革新など外部環境の変化によって，それに対応できない企業の生産性が低下した場合には，労働者は転職した方がより高い生産性を発揮できる可能性があり，逆に，ポータビリティのない退職金は経済全体の生産性を低下させる可能性がある。また，企業が経営悪化時に労働条件を悪化させて自発的な離職を促すような機会主義的行動をとり，退職金が十分支払われない可能性もある。こうしたことを考慮すると，退職一時金や確定給付型の企業年金など，ポータビリティに制約がある退職金については，ポータビリティの高いものに転換していく必要がある。実際に，DCを選択する企業が増加していることは，企業会計面での配慮も大きいが，企業特殊な技能蓄積の必要性が低下していることも背景にあると考えられる。

▍労働移動に関する企業のコスト （解雇規制）

日本で労働移動が少ないことの一つの背景には，企業側の意思による従業員の解雇が規制されているという制度的な面がある。日本では，労働契約において従属的な地位にある労働者の保護を目的として，企業が従業員を解雇することについては，正当な理由のない解雇を無効とするという「無効ルール」が課されている。こうした解雇規制は，1970年代までに，権利濫用を禁止する民法の一条項に基づいた裁判例によって確立されたものであり，いわゆる「解雇権濫用法理」と呼ばれるが，その後，2003年に労働基準法の条項として取り込まれ，さらに2007年の労働契約法に規定が移行された。具体的には，労働契約法第16条において，「解雇は，客観的に合理的な理由を欠き，社会通念上相当であると認められない場合は，その権利を濫用したものとして，無効とする」とされ，客観的な理由としては，傷病等による労働能力の喪失・低下，労

第5章 「カイシャ資本主義」から「全員参加の資本主義」へ | 175

図表5-9 OECD雇用保護規制指標（EPL）とその内訳
（無期限雇用労働者の個別解雇規制），2019年

	雇用保護の強さ	手続きの煩雑さ	解雇予告・解雇手当	不当解雇の制度的枠組み	不当解雇規制の実効性
米国	1.3	0.7	0.0	0.1	4.4
イギリス	1.7	1.3	1.3	1.1	3.3
日本	2.1	0.8	0.9	2.8	3.9
ドイツ	2.2	1.7	1.3	3.1	2.9
フランス	2.4	1.5	2.4	2.6	3.3

出所：Chapter 3: Recent trends in employment protection legisltion, OECD Employment Outlook 2020。

働者の能力不足，適格性の欠如・喪失，労働者の義務違反，規律違反等の非違
行為，使用者の業績悪化等の経営上の理由（整理解雇），ユニオンショップ協定
に基づく解雇が挙げられており，これに加えて社会通念上の相当性も求められ
る。客観的な理由のうち，業績悪化等に伴う整理解雇の場合には，さらに①
人員削減の必要性，②解雇回避努力義務の履行，③人員選定の合理性，④解
雇手続の妥当性の4要件が求めれられる。こうした日本の解雇規制の強さは，
OECDの雇用保護規制指標（EPL）によればOECD平均を下回り，米英などア
ングロ・サクソン系の国に次いで低い水準（解雇規制が緩い）にあるが，これは
手続きや解雇予告期間・解雇手当などが比較的低いことによるもので，解雇の
困難さに関する指標は高めで，解雇はしにくい方である（図表5-9）。

　こうした日本の解雇規制のあり方については，2つの大きな問題点が指摘さ
れている（大内・川口［2018］）。

　一つめは，解雇規制のあり方として，日本では解雇を無効にするルールしか
認められておらず，企業に対して過大なコスト負担を強いているという点であ
る。解雇規制のあり方については，不当な差別や労働者への報復を理由とした
解雇については，日本以外の国でも法律で無効とするものが多いが，経営上の
理由等による解雇については，労働者に対して一定の金銭補償をするという金
銭解決ルールを認めている国も多い。金銭解決ルールは，所定の雇用終了コス
トを定め，解雇がそのコストに見合うかどうかを企業に判断させることで解雇

を抑制する働きを持つが，解雇を無効とするルールは，企業に対して無限大の
コストを課すことによって解雇できないようにするものであり，企業のコスト
が大きい。また，実際には，裁判所が解雇無効としても，労働者が元の職場に
復帰せず，金銭補償となるケースも多いが，この場合，金銭補償の金額などが
明確に定められている訳ではなく，労働者にとっても不透明性が高いという問
題がある。

　もう一つの問題は，解雇無効のルールを定めた法律の規定では，どこまでの
解雇が許されるかが明確でなく，また，その判断は裁判所に全面的に委ねられ
ているために，金銭解決ルールと異なり，企業にとっては予見可能性が低いと
いう点である。こうした日本の解雇規制のあり方や不確実性により，企業は解
雇に関するリスクを避けるために，採用を過剰に抑制したり，解雇の難しい正
社員の代わりに非正規社員を増やしたりする可能性があるほか，外国企業が日
本への直接投資を躊躇する可能性も指摘されている。

　日本の解雇規制が労働者の雇用を法的に強く保護してきたことは，これまで
の日本的な雇用システムとは制度的な補完性を持つものであった。日本企業
は，技術革新等による環境変化や短期的な経済ショックに対して，企業内での
配置転換や再教育などによる人材活用や，業績と連動性の高いボーナスの増減
による賃金の柔軟性によって，雇用調整をなるべく避けることで，従業員の長
期雇用を保障してきた。こうした状況の中で，社会規範として解雇規制も厳し
く運用されてきた。しかしながら，グローバル化の進展やデジタル化などの技
術革新が進むと，企業特殊な技能蓄積を必要とするコア人材は限られる一方
で，一般的な技能の重要性が高まるため，外部人材の登用が進み，雇用の流動
性が高まる可能性がある。また，女性や高齢者，外国人労働者など多様な人材
の活躍も，雇用の流動性を高める方向に働く。こうした雇用の流動性の高まり
に対して，解雇規制についても，より予見可能性が高いものにしていかなけれ
ば，すでに挙げた問題点がますます拡大し，結果として雇用の質の悪化をもた
らすとともに，現状で保護の枠の外にある，若者・女性・高齢者の雇用を抑制
することが懸念される。したがって，改革の方向性としては，不当な差別等に
よる解雇については法律で無効としつつ，経営上の理由等による解雇について

第 5 章 「カイシャ資本主義」から「全員参加の資本主義」へ │ 177

は金銭解決ルールも選択肢に加えていくことが必要だ。

▌雇用保護と産業別の生産性

　解雇規制などの雇用保護措置が，経済全体にとって，どのような影響を与え
ているかについてみてみよう。解雇手続き等に関する過度の雇用保護規制によ
って雇用の流動性が抑制されているような場合には，一部の産業の生産性に負
の影響を及ぼすことが知られている（Bassanini et al.［2008］）。具体的な影響と
しては，雇用保護規制は，解雇の費用を増大させることにより，離職と新規の
雇い入れの双方を減らすため，技術革新や需要変化に対する企業の迅速な対応
を困難にし，生産性の高い企業への労働移動を遅らせる。また，解雇費用が高
い場合，企業はリスクを避けるために，リターンは高いが不確実性のある新技
術を試すことに慎重になり，リスクの少ない既存技術の改善に力を入れること
を強いられる。他方で，雇用保護規制が生産性にプラスに働く側面もある。例
えば，雇用の安定は企業に対して人的資本への投資を増やすインセンティブを
与えるとともに，労働者の企業に対するコミットメントも強化するという側面
がある。ただし，これらの要因が生産性を高める方向に働くのは産業構造が安
定している場合であり，産業構造が大きく変化する場合には，むしろ必要な転
換を遅らせる可能性がある。筆者による分析では，雇用保護規制の強さは，雇
用の流動性が高い産業の生産性とマイナスの相関があることが示されている
（茨木［2024b］）。図表 5 - 10 の上段のグラフは，OECD 各国の雇用保護規制
の強さを示しているが，日本は OECD 平均以下である。このデータも含めて，
OECD 加盟 14 カ国の 2000 年〜 2018 年までの産業別生産性の変化と，各国の
雇用保護規制の強さとの相関を，産業別の雇用の流動性を加味してパネルデー
タ分析により検証した（推計結果は巻末の付表 4 を参照）。図表 5 - 10 の下段の
表では，産業別の雇用流動性の高さと正規の雇用保護規制の強さの交差項の係
数は全要素生産性と負の相関を示しており，雇用の流動性の高い産業では，雇
用保護規制が生産性にマイナスになっていることが示唆される。ここで用いら
れたデータによれば，相対的に雇用の流動性が高い産業には，飲食・宿泊，教
養・娯楽，卸小売，不動産，専門サービス，医療保健など主にサービス産業が

図表 5 - 10　雇用保護規制とその生産性への影響

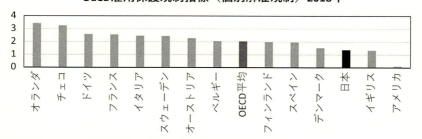

出所：OECD 雇用保護規制指標は OECD Data Explorer。産業別 TFP は EU KLEMS。

含まれる。

　このように，産業による雇用の流動性の違いによって雇用保護規制が生産性に与える影響も異なるため，単に雇用保護規制を緩和すればよいというものではないが，リスクをとって革新的なビジネスに挑戦する企業が，労働移動の制約に過度に縛られないようにすることは重要だ。また，OECDによる企業レベルのデータを用いた分析によれば，雇用保護規制の強さは，イノベーションを活発に行っている企業の人材確保を阻害する効果を持つことが示されている（Andrews et al. [2014]）。

▍今後の雇用制度の変革に向けた視点

　さまざまな観点から雇用の流動性や年功的な賃金・昇進制度が変化した場合の影響をみたが，それらを踏まえて，今後の改革を考える上で重要なポイントは，以下の3点にまとめることができる。

　第一は，日本的な雇用システムの持つ経済的合理性や利点について認識した上で，合理性の失われたものは新たな仕組みに置き換えていく必要がある。日本的な雇用システムは企業特殊な技能の形成を図るという一定の経済合理性を

持つものではあるが，技術革新や産業構造の転換に伴い，デジタル・グリーン分野などでは一般的な技能の重要性が高まっている。したがって，企業特殊な技能が必要な分野の範囲を見極めた上で，そうでない分野については，一定の雇用の流動性を許容し，それに見合った登用制度や賃金システム，職場環境を整備し，専門的な知識や技能を持った人材に加え，いったん職場を離れた女性や高齢者，外国人労働者も含めて企業外部からも人材の活用を図っていくことが重要である。

　第二に，雇用の流動性を考える際に，これまでは主に企業側が従業員を解雇する際の規制に焦点があたってきたが，今後，社会全体の雇用の流動性が高まっていく方向にあるとすれば，労働者の視点からみて，転職することが著しく不利にならないよう，円滑な労働移動が可能となるような環境を整備していくことも必要だ。政策的には，これまでは雇用維持に重点が置かれてきたが，近年の「三位一体の労働市場改革」にみられるように，労働移動にも政策の重点が置かれるようになっている[4]。今後は，こうした円滑な労働移動にも配慮した政策を強化していくことが必要だ。

　第三に，賃金制度の見直し，ワークライフ・バランスの改善，教育訓練の強化，職場での適切な従業員サポートなど職場環境の改善は喫緊の課題だ。社員のエンゲージメントの低下への対応や女性・高齢者雇用の促進の観点からも，こうした職場環境の改善を進める必要がある。この面については，かつての日本企業が大事にしていた人的資本を大切に育てるというマインドを取り戻すことが必要だ。人手不足の中で雇用の流動性が今後高まれば，いずれにせよ，企業は人材確保のために職場環境の改善を余儀なくされる可能性が高い。

　第四に，これまで企業が果たしてきた雇用安定やイノベーション創出の役割について，今後は，公的部門がより大きな役割を果たすことが重要だ。仮に，今後，雇用の流動性が高まるとすると，求職者と求人のマッチング機能を向上させることや，一般的な技能を高めるための人的資本投資をサポートする体制を公的部門が主体となって整備する必要がある。また，イノベーション・システムにおいても，研究人材の流動化によって，逆に「幹の太い」技術革新に結び付くような研究が疎かにならないよう，公的部門が主導した長期的な視点に

立った研究活動の強化が必要であろう。

3. 「全員参加の資本主義」実現への具体的な方策

▌全員参加の資本主義実現への方策の全体像

　全員参加の資本主義を実現していくに当たり，目指すべきは，少子高齢化の進展，グローバル化の進展と変質，デジタル化・脱炭素化などの技術革新といった課題に柔軟に対応できる体制の構築である。そのためには，①性別・年齢に関わりなく働く意欲を持った人が全員参加できること，②リスクをとることや多様な生き方に対して寛容な社会を構築すること，③社会的課題を克服していくイノベーションを再活性化させること，が重要である。

　見直しの具体的な方向性としては，以下の4つの改革が重要と考える。

　第一は，包括的な雇用システムの見直しである。「定年制の撤廃」，「退職金の見直し」，「年功賃金の見直し」，「解雇手当の導入」，「年金受給の繰り下げ」の5点をセットで実施することにより，健康状態が許せば70歳超まで働くことを基本とした社会を構築することで，少子高齢化に対応した社会構造を構築する。同時に，労働市場の流動性を高めつつ，教育訓練を強化し，デジタル社会にも対応することを目指す。

　第二は，ユニバーサルな社会保障の構築である。具体的には，給付付き税額控除を導入し，既存の社会保障制度とうまく連携させることにより，企業主導型の社会保険の枠外にある非正規労働者などをセーフティネットの中に取り込んでいく。低所得者層の安心を確保することで，社会保障の財源も充実させつつ，将来的には，よりユニバーサルな社会保障制度の構築も視野に入れていく。

　第三は，イノベーション・システムの多様化である。これまでの個社の企業努力に頼っていた企業主導型のイノベーションの仕組みを変革し，研究の連携強化やベンチャー企業の創出を促す一方で，公的部門が主導する形で，将来の基幹技術を担うような幹の太い研究も強化していく必要がある。

　最後に，資本主義の結節点となる「カイシャ」のあり方については，これまで日本企業が負担してきた社会的な役割を軽減し，政府がより大きな役割を果

たすように分担を見直すとともに，企業の責任として，多様なステークホルダーに奉仕するものであることを社会に対して約束することが重要である。

　以下では，これらについて，より具体的に説明していく。

▌包括的な雇用システムの見直しの方向性

　雇用システムの見直しにあたっては，①労働者が自らの意思でキャリアを選び，労働移動がしやすい環境を整備すること，②性別によらず，健康な人は70歳あるいはそれ以上まで無理なく働くことができるような，「全員参加型」の雇用システムを目指すことが重要だ。そのためには，「定年制の撤廃」，「退職金の見直し」，「年功賃金の見直し」，「解雇手当の導入」，「年金受給の繰り下げ」の5点をセットで実施することが考えられる。2024年1月に発表されたOECD対日経済審査報告（OECD［2024］）でも，定年制の廃止が提言され，マスコミでも取り上げられるなど一定の注目を集めた[5]。定年制は日本的雇用システムと関連しており，その廃止は，単独では機能しないので，さまざまな関連分野の見直しが必要になる。

　具体的には，定年制，退職金，年功賃金，年金については，従来の終身雇用制度の下では一体不可分のものとして運用されてきた。つまり，年功賃金制の下で，若年期に生産性を下回る賃金で我慢した分の「積立金」を，中高年期には生産性よりも高い賃金で「払い戻し」，ちょうど払い戻しが終わった時点で，定年制によって強制退職させることで，企業は従業員に長期雇用のインセンティブを持たせつつ，人件費を従業員のライフサイクルでバランスするようにコントロールしている。退職金は，生産性よりも高い賃金を受け取る中高年期において，労働インセンティブを維持するためのニンジンの役割を果たし，後払い賃金として労働パフォーマンスを見ながら支払われる。さらに，年金の支給開始年齢は65歳となっているが，それに合わせて65歳までの雇用確保措置も義務付けられるなど，年金と定年年齢とは密接に関連して制度設計が行われている。

　まず，定年制を廃止するとどうなるか。労働者の健康状態にもよるが，現在の健康寿命が男女とも平均で70歳を大きく超えていることを考えれば，70歳

頃までは多くの人が就労可能となるだろう。他方で，ただちに問題となるのが，従来の年功賃金制の下では，中高年層の賃金水準が高過ぎるため，高齢者雇用の増加によって，企業全体として生産性に比べて人件費が過大となることだ。そこで，企業には，これまでの年功賃金制を見直し，賃金水準を労働者のその時々の生産性水準に近づけるように変更するインセンティブが生じる。このことは，従業員が退職して処遇の良い別の会社に転職するリスクを高めるが，企業にとっても，定年制の廃止によって自動的に解雇を行う手段を失うことになるので，多少の流動性の高まりは許容できるものであろう。退職金については，2つの理由で存在意義が薄くなる。一つは，年功賃金制から生産性に見合った賃金に移行することで，中高年層の労働インセンティブを無理に高める必要性が低下することだ。もう一つは，定年制が廃止されて70歳頃まで働くことが一般的になると，その分だけ引退後の期間が短くなり必要な老後所得も少なくて済むことだ。公的年金については，75歳までの繰り下げ受給が可能なので，定年廃止に連動して，多くの人が70歳あるいはそれ以上まで受給を遅らせることができれば，保険料の支払い期間が長くなり，所得代替率も上昇するなど，年金財政はかなり改善される[6]。これに合わせて，高齢者が長く働くことで年金受給が不利になる在職老齢年金のあり方についても，労働インセンティブを阻害しないような見直しが必要だ。現状では，働いて一定以上の賃金を得ている65歳以上の勤労者は，老齢厚生年金の一部または全部の支給が停止されるほか，支給停止相当分については繰り下げ受給による増額の対象からも外れるなど，長く働くことにペナルティが課されている。厚生労働省の令和6年財政検証オプション試算でも取り上げられているように，在職老齢年金の支給停止基準額の引上げないし撤廃を検討すべきだ[7]。ちなみに，OECD加盟国における労働市場からの引退年齢と年金支給開始年齢をみると，日本はOECDの中でも2番目に引退時期が遅い一方で，年金支給開始年齢は65歳であり，引退時期の方が男性で3年，女性で2年上回っている（図表5-11）。欧州のOECD諸国では，逆に年金支給開始年齢が引退時期を上回っている国も多く，日本では現状であっても年金の受給を65歳から遅らせる余地がかなりある。

　また，年功賃金制から生産性に見合った賃金への移行により，キャリアの途

第5章　「カイシャ資本主義」から「全員参加の資本主義」へ　｜　183

図表5-11　OECD主要国の引退年齢と年金支給開始年齢（2022年）

	男性			女性		
	①引退年齢	②年金支給	差（①-②）	①引退年齢	②年金支給	差（①-②）
アイスランド	68.3	67.0	1.3	65.8	67.0	-1.2
日本	68.3	65.0	3.3	67.0	65.0	2.0
ニュージーランド	67.3	65.0	2.3	65.5	65.0	0.5
メキシコ	66.9	65.0	1.9	65.6	65.0	0.6
スウェーデン	65.5	65.0	0.5	64.5	65.0	-0.5
韓国	65.4	62.0	3.4	67.4	62.0	5.4
アメリカ	65.2	66.0	-0.8	65.3	62.0	3.3
オーストラリア	65.1	66.0	-0.9	64.4	66.0	-1.6
カナダ	64.9	65.0	-0.1	63.5	65.0	-1.5
デンマーク	64.5	67.0	-2.5	63.8	67.0	-3.2
OECD平均	64.4	64.4	0.0	63.1	63.5	-0.4
フィンランド	63.7	65.0	-1.3	63.8	65.0	-1.2
ドイツ	63.7	65.8	-2.2	63.4	65.8	-2.4
イギリス	63.2	66.0	-2.8	62.8	66.0	-3.2
ギリシャ	63.2	62.0	1.2	59.7	62.0	-2.3
イタリア	63.0	64.0	-1.0	62.0	64.0	-2.0
オーストリア	61.6	65.0	-3.4	60.9	60.0	0.9
ベルギー	61.1	65.0	-3.9	61.3	65.0	-3.7
フランス	60.7	64.8	-4.0	62.2	64.8	-2.5
ルクセンブルク	60.5	62.0	-1.5	58.4	62.0	-3.6

出所：OECD Pensions at a Glance 2023より作成。

中段階で転職しても賃金が低下しにくくなるため，結果として，雇用の流動性の高まりにつながる。これにより，これまで正規社員への復帰が難しかった育児中の女性の離職者の復職を容易にするとともに，生産性に見合った賃金が払われることで，正規・非正規の賃金格差も縮小することが期待される。働き方改革の一環として進められる日本型の「同一労働同一賃金」では，あくまで不合理な正規・非正規の待遇差を是正することが目的であり，欧州のような同じ職務・職種であれば賃金も同じというものとはかけ離れている。最低賃金の引上げと合わせて，非正規労働の賃金水準を高め，ワーキングプアを防ぐことが

重要である。

　こうした労働市場の改革シナリオで懸念される点もいくつか存在する。

　第一に，企業にとっては，定年制が廃止されることで自動的に解雇を行う手段がなくなり，人員管理が難しくなるため，新卒採用などを抑制したり，雇用期間の定めのある非正規雇用をさらに増加させるのではないかといったリスクが考えられる。この点については，解雇規制のあり方も同時に見直す必要があるが，その際には，単に企業が解雇しやすくなるということではなく，ある程度の雇用保護を維持しつつ労働者にとっても労働移動がしやすくなるような制度を考える必要がある。その一つの手段として，「解雇手当」を導入することが考えられる。

　第二に，雇用の流動性が高まると，企業特殊な技能が十分に蓄積されなくなるのではないかという懸念がある。この点については，企業特殊な技能が必要とされる従業員と，一般的な技能が求められる従業員を区別して，別途の昇進制度・給与体系を適用し，キャリア途中での相互の入れ替えも認めるといった対応が考えられる。また，企業が教育訓練投資を行うインセンティブが弱くなる可能性も否めないが，その分は，企業外部での能力開発の機会を公的部門が主体となって強化する必要がある。

　以上の懸念される2点について，以下でさらに詳しく対応を論じる。

▎円滑な労働移動のための解雇手当と退職金の見直し

　定年制という強制的な解雇手段を失った企業に対して，ある程度の人員調整の手段を与えると同時に，一定程度の雇用保護を維持しつつ労働者にとっても労働移動がしやすくなるような改革案として，解雇手当と退職金の見直しを行うことが考えられる。ここで，解雇手当とは，日本では一般的ではないが，海外においては，企業側の意思で解雇を行う場合に従業員に支払われるものであり，国によっては法律でその水準が決められている。日本の退職金と解雇手当の違いについては，退職金は，①後払い賃金としての機能，②退職後の生活安定の機能，③会社都合で解雇した場合の補償にあたる解雇手当としての機能も含まれていると考えられ，自己都合退職金と会社都合退職金の差分が解雇手当

第5章　「カイシャ資本主義」から「全員参加の資本主義」へ　│　185

に該当すると考えられている。ただし，この解雇プレミア分は，日本では非常に限定的である[8]。

　労働移動の観点からみた日本の退職金制度の問題は，キャリア途中で転職した場合に生涯での獲得金額が大幅に減少するため，転職を不利にする面があることと，企業都合で解雇された場合でも，退職金に含まれる解雇プレミアが非常に小さく，また，企業破綻した場合には退職金がまったく払われないケースもあるという点である。こうした欠点を踏まえた上で，仮に，定年制が廃止された場合の退職金の見直しの方向性を考えてみよう。まず，退職金の機能のうち，第一の後払い賃金の機能については，年功制が緩和し，中高年期の賃金が生産性に見合った水準に設定されるのであれば意義は小さくなる。第二の退職後の生活安定の機能についても，70歳程度まで就労期間が長くなる分だけ必要な金額を縮小させる一方で，現役労働者の転職に伴う退職金減額を防ぐために，現在の確定拠出型企業年金のように完全に持ち運び可能なものとする。第三の，これまで限定的だった解雇手当の機能については，法定で最低支給月数（勤務年数による）を義務づけて企業に必要な金額を外部基金に積み立てさせることで，雇用保護機能を強めるとともに，解雇権濫用法理については，こうした解雇手当の支給を考慮して判断することが考えられる。これにより，キャリア途中での転職でも不利になることがなくなるため，労働者による自発的な離職を促すことができる一方，企業側の事情による解雇については，解雇手当を法定化することで，その濫用を防ぐことができる。また，解雇手当については，非正規雇用など有期雇用にも適用すれば，景気悪化時に解雇された非正規雇用者の生活安定にもつながる。ただし，解雇手当を払うことは企業にとって相応の負担を要するため，特に，中小企業には支払のための資金制約が問題となる可能性が考えられる。その場合には，公的な解雇手当保険を創設することにより，リスクをプールすることで，中小企業の資金的な事情によって解雇手当が支給されないといったことのないような仕組みも考える必要がある。また，こうした制度の導入にあたっては，既存の労働者に一気に適用すると，予定していた退職一時金が受けられないなど不利益を受ける者が出てくるため，新卒や中途採用など，新たな雇用契約を結ぶ際に導入していくなど，社会通念に照ら

した配慮が必要である。こうした解雇手当の導入に関して，八田（2020）では，契約期間と，契約期間終了前の解雇に対する解雇手当の額を明記した「定期就業型」契約を新規の労働契約の際に選択可能とすることを提案しており，一つの方向性を示していると言えよう[9]。

▎教育訓練の強化

　仮に，雇用の流動性が今よりも高まると，企業は，従業員に教育・訓練投資を行っても，その成果が得られる前に従業員が転職してしまう可能性があるため，そうした教育・訓練投資を控えるインセンティブが生まれてしまう。加えて，企業が必要とするスキルが，これまでの企業特殊な技能から，デジタル化等の進展によってより汎用性の高い一般的技能にシフトしていることも，自社での教育・訓練投資を躊躇させる要因となる。したがって，終身雇用と制度的補完関係にあった企業内訓練が弱くなることに対して，それに代替するような社外における教育・訓練制度のあり方を考える必要がある。その点については，日本よりも雇用が流動的な欧米における教育・訓練制度のあり方を参考にすることが有効だ。

　欧米諸国の教育・訓練制度をまとめた労働政策研究・研修機構の報告（JILPT［2017］）によると，米国と欧州諸国では公的な教育・訓練制度のあり方には大きな違いがあることが示されている。米国では，転職率が高く，労働市場が流動的であるため，スキルアップや資格取得への需要は高く，コミュニティ・カレッジなどの学校教育が大きな役割を果たしている一方，公的な教育訓練スキームは，対象として，移民などの低スキルの労働者を中心に形成されている。これに対し，欧州諸国では，若年層から成人まで広範な層の労働者が参加できる公的な教育・訓練制度が整備されており，職業訓練を通じて獲得される技能が資格取得という形で社会的に認知されることで，実際の職業上においても活用されている。教育訓練の具体的なスキームについては，ドイツでは，若年向けの初期職業訓練として，企業での実地訓練と職業学習を行うデュアル・システムが有名だが，成人向けには多種多様な継続職業訓練があり，一義的には，企業が自ら責任と費用を持ち，人材育成を行っている。フランスでは，

第５章　「カイシャ資本主義」から「全員参加の資本主義」へ　│　187

取得した学位や職業資格によって，その人のキャリアや職歴が大きく左右されると言われ，職業訓練は，主に学校教育を通して行われ，終了した者には国家資格や産業別の職業資格が与えられる。また，学卒者（若年者）に対する見習訓練制度や，在職者に対する職業訓練個人口座制度に則った講座の受講などがある。ここで，職業訓練個人口座とは，16歳以上の労働者全員に，職業訓練受講可能時間（権利）を付与するもので，費用は企業の人件費から一定割合を徴収した機関から支払われ，転職や失業しても保持される仕組みである。イギリスでは，公的な教育訓練は，原則として認証を受けた資格の取得を目的として実施されており，1980年代に全国職業資格（NVQ）が導入されて以降，職務遂行能力の習得を目的とした職業資格が，公的な認可を受ける形で運用されていた。しかし，2017年には，資格制度が煩雑になったことや，雇用主のニーズに沿った内容の資格が提供できていないことなどを理由に，これまでの公的な資格制度は廃止され，それに替わるものとして，資格の構成や内容の規則を持たず，難易度や履修時間で区分された新たな制度が導入された。

　こうした欧米の教育・訓練制度をみると，日本において，企業の社内における教育・訓練制度を補完あるいは代替するために，参考となる点がいくつかある。第一は，雇用が流動化し，かつ，一般的な技能の重要性が増す中では，資格という形で労働者が身に付けた技能を社会的に広く認知していくことが重要になる。日本においても，職務経歴や学習訓練歴などを記載したジョブカード制度が2008年から導入されているが，これをデジタル時代に必要な職務能力も取り込みながら拡大・活用していくとともに，国家資格を充実させていくことが重要だ。第二に，デジタル時代に対応したやや高度な技能の習得も可能とするために，大学など教育機関とも連携しつつ，教育訓練を提供する機関を増やしていくことも必要だ。そして，第三に，フランスの職業訓練個人口座のように，転職しても持ち運べるような教育訓練休暇や教育訓練資金を，すべての労働者が持てるような仕組みを考えることも重要だ。企業単位では，一般的な技能形成のための人材投資を行うことがペイしないとしても，産業あるいは経済全体としては，そうした技能が必要である以上，企業横断的に教育訓練のための時間と費用を負担するような制度は必要だ。この意味では，労働者個人単

位の教育訓練口座に，各企業が法定で一定割合の時間や資金を振り込むことは，一つの解決策の方向になり得る。

■ ユニバーサルな社会保障の構築

前述した定年制の廃止が実現し，70歳程度まで雇用が継続することが前提の社会になれば，保険料負担の面でも支給の面でも，年金などの社会保障制度の持続可能性は大きく高まることが期待される。これに加えて，従来の企業を中心にした社会的セーフティネットの保護の枠外にある非正規，女性，高齢者，自営業者・フリーランスなどの人材も含めて，政府が主体となって全員参加型のユニバーサルな社会制度を構築することも重要な課題だ。従来の政策対応の方向性としては，現在ある被用者保険制度の適用範囲を非正規雇用者にも拡げると同時に，保険料の支払いが状況的に困難な人には保険料の減免を行うことにより，保険原理という形式を保ち，その対象範囲を拡大させる方向で制度改正が行われてきた。こうした保険原理を維持することは，生活保護のような税財源によって生活困窮者に直接給付を行う方式と比べると，受給者のスティグマ（社会的に負の烙印を押されること）を回避することで社会生活への復帰を促しやすいという大きなメリットがある。したがって，勤労者については，なるべく長く働くことと，被用者保険の適用をできるだけ拡げていく方向で進めていくことが引き続き重要だ。

他方で，そうした対応だけでは貧困問題への対応としては限界があることも事実だ。具体的には，保険料の減免等で被保険者の地位を確保しても，実際の社会保障給付の受給額が非常に低くなってしまう。例えば，年金の保険料が全額免除となった場合，国民年金の支給額は半額となってしまい，老後の生活困窮者への十分なセーフティネット機能を果たし得ない。また，第4章でみたように，保険の対象となっていても，所得が低く流動性制約のために保険料が未納となっている層も存在する。さらに，社会保険料を中心に国民負担を高めていくことについては，所得比例の保険料には上限があることや，被用者以外の保険は定額部分が存在することにより，高所得者ほど負担率が低くなる逆進性があり，所得再分配の観点からも望ましくない。こうした社会保険制度の限界

第5章　「カイシャ資本主義」から「全員参加の資本主義」へ　│　189

も踏まえて，ユニバーサルなセーフティネットを構築するためには，税財源も活用して，社会保障と連携して貧困問題に対応していく必要がある。もっとも，現状においても，年金や医療・介護保険には，税財源による公費負担（実際には財政赤字なので国債による財源調達が含まれる）がすでにかなり含まれているので，正確には，税財源をさらに積極的に活用する必要がある。

　具体的な方策としては，給付付き税額控除を導入し，既存の社会保障制度とうまく連携させることにより，ワーキングプア状態にある勤労者の生活水準を引き上げていくことが考えられる。給付付き税額控除とは，所得への課税に際して税額控除を与えるとともに，課税最低限以下の低所得者については，税額控除できない分を給付する仕組みである。各国で実施されている給付付き税額控除には4つの類型がある（森信［2015］）。

　第一は，一定以上の勤労所得のある人に与えられる勤労税額控除である。勤労所得に対する税額控除額（一定所得以下には給付額）は，より多く働くことで控除・給付が急になくなって手取り所得が減ることのないよう，一定の所得水準までは所得とともに増加し，一定以上になると逓減し消滅するという仕組みになっている。

　第二には，子育て家庭への経済支援を行う児童税額控除である。子供の数などに応じて税額控除・給付額が増減する仕組みになっている。

　第三は，税だけでなく社会保険料とあわせた負担を相殺する形の給付付き税額控除である。社会保険料負担が軽減されるため，保険料の未納問題を防ぐことができる。

　第四は，消費税の逆進性対策であり，一定以下の低所得者に対して，生活必需品購入に相当する程度の消費税負担を軽減する形で給付を行うものである。食品などの特定品目の消費税を軽減する軽減税率の場合は，高所得者まで恩恵が及んでしまうという再分配上の問題があるが，給付付き税額控除の場合は低所得者にピンポイントで補助が行えるという大きな利点がある。

　以上のような類型については，複数組み合わせる形で実施することも可能であり，給付付き税額控除と社会保障制度を連携してうまく設計することにより，さまざまな効果が期待できる（森信［2023］）。まず，貧困対策としては，

給付付き税額控除の導入によって，一人親世帯などのワーキングプアへの対応や社会保険料の未納問題への対応が進めば，現行の社会保険制度を維持したままでも，セーフティネット機能を強化することができるだろう。2つ目に，雇用問題への対応については，例えば，イギリスのユニバーサル・クレジットのように，離職や求職中で収入がない者を主な対象とし，リスキリングなどを条件に一定額を給付する制度を導入すれば，人的資本を高め，労働移動を円滑化する効果が期待できる。また，こうした制度は，雇用保険の対象外にあるフリーランス等も対象にできる。さらに，第3号被保険者であるパート労働者の就労調整問題についても，給付付き税額控除を導入すれば，税・社会保障調整後のネット所得が段付きがなく働きに応じて増えるので，就労調整の問題の解決に資することが期待できる。最後に，消費税の逆進性への対応のために，給付付き税額控除を用いて低所得層に絞った消費税軽減措置を導入すれば，低所得者の生活安定に寄与するとともに，ひいては，消費税率のさらなる引上げも実施しやすくなることが期待される。そして，それを財源として用いれば，現行の社会保障制度のセーフティネットをさらに強化することも可能になる。

　他方で，給付付き税額控除の実施にあたっては，不正受給の防止のために所得や資産の正確な把握が必要となることや，徴税と給付を一体とする執行体制をどうするかといったさまざまな課題が存在することも事実である。こうした課題に対応するためには，国・地方自治体の間の情報連携の基盤整備など政府のデジタル・ガバメントを推進することによって，所得と給付を結びつけるインフラを早期に構築するとともに，政府が情報を管理することに対する国民の信頼を得ることが重要だ。それともう一点，注意が必要なのは，給付付き税額控除が一種の賃金補助のように雇用主に受け止められた場合，雇用主の賃上げインセンティブを抑制する効果があることだ（権丈・権丈［2022]）。所得の低い労働者には，政府から給付がなされるのであれば，雇用主は賃金を低い水準のままに抑えようとするだろう。そうした事態を避けるためには，最低賃金を引き上げて，雇用主が賃金を引き上げざるを得ない状況を作り出す必要がある。

　給付付き税額控除は，米国やイギリスはじめ多くの欧米諸国で実施され，勤労を促進することで貧困問題に対応するという「ワークフェア」の実現に貢献

第5章　「カイシャ資本主義」から「全員参加の資本主義」へ　│　191

してきている。日本においても 2000 年代後半以降ずっと検討課題とされていることから，デジタル・ガバメント構築と合わせて優先課題として取り組むことが重要だ[10]。

イノベーション・システムの多様化

　デジタルやグリーン関連の技術革新を進め，それを社会全体として取り込んでいくためには，これまでの個社の企業努力に頼っていた企業主導型のイノベーションの仕組みを変革し，研究の連携強化やベンチャー企業の創出を促す一方で，将来の基幹技術を担うような幹の太い研究も強化していく必要がある。こうした観点からは，すでに述べた雇用制度の改革は，研究人材の雇用の流動性を高め，オープン・イノベーションやベンチャー企業の創出にも寄与することが期待される。また，人材活用の面からも，企業の研究人材の雇用の流動性が高まれば，博士号取得者といった高度人材が，企業と大学との間を行き来しやすくなり，その活躍の機会が拡がることも期待できる。

　他方で，研究者の流動性の高まり等に応じて，その他のイノベーション・システムも制度的補完性を高める観点から，見直していく必要も生じる。オープン・イノベーションを活発化し，それを製品化していくためには，企業や大学・研究機関の間の連携体制を構築する必要がある。米国のシリコンバレーのような企業集積や，ドイツのフラウンホーファーのような産学の橋渡し機関などを参考にして，研究連携や社会実装のためのプラットフォームを構築し，役割を強化することが重要だ。また，ベンチャー企業の創出を促すためには，機関投資家によるベンチャー・キャピタルへの投資を促進することや，ベンチャー企業については，銀行融資に伴う経営者の個人保証を原則としてやめるなど，資金調達環境も同時に整備していく必要がある。加えて，革新性の高い，幹の太いイノベーションを生みだすためには，国際的に低い水準にある政府の研究資金を拡充するとともに，大学の研究資金も，重点分野については長期的な視点から実施することができるようなものにしていく必要がある。この点では，近年は，政府によるムーンショット型研究開発制度や 10 兆円の大学ファンドを活用した国際卓越研究大学への支援などの取組が行われており，これら

を長期的な視点に立って，しっかりと管理運用していくことが重要だ。

▌「カイシャ」の役割の再定義

　日本企業は，これまで経営面だけでなく，雇用の維持や年功賃金によって従業員の生活を保障し，企業内訓練によって人材育成を行い，さらには，企業年金や医療などの社会保険の運営も行うことで，社会的に幅広い役割を担ってきた。また，イノベーションの面でも，日本企業は，米国のような巨大な国防費を背景にした公的な研究システムに依存することなく，独自に地道な研究開発を続け，高い品質の製品やサービスを提供してきた。こうした日本企業の多面的な役割は，日本が国際的には豊かで平等な経済社会を構築することに大きく貢献してきた。他方で，本節で述べた雇用面，社会保障面，イノベーションの面での見直しは，これまで日本企業が果たしてきた役割を，より広く社会全体で分担する方向に作用し，企業の負担を軽減し，より柔軟な経営戦略を可能にするものである。特に，雇用の流動性が高まることは，企業にとって，事業再編やリスクのある投資を行いやすくし，成長を高めていくことが期待される。

　他方で，日本企業が，現在の米国企業のような短期的な経営戦略を志向することは想定できないし，また，米国企業そのものも，これまでの株主中心主義から顧客，従業員，関係企業，地域コミュニティなど多様なステークホルダーを重視する方向に転換しつつある[11]。したがって，今後のカイシャの姿として期待したいのは，日本企業が元来持っていた株主・従業員・取引先・地域など多様なステークホルダーへの奉仕の精神を取り戻す一方で，リスクをとった大胆な経営戦略の下で，生産性を高め，成長を図りつつ，その成果を，ワークライフ・バランスの改善や賃金などの形で従業員に還元する姿だ。すでに新卒採用では現実に起きていることではあるが，若年だけに限らず，日本の労働市場全体の雇用の流動性が高まることで，企業自身も，労働者に選んでもらう必要が生じ，それが職場環境や待遇の改善につながることを期待したい。世界に先駆けて少子高齢化が進む日本において，働く意思のある人が70歳まで現役として働き，従業員の高いエンゲージメントが生産性の向上や成長に結びつくようなカイシャの姿を実現できれば，それは新たな「日本モデル」として世界

に対して自信を持って発信することができるであろう。

4．まとめ

　本章では，少子高齢化の進展，グローバル化の進展と変質，デジタル化・脱炭素化などの技術革新といった課題に対し，日本経済が柔軟に対応できるようにするために，これまでの「カイシャ資本主義」のあり方の見直しの方向性について議論した。その解決の一つの方向性として，日本企業がこれまで担ってきた社会的なさまざまな面での役割を軽減し，公的部門がより多くを分担するような形に転換することにより，働く意欲を持った人が全員参加できる「全員参加の資本主義」を目指していくことを提案した。全員参加の資本主義を実現していくためには，①性別・年齢に関わりなく働く意欲を持った人が全員参加できること，②リスクをとることや多様な生き方に対して寛容な社会を構築すること，③社会的な課題を克服していくイノベーションを再活性化させること，が重要である。

　日本的な経済システムの見直しを行う際，その最も大きな特徴となっている雇用の流動性の低さについて，どう考えるかが大きなポイントになる。本章で示した多くの既存研究や筆者自身の分析によれば，労働移動を妨げている諸要因を見直し，日本の雇用の流動性を若干高めることにより，企業収益は拡大し，女性や高齢者の活躍が促され，労働者のエンゲージメントの改善が期待されるほか，雇用保護規制の見直しによって，サービス産業を中心に生産性の向上が期待できる。

　こうした考察を踏まえて，「全員参加の資本主義」実現のための具体的な見直しの方向性として，4つの改革が重要であることを述べた。第一は，包括的な雇用システムの見直しであり，「定年制の撤廃」，「退職金の見直し」，「年功賃金の見直し」，「解雇手当の導入」，「年金受給の繰り下げ」の5点をセットで実施することにより，健康状態が許せば70歳超まで働くことを基本とした社会を構築する。それと同時に，労働市場の流動性を高めつつ，教育訓練を強化し，デジタル社会にも対応することを目指す。第二は，ユニバーサルな社会保

障の構築であり，給付付き税額控除を導入し，既存の社会保障制度とうまく連携させることにより，非正規労働者や女性労働者などを社会保障のセーフティネットの中に取り込むとともに，低所得者層の安心を確保することで，社会保障の財源も充実させることを目指していく。第三は，イノベーション・システムの多様化であり，これまでの個社の企業努力に頼っていた企業主導型のイノベーションの仕組みを変革し，研究の連携強化やベンチャー企業の創出を促す一方で，公的部門が主導する形で，将来の基幹技術を担うような幹の太い研究も強化していく。そして，最後に，資本主義の結節点となる「カイシャ」のあり方については，これまで日本企業が負担してきた社会的な役割を，公的部門を含む多様な主体で分担するとともに，企業の責任として，多様なステークホルダーに奉仕するものであることを社会に対して約束する。

　日本の「カイシャ資本主義」は，1980 年代に世界中で賞賛を集めたが，以上のような見直しが実現すれば，少子高齢化が進む中での一つの経済モデルとして，再び世界から注目を集めることができるのではないだろうか。そして，何よりも，日本国民が，少子高齢化の中にあっても，熱意と満足感を持って働き，老後の生活を楽しむことができるような社会になることを切に願う。

【注】

1）この部分の分析については，筆者自身の分析（茨木［2024b］，茨木［2024c］）に多くを依拠している。

2）日本生産性本部「若者の労働移動に関するアンケート」は，20 歳〜39 歳の男女 1,000 人を対象に 2024 年 2 月に調査を実施した。この中で，転職前後での不安・不満の変化についても調査しており，転職前に「仕事内容」に不満を感じていた人のうち，転職後には 29.5% の人が不安・不満を感じないと回答し，23.5% はどちらとも言えないと回答している。同様に，転職前に，「働き方」，「職場の人間関係」，「技能・キャリア形成」にそれぞれ不満を感じていた人も，転職後には，それぞれ 33%，32.7%，20.4% の人が不安・不満を感じないと回答している。

3）二国間の経済格差が国際労働移動につながるとする古典的なプッシュ・プルモデルに対して，潜在能力意欲モデルは，経済成長に伴って国際労働移動への意欲（aspiration）やそれを可能にする能力（capability）が高まることで国際移動が活発になるとしている。

4）「三位一体の労働市場改革の指針」は，2023 年 5 月に政府の新しい資本主義実現会議で決定され，①リ・スキリングによる能力向上支援，②個々の企業の実態に応じた職務給の導入，③成長分野への労働移動の円滑化を図るとされている。

第5章 「カイシャ資本主義」から「全員参加の資本主義」へ | 195

5）OECD の対日経済審査報告の提言の概要は，以下のとおりである。第一に，OECD は，企業が
定年年齢を設定する権利を廃止すべきとしている。その理由としては，①定年年齢を 60 歳とし
ている企業が 7 割にものぼり，再雇用制度はあるものの，その多くは非正規雇用であり，賃金水
準は現役時代と比べて著しく低く，労働意欲が阻害されていること，②労働者個人の生産性に差
があるにも関わらず，年齢で一律に定年とするのは公正でも効率的でもないこと，③OECD 諸
国で定年制を 60 歳以上としているのは日本と韓国のみで，他国は 65 歳以上であり，米国など一
部の国では定年制が年齢差別に当たるとして禁止されていること，などが指摘されている。また，
定年制の廃止に伴い，生涯教育を充実させることなども提言されている。第二に，定年制の廃止
と合わせて，年功型の賃金体系を，労働者の生産性や能力に対応した賃金体系とすることが提言
されている。これは，高齢者を引き続き雇用した場合に，高齢者に対して年功賃金に沿った高い
賃金を支払うことは困難であるため，若年層の賃金を生産性に見合った高さとして，高齢者の賃
金は生産性低下に沿ったものとする必要があるためである。また，こうした年功賃金から生産性
に基づく賃金への見直しは，現役世代の労働者の転職による賃金低下を防ぐことで，キャリア途
中での労働移動を促す効果も期待され，合わせて退職金の優遇税制の見直しを実施することも
提言されている。第三に，定年制の廃止と合わせて，年金の支給開始年齢を現在の 65 歳から引
き上げることも提言されている。日本は，OECD 加盟国の中でも最も健康寿命が長い国であり，
それと比べると，65 歳の支給開始年齢は低いと指摘されている。また，日本の高齢者の貧困率
は OECD 平均よりも高いことを考えれば，支給開始年齢の引上げによって年金支給額の所得代
替率を高めることは，貧困防止にもつながることが期待されるとしている。

6）厚生労働省による令和 6 年財政検証の関連資料によれば，過去 30 年投影ケースで，65 歳まで就
労して年金受給を開始した場合の所得代替率が 53.5% であるのに対し，70 歳まで働いて年金受
給を開始した場合には所得代替率が 75.3% に上昇することが示されている。

7）厚生労働省の令和 6 年財政検証では，オプション試算として，在職老齢年金の支給停止基準額
を 2022 年度の 47 万円から引上げないし撤廃した場合には，最大 4,500 億円給付が増加する一方，
将来の受給世代の所得代替率が 0.5% 程度低下するとしている。

8）八田（2020）では，厚生労働省の就労条件総合調査（2018）に基づき，モデルワーカーとして，
勤続年数が 20 年の 45 歳の大企業の労働者（ボーナス込みの初任給が年 300 万円，現在は年 800
万円と想定）を想定すると，このモデルワーカーが会社都合で退職した場合の退職金は，自己都
合退職の場合を約 1.3 カ月分上回り，これが解雇手当分に相当するとしている。

9）八田（2020）では，契約期間と，契約期間終了前の解雇に対する解雇手当の額を明記した「定期
就業型」契約を新規の労働契約の際に選択可能とすることが提案されている。「定期就業型」契
約の下では，雇用期間は自由に選択でき，事前に決めた就業期間が終了した直後の再契約も妨げ
ないとされ，終身雇用契約も排除されない。同時に，新規契約に関して，企業は，「定期就業型」
と，従来の雇用形態である「雇用慣行型」の契約のいずれかを選べるようにし，労働者が不利と
考えた場合には従来の雇用慣行と従来の解雇規制が適用されるとしている。また，企業の解雇権
乱用を防ぐために，①頻繁に解雇する企業に対するペナルティが，雇用保険料の設定に含まれて
いること（履歴料率制），②解雇手当は，外部（しかも国が認定した口座に）積み立てを義務付
けること，③国がデフォルトの解雇手当の水準を設定すること，といった労働者保護規制を導入
することが提案されている。

10）給付付き税額控除については，2007 年の政府税制調査会「抜本的な税制改正に向けた基本的な

考え方」において，検討課題として取り上げられて以降，2009年税制改正法付則や2012年「税・社会保障一体改革大綱」等でも検討を進めるとされてきた。

11) 米経済団体ビジネス・ラウンドテーブル（BRT）が2019年8月に発表した声明では，「顧客，従業員，サプライヤー，地域社会，株主といったすべてのステークホルダーの利益のために会社を導くことをコミットする」という宣言が記載されたが，これには，米大手企業の経営者ら約180人が署名した。

あとがき

　筆者は，2022 年 4 月から亜細亜大学経済学部で教鞭をとっているが，それ以前は，1990 年に旧経済企画庁（現内閣府）に入庁して以来，一貫して政府における経済財政政策運営やその前提となる経済財政分析に 30 年間以上携わってきた。本書は，筆者が大学に移ってからの 2 年間に研究した内容に基づいて書かれたものであり，内容的にはまだ粗削りな部分や探求が不足している部分が多々ある点にはご容赦頂きたい。筆者が本書執筆に取り組んだきっかけは，前職の経済官僚時代に，90 年代のバブル崩壊後の経済対策の策定から始まり，2000 年代の構造改革，2010 年代のアベノミクスの 3 本の矢，そして 2020 年代の新型コロナウィルス感染症の経済対策に至るまで実際の経済財政政策の企画立案に携わった経験から，マクロ経済政策だけでは日本経済を立て直すことが困難であることを痛感したことが大きい。経済成長を生み出すのは，あくまで企業のダイナミックな投資行動とイノベーションによるところが大きく，最終的にはケインズのいうアニマル・スピリッツの有無による。そして，政府の役割も重要であるが，それはマクロ経済政策による需要管理にとどまらず，制度面も含めた経済インフラの整備や人的資本の蓄積の促進，そして社会保障による国民生活の安定といった役割がより重要だ。本書の内容は，筆者のこうした考えが反映されたものであり，それ故に，経済のダイナミズムを表すものとして「資本主義」という言葉をあえて用いている。本書の第 1 章でも記述しているが，本来的に，資本主義が機能するためには，企業，投資家，労働者のほかに政府も大きな役割を担っている。政府の役割が小さ過ぎると，資本主義は暴走しかねないが，政府の役割が大き過ぎても経済は非効率化する。本書では十分に議論が尽くせなかったが，日本の資本主義において，政府の役割がどの程度であれば適切であるかも重要な課題と考えており，その点は今後の研究課題の一つとしたい。

なお，本書の執筆にあたっては，創成社塚田尚寛代表取締役，同出版部部長西田徹氏はじめ，多くの方にお世話になり，心より感謝申し上げたい。また，亜細亜大学経済学部の同僚には，日ごろから不慣れな筆者を指導頂いており，この場を借りて感謝申し上げる。最後に，本書をご購入いただいた読者には心より御礼申し上げるとともに，ご興味を持たれた方には，ぜひ参考文献に直接当たることをお薦めする。

2025 年 1 月

筆　　者

付　　　録

付表1　企業と金融の関係を示す指標

	Stock Market Size (% of GDP)	Ownership concentration	Share Holder Right (scoring based on the following 3 items)	Minimum shareholding (%) to request for convening shareholder meeting	Minimum shareholding (%) for placing items on the agenda	Minimum public notice period for shareholders meeting (days)	Ownership by institutional investors (%)	Domestic credit by banks (% of GDP)
Australia	130.2	19	2.0	5.0	5.0	28	27	142.4
Austria	28.5	67	1.3	5.0	5.0	28	23	92.5
Belgium	66.3	55	1.3	10.0	3.0	30	35	73.5
Canada	127.6	21	2.3	5.0	1.0	21 to 60	46	124.1
Chile	70.4	79	1.3	10.0	10.0	20	12	88.7
Czech Republic	10.8	89	2.7	1.0	1.0	30	20	53.1
Denmark	173.4	41	2.3	5.0	5.0	3weeks	36	163.7
Estonia	10.7	60	1.7	5.0		3weeks	11	63.3
Finland	117.5	18	2.0	10.0	5.0	3weeks	31	99.8
France	108.9	60	1.7	5.0	5.0	15	27	119.5
Germany	62.5	59	1.3	5.0	5.0	30	30	84.3
Greece	26.0	69	1.3	5.0	5.0	20	16	82.1
Hungary	17.2	62	2.3	5.0	1.0	30	32	37.6
Iceland	54.9	11	2.0	5.0		14	66	100
Ireland	22.0	23	2.0	5.0	3.0	21	49	32.4
Italy	38.6	69	2.3	5.0	2.5	30	29	82
Japan	134.7	27	2.3	3.0	1.0	2weeks	30	118.6
Korea	132.0	36	2.3	1.5	0.5	2weeks	18	164.1
Latvia	2.4	100	1.3	5.0	5.0	30	13	33.5

		% of companies where 3 largest shareholders own 50%>	Higher score indicates stronger right					
Lithuania	9.6	80	1.3	10.0	5.0	21	2	37.4
Luxembourg	22.6	86	1.3	10.0	5.0	16	24	104.9
Mexico	35.1	60	1.0	10.0	10.0	15	20	28.6
Netherlands	122.2	35	2.0	10.0	3.0	42	40	101.3
New Zealand	62.7	35	2.3	5.0		10	20	144.8
Norway	89.7	40	2.3	5.0	5.0	21	30	140.4
Poland	29.3	68	1.7	5.0	2.0	21	35	49.8
Portugal	37.2	69	2.0	2.0	5.0	21	22	100.9
Slovak Republic	3.0	100	1.3	5.0	5.0	30	0	66.2
Slovenia	16.7	42	1.3	5.0	5.0	30	8	43.3
Spain	53.8	50	1.7	5.0	3.0	30	25	107.8
Sweden	192.2	22	1.7	10.0		4weeks	38	137.8
Switzerland	261.4	40	2.0	10.0		20	33	170.4
Turkey	31.8	82	1.3	5.0	5.0	21	9	70.9
United Kingdom	118.0	19	1.7	5.0	5.0	21	60	146
United States	211.3	15	2.0	10.0	2.5<	10 to 60	68	54.3
Reference Year				2020				2020 except for Canada (2008) and Switzerland (2016)
Notes	OECD Corporate governance Factbook 2021							
Data Source								World Bank Database

付表2　企業と労働の関係を表す指標

	Level of Wage Coordination	Degree of Wage Coordination	Job Tenure (% of less than 1 Year)	Employment Protection Average	(EP Regular Worker)	(EP Temporary Worker)	Trade union density in private sector (%)
Australia	2	1	20.0	1.32	1.70	0.94	20
Austria	2	3	15.7	1.64	1.80	1.47	30
Belgium	3	3	12.2	2.30	2.71	1.89	60
Canada	1	1	18.2	1.06	1.68	0.44	20
Chile	1	1	27.3	2.21	2.34	2.07	20
Czech Republic	1	1	11.1	2.52	3.03	2.01	20
Denmark	2	3	21.5	1.77	1.94	1.60	70
Estonia	1	1	16.8	2.21	1.93	2.49	5
Finland	3	3	19.6	2.04	2.48	1.61	60
France	2	2	15.1	2.63	2.68	2.58	10
Germany	2	3	13.8	2.00	2.33	1.67	20
Greece	2	1	10.0	2.44	2.54	2.33	20
Hungary	1	1	13.5	1.76	1.89	1.62	10
Iceland	2	1	19.9	1.82	2.20	1.44	90
Ireland	1	1	16.6	1.50	2.13	0.86	30
Italy	2	2	10.6	2.84	2.86	2.82	30
Japan	1	3	10.6	1.71	2.08	1.35	20
Korea	1	1	30.8	2.27	2.35	2.19	10
Latvia	1	1	15.4	2.20	2.71	1.70	10
Lithuania	1	1	18.0	1.98	2.24	1.72	10

	2015	2015	2017	2019			2015
Luxembourg	2	1	13.7	3.05	2.54	3.56	30
Mexico	1	1	21.3	2.23	2.46	2.00	10
Netherlands	2	3	17.4	2.18	2.88	1.48	20
New Zealand	1	1	23.8	1.55	2.09	1.02	20
Norway	2	3	14.0	2.42	2.37	2.47	40
Poland	1	1	11.6	2.09	2.39	1.80	10
Portugal	2	2	14.6	2.58	2.87	2.29	20
Slovak Republic	2	1	12.7	2.29	2.33	2.24	20
Slovenia	2	1	13.9	2.07	2.32	1.83	20
Spain	2	2	17.4	2.45	2.43	2.47	20
Sweden	2	3	20.9	2.05	2.54	1.55	70
Switzerland	2	3	17.3	1.39	1.61	1.16	20
Turkey	1	1	26.5	3.18	2.95	3.42	5
United Kingdom	1	1	16.7	1.16	1.90	0.41	20
United States	1	1	20.5	0.79	1.31	0.27	10
Reference Year	2015	2015	2017	2019			2015
Notes	1 company 2 sectoral 3 national	1 uncoordinated 2 Low coordination 3 High coordination					
Data Source	Dashboard of collective bargaining system 2015, OECD Employment Outlook 2017		OECD Stat and U.S. Department of Labor, Bureau of Labor Statistics	OECD Employment Protection Version4			Dashboard of collective bargaining system 2015, OECD Employment Outlook 2017

付表3　一人当たり経済成長率と市場調整力・協調力との関係

被説明変数：一人当たり GDP 成長率（2000 年から 2019 年）				
推計方法	プールモデル推計		ランダム効果モデル推計	
説明変数	係数 （t 値）	係数 （t 値）	係数 （Z 値）	係数 （Z 値）
ln（2000 年時点一人当たり GDP 額（ドル））	-1.7944** (-5.99)	-1.1095** (-2.94)	-1.8353** (-3.84)	-1.1389* (-1.94)
世界経済成長率	1.2095** (18.39)	1.3006** (18.50)	1.3011** (19.19)	1.3016** (19.20)
消費者物価上昇率	-0.0266 (-0.91)	-0.0317 (-1.09)	-0.0537* (-1.78)	-0.0549* (-1.82)
名目実効為替レート	-0.0087 (-1.63)	-0.0092* (-1.73)	-0.0046 (-0.85)	-0.0050 (-0.93)
第 1 因子（市場調整力）	0.1429 (0.32)	-1.9719** (-2.33)	0.1183 (0.16)	-2.0073 (-1.53)
第 2 因子（協調力）	-0.9638** (-2.45)	-4.0793** (-3.62)	-0.9702 (-1.53)	-4.1002** (-2.35)
第 1 因子・第 2 因子交差項		4.7057** (2.95)		4.7334* (1.91)
定数項	16.2415** (5.77)	10.7122** (3.18)	16.3135** (3.66)	10.6627** (2.05)
R^2（within）	0.40	0.40	0.39（0.36）	0.40（0.36）

備考：** は 5%，* は 10% で有意であることを示す。

付表 4　OECD 諸国の産業別生産性と雇用保護規制

推計期間 2000 年〜 2018 年，対象国 OECD14 か国
推計方法：パネル推計（ランダム効果）
被説明変数：産業別 TFP 変化率

説明変数	推計①	推計②	推計③
	係数 （z 値，確率）	係数 （z 値，確率）	係数 （z 値，確率）
雇用流動性＊雇用保護水準（正規）	-0.82511** （z 値 -2.26） （確率 0.024）	-0.77479* （z 値 -1.89） （確率 0.059）	-0.71915* （z 値 -1.91） （確率 0.056）
雇用流動性＊雇用保護変化（正規）		0.58974 （z 値 0.55） （確率 0.583）	
雇用流動性＊雇用保護水準（非正規）			-0.36995 （z 値 -1.20） （確率 0.232）
産業別・国別・時系列ダミー	あり	あり	あり
決定係数 Between Overall	0.58 0.11	0.53 0.12	0.57 0.11
Wald chi2（確率）	442.08（0.0000）	417.07（0.0000）	442.25（0.0000）
観察値の数	3,724	2,940	3,528

備考：** は 5%，* は 10% で有意であることを示す。
出所：OECD 雇用保護規制指標は OECD Data Explorer。産業別 TFP は EU KLEMS。

参考文献

Aghion, Philippe, Céline Antonin and Simon Bunel（2020）*Le Pouvoir de la Destruction Créatrice*, ODILE JACOB，日本語版：村井章子訳『創造的破壊の力』東洋経済新報社，2022 年

Amable, Bruno（2003）*The Diversity of Modern Capitalism*, Oxford University Press，日本語版：山田鋭夫・原田裕治ほか訳『5 つの資本主義―グローバリズム時代における社会経済システムの多様性』藤原書店，2005 年

Andrews, Dan, Chiara Criscuolo and Carlo Menon（2014）"Do resources flow to patenting firms? Cross-country evidence from firm level data," *OECD Economics Department Working Papers* ECO/WKP（2014）23

Bassanini, Andrea, Luca Nunziata and Danielle Venn（2008）"Job Protection Legislation and Productivity Growth in OECD Countries," *IZA Discussion Paper No. 3555*, June 2008

Esping-Andersen, GØsta（1990）*The Three Worlds of Welfare Capitalism*, Basil Blackwell，日本語版：岡沢憲芙・宮本太郎訳『福祉資本主義の三つの世界―比較福祉国家の理論と動態』ミネルヴァ書房，2001 年 6 月

Estévez-Abe, Margarita（2008）*Welfare and Capitalism in Postwar Japan*, Cambridge University Press

Hall, Peter A. and Daniel W. Gingerich（2009）"Varieties of Capitalism and Institutional Complementarities in the Political Economy: An Empirical Analysis," *British Journal of Political Science* 39.3, pp.449-482

Hall, Peter A. and David Soskice（2001）*Varieties of Capitalism*, Oxford University Press

Hamaaki, Junya, Masahiro Hori, Saeko Maeda, and Keiko Murata（2012）"Changes in the Japanese employment system in the two lost decades," *ILR Review, 65（4）*, pp.810-846

Herrmann, Ulrike（2013）*Der Sieg Des Kapitals*, Westend Verlag GmbH，日本語版：猪俣和夫訳『資本の世界史：資本主義はなぜ危機に陥ってばかりいるのか』太田出版，2015 年

Koyama, Mark and Jared Rubin（2022）*How The World Became Rich – The Historical Origins of Economic Growth*, Polity Press，日本語版：秋山勝訳『経済成長の起源』草思社，2023 年

Lazear, Edward P.（1979）"Why is There Mandatory Retirement?" *Journal of Political Economy, vol.87, No.6*, pp.1261-1284

OECD（2023）*OECD Corporate Governance Factbook 2023*

OECD（2024）*OECD Economic Surveys: Japan*（OECD 対日経済審査報告）

Shimazu, Akihito, Wilmar B Schaufeli, Daisuke Miyanaka and Noboru Iwata（2010）"Why Japanese workers show low work engagement: An item response theory analysis of the Utrecht Work Engagement Scale," *BioPsychoSocial Medicine* 4: 17

Streeck, Wolfgang and Kathleen Thelen（2005）"Introduction: institutional change in advanced political economies," in Streeck, Wolfgang and Kathlen Thelen eds., *Beyond Continuity: Institutional Change in Advanced Political Economies*, Oxford University Press，pp.1-39

Thelen, Kathleen（2012）"Varieties of Capitalism: Trajectories of Liberalization and the New Politics of Social Solidarity," *Annual Review of Political Science*, Volume 15（June 2012）

IPA（2023）『DX 白書 2023』独立行政法人情報処理推進機構

秋吉史夫・柳川範之（2010）「コーポレート・ガバナンスに関する法制度改革の進展」，寺西重郎編『バブル/デフレ期の日本経済と経済政策第7巻「構造問題と規制緩和」』第6章，内閣府経済社会総合研究所，慶應義塾大学出版会，pp.229-263

淺羽茂・青島矢一（2023）「平成日本企業の失敗，背景と教訓（上）：リスクとらぬ経営，成長阻む」経済教室，日本経済新聞2023年12月4日号，朝刊16面

阿部正浩（2010）「非正規雇用増加の背景とその政策対応」，樋口美雄編『バブル/デフレ期の日本経済と経済政策 第6巻「労働市場と所得分配」』第5章，内閣府経済社会総合研究所，慶應義塾大学出版会，pp.439-468

阿部正浩・山本勲（2018）『多様化する日本人の働き方』慶應義塾大学出版会

蟻川靖浩・井上光太郎・齋藤卓爾・長尾耀平（2017）「日本企業の低パフォーマンスの要因：国際比較による検証」，宮島英昭編『企業統治と成長戦略』第12章，RIETI，東洋経済新報社，pp.397-427

猪木武徳（2009）『戦後世界経済史』中公新書2000，中央公論新社

茨木秀行（2024a）「日本の資本主義の現在地点」『亜細亜大学経済学紀要』第47巻第1/2号，pp.1-17

———（2024b）「円滑な労働移動の実現に向けて―人材のポテンシャルを引き出す労働移動の実現を」，『金融財政ビジネス』2024年1月22日号，時事通信社，pp.4-8

———（2024c）「定年制廃止のインパクト―定年制廃止は日本的雇用をどのように変えるか」，『金融財政ビジネス』2024年6月27日号，時事通信社，pp.14-18

———（2025）「近年の日本企業の特徴と企業パフォーマンス」『亜細亜大学経済学紀要』2025年刊行予定

宇仁宏幸（2011）「日本経済はどのように調整されているか」，宇仁宏幸・山田鋭夫・磯谷明徳・植村博恭『金融危機のレギュラシオン理論：日本経済の課題』第3章，昭和堂，pp.119-183

大内伸哉・川口大司（2018）『解雇規制を問い直す―金銭解決の制度設計』有斐閣

大竹文雄（2001）「退職金・企業年金のポータビリティ」『日本労働研究雑誌』No.489，pp.58-59

大竹文雄・白石小百合・筒井義郎（2010）『日本の幸福度』日本評論社

太田聰一（2023）「転職希望率の急上昇は何を意味するのか」『週刊東洋経済』2023年12月9日号，p.9

岡崎哲二（1993）「企業システム」，岡崎哲二・奥野正寛編『現代日本経済システムの源流』第4章，日本経済新聞社，pp.97-144

岡崎哲二・奥野正寛（1993）「現代日本の経済システムとその歴史的源流」，岡崎哲二・奥野正寛編『現代日本経済システムの源流』第1章，日本経済新聞社，pp.1-34

奥野正寛（1993）「現代日本の経済システム：その構造と変革の可能性」，岡崎哲二・奥野正寛編『現代日本経済システムの源流』第9章，日本経済新聞社，pp.273-291

尾高煌之助（1993）「「日本的」労使関係」，岡崎哲二・奥野正寛編『現代日本経済システムの源流』第5章，日本経済新聞社，pp.145-182

小田切宏之・後藤晃（1998）『日本の企業進化：革新と競争のダイナミック・プロセス』日本語版，東洋経済新報社

科学技術・学術政策研究所（2013）「民間企業の研究活動に関する調査報告2012」NISTEP REPORT No.155

加藤隆夫・神林龍（2016）「1980年代以降の長期雇用慣行の動向」Discussion Paper Series A No.644，一橋大学

金融庁（2022）『市場制度ワーキング・グループ顧客本位タスクフォース中間報告』金融審議会

久米功一・鶴光太郎・佐野晋平・安井健悟（2021）「正社員のワーク・エンゲイジメント」RIETI Discussion Paper Series 21-J-045，経済産業研究所

黒田祥子・山本勲・島津明人・ウィルマー B. シャウフェリ（2021）「従業員のポジティブメンタルヘルスと生産性との関係」RIETI Discussion Paper Series 21-J-043，経済産業研究所

経済産業省（2014）『持続的成長への競争力とインセンティブ～企業と投資家の望ましい関係構築～プロジェクト最終報告（伊藤レポート）』

権丈善一（2017）『ちょっと気になる医療と介護─増補版』勁草書房

権丈善一・権丈英子（2022）『もっと気になる社会保障─歴史を踏まえ未来を創る政策論』勁草書房

厚生労働省（2016）『日本の賃金制度』，第4回同一労働同一賃金の実現に向けた検討会厚生労働省提出資料

──────（2019）「「働きがい」をもって働くことのできる環境の実現に向けて」，『令和元年版労働経済の分析』第Ⅱ部第3章

古城佳子（2010）「国際政治と日本の規制緩和，構造改革─国際政治の変化と外圧」，寺西重郎編『バブル／デフレ期の日本経済と経済政策第7巻「構造問題と規制緩和」第2章，内閣府経済社会総合研究所，慶應義塾大学出版会，pp.45-76

是川夕（2022）「日本の外国人労働者受け入れをどう捉えるのか？─アジアの国際労働市場の実態から」『日本労働研究雑誌』No. 744，July 2022，pp.66-83

酒井正（2020）『日本のセーフティネット格差─労働市場の変容と社会保険』慶應義塾大学出版会

──────（2022）「コロナ禍の求職者支援制度」，『日本労働研究雑誌』No. 748/November 2022，pp.63-74

沢井実・谷本雅之（2016）『日本経済史─近世から現代まで』有斐閣

島津明人（2015）「ワーク・エンゲイジメントに注目した個人と組織の活性化」，『日本職業・災害医学会会誌 JJOMT』Vol.63，No.4，pp.205-209

清水洋（2019）『野生化するイノベーション─日本経済「失われた20年」を超える』新潮社

JILPT（2013）「子育てと仕事の狭間にいる女性たち─ JILPT 子育て世帯全国調査2011の再分析─」労働政策研究報告書 No.159，労働政策研究・研修機構

──────（2017）「諸外国における教育訓練制度」資料シリーズ No.194，労働政策研究・研修機構

──────（2019）「労働力需給の推計─労働力需給モデル（2018年度版）による将来推計」資料シリーズ No.209，労働政策研究・研修機構

──────（2022）「企業の賃金決定に関する研究」労働政策研究報告書 No.212，労働政策研究・研修機構

JOIC（2018）『オープンイノベーション白書第2版』オープンイノベーション・ベンチャー創造協議会（事務局 NEDO）

鈴木潤・安田聡子・後藤晃（2021）『変貌する日本のイノベーション・システム』有斐閣

清家篤（2004）「年功賃金はどうなるか」『日本労働研究雑誌』No. 525/April 2004，pp.26-29

清家篤・山田篤裕（2004）『高齢者就業の経済学』日本経済新聞社

田中秀明（2023）『「新しい国民皆保険」構想：制度改革・人的投資による経済再生戦略』慶應義塾大学出版会

田中拓道（2023）『福祉国家の基礎理論─グローバル化時代の国家のゆくえ』岩波書店

田中亘（2017）「企業統治改革の現状と展望」，宮島英昭編『企業統治と成長戦略』第11章，RIETI，東洋経済新報社，pp.369-396

鶴光太郎・滝澤美帆（2023）「スマートワーク経営で拓く人的資本経営の未来：総論」，鶴光太郎・滝澤美帆・山本勲（2023）『日経スマートワーク経営研究会報告2023─スマートワーク経営で拓く人的資本経営の未来─』第1章，日本経済新聞社，pp.4-29

鶴見哲也・藤井秀道・馬奈木俊介（2021）『幸福の測定─ウェルビーイングを理解する』中央経済社

内閣府（2019）「労働市場の多様化とその課題」，内閣府『令和元年度経済財政白書』第2章，pp.135-220

西村純（2017）「賃金表の変化から考える賃金が上がりにくい理由」，玄田有史編（2017）『人手不足なのになぜ賃金が上がらないのか』第13章，慶應義塾大学出版会，pp.207-228

橋場俊展（2022）「我が国の従業員エンゲージメントに関する一試論─批判的見解を含む示唆的所論を手掛かりに─」『名城論叢』第22巻第4号，pp.111-135

橋本寿朗・長谷川信・宮島英昭・齊藤直（2019）『現代日本経済（第4版）』有斐閣

八田達夫（2020）「パンデミックにも対応できるセーフティネットの構築」，アジア成長研究所

Working Paper Series Vol. 2020-15

原ひろみ（2017）「女性の活躍が進まない原因」，川口大司編『日本の労働市場―経済学者の視点』第6章，有斐閣，pp.150-181

樋口修（2003）「米国における金融・資本市場改革の展開」，国立国会図書館『レファレンス』12 月号，pp.47-62

深尾京司・金榮愨・権赫旭・池内健太（2021）「設備投資の決定要因に関する『経済産業省企業活動基本調査』調査票情報による実証分析」，RIETI Discussion Paper Series 21-J-014，経済産業研究所

福田慎一・粕谷宗久・慶田昌之（2017）「企業家精神と設備投資―デフレ下の設備投資低迷のもう一つの説明―」，『フィナンシャル・レビュー』平成 29 年第 4 号（通巻第 132 号），財務省財務総合政策研究所，pp.109-129

藤田勉（2023）「なぜ，ガバナンス改革は失敗したのか―歴史的視点からのコーポレートガバナンス改革の諸問題 (1)」，『月刊資本市場』2023.3（No. 451），公益財団法人資本市場研究会，pp.26-33

宮島英昭（1996）「財界追放と経営者の選抜」，橋本寿朗編（1996）『日本企業システムの戦後史』第1章，東京大学出版会，pp.43-108

―――（2002）「日本的企業経営・企業行動」，貝塚啓明・財務省財務総合政策研究所編『再訪日本型経済システム』第 1 章，有斐閣，pp.9-54

―――編（2011）『日本の企業統治―その再設計と競争力の回復に向けて』，RIETI，東洋経済新報社

―――編（2017）『企業統治と成長戦略』，RIETI，東洋経済新報社

宮島英昭・齋藤卓爾（2019）「アベノミクス下の企業統治改革：二つのコードは何をもたらしたのか」，RIETI Policy Discussion Paper Series 19-P-026，経済産業研究所

村田啓子・堀雅博（2019）「賃金プロファイルのフラット化と若年労働者の早期離職」，RIETI Discussion Paper Series 19-J-028，経済産業研究所

森信茂樹（2015）『税で日本はよみがえる―成長力を高める改革』日本経済新聞社

―――（2023）「給付付き税額控除制度の今日的意義とデジタル・セーフティネット」，機関誌『税研』231 号 Vol.39 No.3，公益財団法人日本税務研究センター，pp.46-52

安井健悟・岡崎哲二（2010）「労働市場・雇用システム改革」，寺西重郎編『バブル／デフレ期の日本経済と経済政策第 7 巻「構造問題と規制緩和」』第 5 章，内閣府経済社会総合研究所，慶應義塾大学出版会，pp.187-228

山田鋭夫（2008）『さまざまな資本主義―比較資本主義分析』藤原書店

山本勲・黒田祥子（2016）「雇用の流動性は企業業績を高めるのか：企業パネルデータを用いた検証」，RIETI Discussion Paper Series 16-J-062，経済産業研究所

山本勲（2018）「企業における女性活躍の推進」，阿部正浩・山本勲（2018）『多様化する日本人の働き方』第 6 章，慶應義塾大学出版会，pp.141-162

横山和彦・田多英範（1991）『日本社会保障の歴史』学文社

米山茂美・渡部俊也・山内勇・真鍋誠司・岩田智（2017）「日米欧企業におけるオープン・イノベーション活動の比較研究」，『学習院大学経済論集』第 54 巻第 1 号，pp.35-52

リクルートワークス研究所（2023）「未来予測 2040 ―労働供給制約社会がやってくる」『Works Report 2023』

鷲見和昭（2021）「ベンチャーキャピタルとスタートアップ企業のイノベーション―特許データによるビッグデータ解析 ―」BOJ Reports and Research Papers，日本銀行

索　引

A－Z

GHQ··············44
L字カーブ··············129
PBR（株価純資産倍率）··············87, 117
ROE（自己資本利益率）··············87, 117
Well-being（生活満足度・幸福度）······8, 125

ア

後払い賃金··············130, 172
アームレングスな関係··············77
育成就労··············165
伊藤レポート··············81, 114
因子分析··············27
エンゲージメント··············122, 161
エンゼルプラン··············98
オープン・イノベーション··············141

カ

解雇規制··············90, 174
外国人取締役··············82
外国人労働者··············165
解雇権濫用法理··············90, 174
解雇手当··············180, 184
介護保険··············99
カイシャ資本主義··············7, 37
確定給付・確定拠出型企業年金······97, 100
株式の持ち合い··············47, 77
監査等委員会設置会社··············80, 82
監査役会設置会社··············79, 82
企業家型の資本家··············39
企業主導型··············24, 25, 49
企業特殊な技能··············38, 162
企業別組合··············46
技能実習制度··············165
求職者支援制度··············101
給付付き税額控除··············180, 189
競争的資金··············105
銀行離れ
　（ディスインターミディエーション）·······66
金銭解決ルール··············175

　

金融資本主義··············16
金融自由化··············64, 70
金融の証券化··············66
国のイノベーション・システム··············56
クラスター分析··············27
グローバル化··············17, 65
軍需会社法··············43
経済安全保障··············104
研究組合··············61
後期高齢者医療制度··············99
工業化社会··············16
高年齢者雇用安定法··············91
国際金融のトリレンマ··············15
国際卓越研究大学制度··············108
国民皆保険··············49, 53, 54, 133
国立銀行条例··············40
コーディネートされた市場経済
　（CMEs）··············18
こども子育て関連3法··············98
こども未来戦略··············98
コーポラティズム··············16
コーポレート・ガバナンス··············78, 80, 115
　―――・コード··············80, 118

サ

財界追放··············44
在職老齢年金··············182
財閥解体··············44
産業革命··············10
産業報国会··············42
三位一体の労働市場改革··············179
資本主義··············3, 12, 151
指名委員会等設置会社··············79, 82
社会的投資··············17
社外取締役··············79, 85, 120
社会民主主義··············15
就職氷河期··············128
重層化（layering）··············23
自由な市場経済（LMEs）··············18
就労調整··············129, 134, 190
春闘··············46

少子化社会対策基本法	98
状態依存型のガバナンス	39
情報の非対称性	5
消耗（exhaustion）	23
職業訓練個人口座	187
所得代替率	138, 182
ジョブカード制度	187
新自由主義	16
人的資本理論	162, 172
スタグフレーション	65
スチュワードシップ・コード	80, 118
ステークホルダー	192
ストックオプション	79, 85
スピンアウト	143
スピンオフ	143
成果主義賃金	92
生活給	42
制度の補完性	18, 48
全員参加の資本主義	156, 180
戦後の労働改革	46
潜在成長率	3
戦時経済体制	42
漸進的なイノベーション	62, 64
総報酬割	99, 139

タ

退職金	173, 184
多様な資本主義（VOC）	4, 18
男女雇用機会均等法	91
地域医療構想	138
置換（displacemennt）	22
長期雇用	38, 41, 95
定期昇給	42
デフレ経済	2
転用（conversion）	23
同一労働同一賃金	91
特定技能制度	165
ドッジライン	45
取引コスト	5

ナ

日本異質論	67
忍耐強い資本	25, 98
年功制	38, 92, 171

ハ

ハイブリッド・タイプの日本企業	84, 86

働き方改革関連法	91
バブル経済	70, 76
比較資本主義	18
非正規雇用	89, 127, 133
漂流（drift）	23
フォード式の大量生産方式	14, 65
不完備契約	5
福祉元年	53
福祉国家	14
プラザ合意	68
プリンシパル・エージェント問題	5
フレキシキュリティ	24
ブレトンウッズ体制	15, 65
プロセス・イノベーション	105
プロダクト・イノベーション	104
ベンチャー企業	142
保険制度の「一元化」	69, 102, 139
保険料の未納問題	136, 188
保守主義	15
ポスト工業社会	16
ポストドクター問題	107, 146
ポピュリズム	18

マ

前川レポート	68
マクロ経済スライド	100
マネタリズム	16
メインバンク	47, 120
メンバーシップ型雇用	121

ヤ

役割給・職務給	92

ラ

ライセンス協定	59, 60
リスク選好	118
リバース・エンジニアリング	59, 60
レーガノミクス	65
レギュラシオン学派	19
レギュレーションQ	66
レントナー（配当所得生活者）型の資本家	40

ワ

ワーキング・プア	129, 137
ワーク・フェア	17
ワシントン・コンセンサス	17

《著者紹介》

茨木秀行（いばらぎ・ひでゆき）

亜細亜大学経済学部教授

1965年生まれ。東京大学経済学部卒業。ロンドン・スクール・オブ・エコノミクス（LSE）経済学修士。1990年から2022年まで内閣府に勤務し，経済財政政策運営や経済財政分析を主に担当したほか，OECD経済総局エコノミスト及びOECD日本政府代表部参事官を務める。2022年4月より現職。

主な著作：

単著：『世界経済危機下の経済政策』（東洋経済新報社，2013年）

共著：『日本経済読本第22版』（東洋経済新報社，2021年），『公共政策のフロンティア』（成文堂，2017年），『マイナス金利下における金融・不動産市場の読み方』（東洋経済新報社，2017年）など

（検印省略）

2025年1月25日　初版発行　　　　　　略称―日本的経済システム

日本的経済システムの課題と展望
―カイシャ資本主義のゆくえ―

著　者　茨木秀行

発行者　塚田尚寛

発行所　東京都文京区　　**株式会社　創成社**
　　　　春日2-13-1

電　話　03（3868）3867　　　FAX 03（5802）6802
出版部　03（3868）3857　　　FAX 03（5802）6801
http://www.books-sosei.com　　　振　替　00150-9-191261

定価はカバーに表示してあります。

©2025 Hideyuki Ibaragi　　　　組版：スリーエス　印刷：エーヴィスシステムズ
ISBN978-4-7944-3255-1　C3033　製本：エーヴィスシステムズ
Printed in Japan　　　　　　　　　落丁・乱丁本はお取り替えいたします。

━━━ 経済学選書 ━━━

日本的経済システムの課題と展望 ―カイシャ資本主義のゆくえ―	茨木秀行	著	2,200円
新・環境経済学入門講義	浜本光紹	著	2,200円
環境学への誘い	浜本光紹 獨協大学環境 共生研究所	監修 編	3,000円
社会保障改革2025とその後	鎌田繁則	著	3,000円
投資家のための「世界経済」概略マップ	取越達哉 田端克至 中井誠	著	2,500円
現代社会を考えるための経済史	髙橋美由紀	編著	2,800円
財政学	栗林隆 江波戸順史 山田直夫 原田誠	編著	3,500円
テキストブック租税論	篠原正博	編著	3,200円
テキストブック地方財政	篠原正博 大澤俊一 山下耕治	編著	2,500円
世界貿易のネットワーク	国際連盟経済情報局 佐藤純	著 訳	3,200円
みんなが知りたいアメリカ経済	田端克至	著	2,600円
「復興のエンジン」としての観光 ―「自然災害に強い観光地」とは―	室崎益輝 橋本俊哉	監修・著 編著	2,000円
復興から学ぶ市民参加型のまちづくりⅡ ―ソーシャルビジネスと地域コミュニティ―	風見正三 佐々木秀之	編著	1,600円
復興から学ぶ市民参加型のまちづくり ― 中間支援とネットワーキング―	風見正三 佐々木秀之	編著	2,000円
福祉の総合政策	駒村康平	編著	3,200円
マクロ経済分析 ― ケインズの経済学―	佐々木浩二	著	1,900円
入門経済学	飯田幸裕 岩田幸訓	著	1,700円
マクロ経済学のエッセンス	大野裕之	著	2,000円
国際経済学の基礎「100項目」	多和田眞 近藤健児	編著	2,700円

(本体価格)

━━━ 創成社 ━━━